CHUJI KUAIJIXUE
ANLI YU SHIXUN JIAOCHENG

初级会计学
案例与实训教程

主编　张玉红　孙志胜

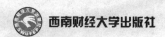

西南财经大学出版社

德州学院经管类创业型人才培养模式
创新实验区系列教材
编委会

总 序

　　人才培养质量是大学的生命线，人才培养模式改革是大学发展永恒的主题。作为一所地方性、应用型本科院校，人才培养有什么优势和特色，决定着学校的发展方向、前途和命运。自 2007 年 3 月起，德州学院组织全体教授认真学习研究了《教育部、财政部实施高等学校本科教学质量与教学改革工程的意见》和《教育部关于进一步深化本科教学改革，全面提高教学质量的若干意见》两个重要文件，先后出台了《德州学院关于深化教学改革，全面提高教学质量的意见》、《德州学院关于人才培养模式改革的实施意见》和《德州学院人才培养模式创新实验区建设与管理办法（试行）》三个执行文件。2009 年年初，德州学院决定集全校之力，开展经管类创业型人才培养模式创新实验区建设工作。

　　德州学院于 2011 年 3 月 17 日制定了《关于培养创新性应用型人才的实施意见》，提出了创新性应用型人才的教育改革思路。2011 年 10 月，学校决定以经管类创业型人才培养模式创新实验区建设为试点，开展创新创业型人才培养模式创新工作。学校还明确了经管类创业型人才培养模式创新实验区的任务：扎实开展经管类创业型人才培养模式的理论研究和实践探索，总结培养创新性应用型人才的经验和教训，为创建山东省应用型人才培养特色名校提供理论支撑和工作经验。

　　从国家与山东省经济发展战略来看，我国急需培养经管类创新性应用型人才。目前，我国经济正在从工业化初期向工业化中后期转变，以培养基础扎实的专业型人才为主要目标的人才培养模式暴露出了不能满足社会多元化需求的缺陷，造成了大量经管类学生的就业困难。经管类人才培养模式的改革，首先，需要转变教育理念。教育不能局限于知识的传授，教师的作用应该是培养学生的自学能力，注重发掘学生的特长，形成良好的个性品质，要树立培养学生创新与创业精神的教育理念。其次，要调整培养目标。应该以适应地方经济和社会发展变化的岗位工作需要为导向，把培养目标转向知识面宽、能力强、素质高、适应能力强的复合型创业人才上来。同时，把质量标准从单纯的学术专业水平标准变成社会适应性标准。最后，要改变培养方式。要与社会对接和交流，要从封闭式走向开放式；同时，应该加快素质教育和能力培养内容与方法的改革，全面提升学生的社会适应能力和在不同环境下的应变能力。应把学生培养成为具有较高的创新意识，长于行动、敢担风险，勇担责任、百折不挠的创新创业型人才。

人才培养方案的改革是人才培养模式改革的首要工作。创新实验区课题工作小组对德州学院经管类创业型人才培养目标从政治方向、知识结构、应用能力、综合素质、就业岗位、办学定位、办学特色七个方面进行了综合描述，从经管类人才培养的知识结构、能力结构和综合素质三个方面进行了规格设计，针对每一项规格制定了相应的课程、实验、实习实训、专业创新设计、科技文化竞赛等教学环节培养方案，构建形成了以能力为主干、创新为核心，知识、能力和素质和谐统一的理论教学体系、实践教学体系和创新创业教学体系。

人才培养内容与方法的改革是人才培养模式改革的核心内容。创新实验区课题工作小组提出，要以经管类创业型人才培养模式创新系列教材编写与使用为突破口，利用 3~5 年时间初步实现课堂教学从知识传授向能力培养的转型。这标志着德州学院人才培养模式改革进入核心和攻坚阶段，既是良好的机遇，更面临巨大的挑战。

这套经管类创业型人才培养模式创新系列教材编写是基于以下逻辑过程：德州学院经济管理系率先完成了创新性应用型人才培养理论教学体系、实践教学体系和创新创业教学体系的框架构建。其中，理论课程内容的创新在理论教学体系改革中居于核心和统领地位。该人才培养内容与方法的创新把专业课程划分为核心课程、主干课程、特色课程和一般课程四类，采取不同的建设方案与建设措施。其中，核心课程建设按照每个专业遴选 3~5 门课程作为专业核心课程进行团队建设。例如，会计学专业确定了管理学、初级会计、初级会计学、财务管理和审计学五门专业核心课程。每一门核心课程按照强化专业知识、培养实践能力和提高教学素质的要求，划分为经典课程教材选用、案例与实训教程设计和教师教学指导设计三个环节进行建设。而特色课程也是在培养知识、能力、素质和创新精神四位一体的创业型人才培养中专门开设的课程，其目的是增强创业型人才培养的针对性和可操作性。

这套经管类创业型人才培养模式创新系列教材是在许许多多的人，甚至包括部分学生、家长的共同努力下完成的，凝聚了大家的智慧和心血。希望这套教材能为德州学院的人才培养模式创新工作探索出一条成功的道路。

季桂起

2011 年 10 月

前　言

作为一所地方性、应用型、教学型普通高等学校，德州学院把人才培养模式定位于创新性应用型人才。作为德州学院主要学科之一，管理学专业建设和人才培养模式需要进行有序、系统，并朝着创新性应用型人才培养的方向进行改革。自 2007 年以来，我们一直在探索、寻找一套适应创新性应用型人才培养模式的经管类教材系列，但始终不能如愿。2009 年，德州学院经管类创业型人才培养模式创新实验区成立，实验区工作小组经过反复思考，决定编写一套适用于地方性、应用型、教学型普通高等学校，致力于培养经济管理类创业型人才的核心课程、主干课程和特色课程系列教材。《初级会计学案例与实训教程》的编写就是这一创新的阶段性成果。

初级会计学作为会计学专业核心课程，在德州学院经济管理类人才培养内容改革中，居于领先和主导地位。初级会计学教材编委会按照学校人才培养模式改革领导小组提出的"厚基础、强实践、求创新、高素养、重责任"的创新性应用型人才总体目标，经过充分研究讨论，决定选用朱小平、徐泓主编的《初级会计学》（中国人民大学出版社出版，第五版）作为教学教材，并以此为指导和主线，配套编写《初级会计学案例与实训教程》和《初级会计学教学指导书》。

本书由全国高等学校教学研究中心批准立项，分别是相子国教授主持的"十一五"国家课题"我国高校应用型人才培养模式研究"子课题——"地方高校会计学专业人才培养目标、规格与课程体系研究"（课题编号 FIB070335 - A11 - 64）和张玉红副教授主持的"十一五"国家课题"我国高校应用型人才培养模式研究"子课题——"会计信息化教学体系研究"（课题编号 FIB070335 - A11 - 88）以及张玉红副教授主持的山东省"十一五"教育科学规划课题"新建本科院校会计信息化教学体系研究"（课题编号 115GG47）的阶段性成果。

本书编写的目的是方便教学需要，尤其是方便学生的学习需要，旨在满足普通高校本科财会类专业、经济管理类各专业初级会计学课程教学与学习参考的需要。本书体现了最新的会计准则，在体系结构的设计上、各章节内容的安排上，都与教材保持一致，以便学生结合教材更好地掌握会计的基本理论和基本方法。整体结构如下：

第一部分，案例与作业思考题。案例旨在提出问题，引出知识点，激发学生的学习研究兴趣，这部分由任课老师在每章内容讲授之前，进行案例讨论安排。将学生分成若干个小组，各组学生针对案例内容搜集相关专业资料，对提出的问题进行思考和讨论，整理出知识点；开课时各组学生代表发言，全班同学针对发言内容进行讨论；最后由任课教师总结观点。作业与思考题部分则要求学生课后完成，以巩固所学的理论知识。

第二部分，实训。该部分借鉴了大量的企业实际案例，进行加工后形成模拟实训的练习资料。实训部分设计了大量的原始凭证及其他相关资料，通过凭证填制、账簿登记、报表编制的实际操作，以加深对会计基本理论和会计基本操作技能的理解，使学生在练习的过程中，实现学习与实践的更好对接。

本书由张玉红副教授、孙志胜讲师主编。其中张玉红副教授负责全书写作框架的拟定、编写的组织工作和全书总纂。具体章节编写如下：第五章、第六章、第八章、第九章、第十章、第十一章由张玉红副教授撰写；第一章、第二章、第三章、第四章、第七章由孙志胜讲师撰写。

由于水平有限，加之时间仓促，书中错误难免，恳请读者多提批评意见和建议，以便修订完善。

《初级会计学案例与实训教程》编写组

2012 年 3 月 1 日

目　录

第三部分　参考答案

第一部分
案例与作业思考题

第一章　总论

一、教学案例

某市广川大学的学生在校外就餐的很多，虽然学校附近也有不少小吃店，但却没有一家快捷舒适的馄饨馆，小王和小李发现了这一商机，经过一番考察，两人决定在大学附近成立一家馄饨馆。2011 年 9 月 1 日，两人各投资 40 000 元，又从银行借入了 20 000 元，成立了"极品鲜"馄饨食品有限公司，经过一段时间的努力，他们做的馄饨在学校附近小有名气，小店几乎天天爆满。

在经营过程中，一次小王将购买自己家庭用品 550 元的发票拿到公司进行报销，并将其记为公司的办公用品，其理由是小王为公司的投资人之一，公司中的钱也有自己的一部分。9 月 15 日，两人为了清楚了解半个月以来公司的经营状况，将 9 月 1 日至 15 日的收入、费用汇总后计算出半个月的利润，并编制了一张简要的报表。此外，大学里有一部分外国留学生，也时常光顾该馄饨馆，一般都用人民币结账。然而有一次，一名外国留学生忘记带人民币，在结账时支付了 5 美元，小李记账时就以美元记录下来。9 月 30 日，公司购买了一台电脑，价值 6 800 元，小王将 6 800 元一次性全部记入当期的费用中。一个月后，馄饨馆生意红红火火，但由于两人都没有专门学习过会计专业，在查看记录的会计账时，结果是两人大眼瞪小眼，谁也说不明白，谁也看不懂，信息记录得七零八落，不系统。对于应该如何把账记好，两人都一筹莫展。

于是后来两人就买了一本《基础会计》进行研究，看后觉得会计没有什么难的，只要把平时发生业务利用复式记账法记录下来，认真点不出现错误就可以反映出企业经营成果和财务状况。自己设计了一个用来记录交易的系统，自认为很有效。以下是该公司在 2010 年 10 月份所发生的一些交易事项。

1. 10 月 3 日，"极品鲜"馄饨食品有限公司销售馄饨价值 1 000 元，款项已收到。

2. 10 月 5 日，公司与 A 购货方协商并签订一份销售协议，销售商品价值为 5 000 元，本月发出商品 1 000 元，其余商品待以后月份分批发出，本月预收货款 2 000 元。

3. 10 月 6 日，公司将货物运给顾客并收到现金 1 000 元，同时收到前欠货款 2 000 元。

4. 10 月 8 日，公司购买价值 800 元的办公用品，款项尚未付。

5. 10 月 12 日，公司用现金支付借款利息 250 元。

6. 10 月 16 日，公司购买新设备价款 4 500 元，款项尚未支付。

7. 10 月 18 日，公司收到小刘的加盟款 30 000 元，款项存入银行。

8. 10 月 27 日，公司以现金支付购买面粉和油，价值共计 3 000 元。

9. 10 月 29 日，公司 B 公司订购价值 2 000 元的货物，成本 1 400 元，货物已发出。

初级会计学案例与实训教程

（B公司是很讲信誉的，以前都是先发货后付款，但是B公司最近时期由于决策不利，至使资金流转发生了困难，为了维持与A公司建立的商业关系，才将货物发出）

10. 10月30日，公司与C超市达成协议，由C超市代销货物，先发出价值2 500元的货物，若销售顺利，将继续进货；若销售不好，5天内把货物退回。

11. 10月31日，公司销售商品价款4 000元，货款一并存入银行。

若企业期初余额：资产为100 000元、负债为20 000元、所有者权益为80 000元；已确定的成本率为70%；假设不考虑相关的税费。

按照事先设计的交易系统，小王和小李对以上业务进行了记录，"极品鲜"馄饨食品有限公司业务记录如表1-1所示。

表1-1 　　　　　　　　"极品鲜"馄饨食品有限公司业务记录 　　　　　　单位：元

业务	资产	负债	所有者权益	收入	费用
1	+1 000（库存现金）			+1 000	
2	+2 000（库存现金） +3 000（应收账款）			+5 000	
3	+3 000（库存现金）			+3 000	
4	+800（低值易耗品）	+800（应付账款）			
5	−250（库存现金）				250（财务费用）
6	+4 500（固定资产）	+4 500（应付账款）			
7	+30 000（银行存款）		+30 000（实收资本）		
8	+3 000（原材料） −3 000（库存现金）				
9	+2 000（应收账款）			+2 000	
10	+2 500（应收账款）			+2 500	
11	+4 000（银行存款）			+4 000	
合计	52 550	5 300	30 000	17 500	250

根据会计等式：

资产＝负债＋所有者权益＋（收入−费用）

经过计算如下：

本期的销售成本＝17 500×70%＝12 250（元）

本期实现的利润＝17 500×30%−250＝5 000（元）

资产期末余额＝100 000＋52 550−12 250＝140 300（元）

权益期末余额＝负债＋所有权益＋（收入−费用）＝20 000＋80 000＋5 300＋30 000＋（17 500−250−12 250）＝140 300（元）

问题思考：

1. 小王是否可以将购买自己家庭用品的发票拿到公司报销，判断其原因。

2. 公司是否可以在 2011 年 9 月 15 日计算半个月利润，并编制报表。

3. 小李在记账时能否以美元进行记录。

4. 2011 年 9 月 30 日，公司购买的电脑价值 6 800 元，小王一次性全部记入本月的费用中是否合理，若不合理，解释其原因。

5. 针对 2011 年 10 月份业务的记录，解释交易记录的错误并进行改正。案例提示：本例中的会计恒等式虽然是平衡的，但是在进行业务处理过程中，有关收入、费用、资产、负债的确认是有错误的。收入、费用的确认应以权责发生制为基础；在确认有关会计要素项目时既要符合其定义又要符合确认的条件。初始确认条件：符合会计要素的定义；有关的经济利益很可能流入或流出企业；有关的价值以及流入或流出的经济利益能够可靠地计量。会计要素在会计报表中列示的条件：对已经确认和计量的会计要素，应该在会计报表中列示。资产、负债、所有者权益在资产负债表中列示；而收入、费用、利润在利润表中列示。

二、作业与思考题

（一）单项选择题

1. 会计的基本职能是（　　）。
   A. 控制与监督　　　　　　　　B. 反映与监督
   C. 反映与核算　　　　　　　　D. 反映与分析

2. 对会计对象的具体划分称为（　　）。
   A. 会计方法　　　B. 会计科目　　　C. 会计要素　　　D. 会计账户

3. 强调经营成果核算的企业适合采用（　　）。
   A. 权责发生制　　　　　　　　B. 实地盘存制
   C. 收付实现制　　　　　　　　D. 永续盘存制

4. 一个企业的资产总额与所有者权益总额（　　）。
   A. 必然相等　　　　　　　　　B. 有时相等
   C. 不会相等　　　　　　　　　D. 只有在期末时相等

5. 下列不属于会计要素的是（　　）。
   A. 资产　　　　B. 成本　　　　C. 费用　　　　D. 收入

6. 某企业在成立时，其权益总额为 100 万元，现发生一笔以银行存款 20 万元偿还银行借款的经济业务，此时该企业的资产总额为（　　）。
   A. 70 万元　　　B. 90 万元　　　C. 100 万元　　　D. 80 万元

7. 按权责发生制假设的要求，下列货款应确认为本期基本业务收入的是（　　）。
   A. 本月预收下月货款存入银行　　B. 上月销售货款本月收存银行
   C. 本月销售产品款已收到　　　　D. 本月预付下月材料的货款

8. 某企业 7 月末负债总额为 2 200 万元，8 月份收回欠款 350 万元，取得借款 100 万元存入银行，以银行存款预付购货款 200 万元，则 8 月末的负债总额为（　　）。

A. 2 200 万元　　　　B. 2 550 万元　　　　C. 2 000 万元　　　　D. 2 300 万元

9. 计提坏账准备体现的是（　　）原则的要求。

    A. 可比性　　　　　　　　　　　　　B. 谨慎性

    C. 重要性　　　　　　　　　　　　　D. 实质重于形式

10. 下列各项目中属于所有者权益的是（　　）。

    A. 长期股权投资　　　　　　　　　　B. 长期应付款

    C. 固定资产　　　　　　　　　　　　D. 股本

11. 下列情形中，可使企业净资产减少的是（　　）。

    A. 分配现金股利　　　　　　　　　　B. 盈余公积补亏

    C. 资本公积转增资本　　　　　　　　D. 结转产品成本

12. 下列经济业务中，会引起一项负债减少，而另一项负债增加的是（　　）。

    A. 用银行存款购买材料　　　　　　　B. 以银行存款偿还银行借款

    C. 以银行借款偿还应付账款　　　　　D. 将银行借款存入银行

13. 在"资产＝负债＋所有者权益"这一会计等式的右端，两个因素的位置（　　）。

    A. 不能颠倒　　　　　　　　　　　　B. 可以颠倒

    C. 没有顺序要求　　　　　　　　　　D. 在一定条件下可以颠倒

14. 下列支出中属于资产性支出的是（　　）。

    A. 销售费用　　　　　　　　　　　　B. 设备购置费

    C. 材料运杂费　　　　　　　　　　　D. 利息支出

15. 下列经济业务中不影响资产总额变动的是（　　）。

    A. 以现金发放职工工资　　　　　　　B. 接受投资者的投资

    C. 以银行存款偿还银行借款　　　　　D. 购买材料以现金支付货款

16. 资产与所有者权益同时减少的经济业务，会使资产与权益原来的总额（　　）。

    A. 不会变动　　　　　　　　　　　　B. 发生不等额的变动

    C. 发生同增变动　　　　　　　　　　D. 发生同减变动

17. 企业中所有者权益的主体内容是（　　）。

    A. 资本公积　　　　　　　　　　　　B. 实收资本

    C. 盈余公积　　　　　　　　　　　　D. 未分配利润

18. 企业的产成品属于（　　）。

    A. 固定资产　　　　　　　　　　　　B. 流动资产

    C. 长期资产　　　　　　　　　　　　D. 长期待摊费用

19. 下列各项中，属于资金退出企业的交易或事项的是（　　）。

    A. 缴纳税费　　　　　　　　　　　　B. 支付工资

    C. 购买材料　　　　　　　　　　　　D. 支付车间水电费

20. 属于经济利益流入的是（　　）。

    A. 从银行取得借款　　　　　　　　　B. 企业接受捐赠

C. 企业接受投资　　　　　　　　　D. 销售产品取得的货款

21. 下列各项中属于固定资产的是（　　　）。

    A. 生产产品所用的机器设备　　　　B. 生产完工验收入库的机器设备

    C. 正在生产中的机器设备　　　　　D. 购入后尚未安装完工的机器设备

22. 企业的会计期间是（　　　）。

    A. 一个营业年度　　　　　　　　　B. 自然形成的

    C. 一个循环过程　　　　　　　　　D. 人为划分的

23. 权责发生制原则的基础是（　　　）。

    A. 货币计量　　B. 会计分期　　C. 会计主体　　D. 持续经营

24. 下列各项中，不能作为会计主体的是（　　　）。

    A. 分公司　　B. 子公司　　C. 合伙企业　　D. 企业集团

25. 当资本性支出按收益性支出处理时，对企业的影响是（　　　）。

    A. 本年度虚增资产，虚减收益　　B. 本年度虚增资产，虚增收益

    C. 本年度虚减资产，虚减收益　　D. 本年度虚减资产，虚增收益

（二）多项选择题

1. 会计核算的基本前提包括（　　　）。

    A. 会计主体　　　　　　　　　　　B. 持续经营

    C. 记账本位币　　　　　　　　　　D. 货币计量

    E. 会计分期

2. 构成营业利润的要素主要包括（　　　）。

    A. 营业收入　　　　　　　　　　　B. 营业成本

    C. 营业税金及附加　　　　　　　　D. 销售费用

    E. 管理费用

3. 在下列资金形态中，有可能转化为企业生产资金形态的有（　　　）。

    A. 货币资金　　　　　　　　　　　B. 结算资金

    C. 储备资金　　　　　　　　　　　D. 固定资金

    E. 成品资金

4. 下列会计等式中正确的有（　　　）。

    A. 资产 = 权益

    B. 资产 = 负债 + 所有者权益

    C. 资产 = 所有者权益 + 负债

    D. 资产 = 负债 + 所有者权益 + 收入 − 费用

    E. 资产 = 负债 + 所有者权益 + 利润

5. 下列各项工作以会计恒等式为理论基础的是（　　　）。

    A. 复式记账　　　　　　　　　　　B. 成本计算

    C. 编制会计报表　　　　　　　　　D. 试算平衡

    E. 财产清查

6. (　　) 属于流动负债的构成内容。

　　A. 应付账款　　　　　　　　　　B. 预收账款

　　C. 应交税费　　　　　　　　　　D. 应付股利

　　E. 应付利息

7. 反映资金运动状况的会计要素是 (　　)。

　　A. 资产　　　　　　　　　　　　B. 负债

　　C. 所有者权益　　　　　　　　　D. 费用

　　E. 收入

8. 下列费用中，属于期间费用的是 (　　)。

　　A. 产品生产费用　　　　　　　　B. 销售费用

　　C. 管理费用　　　　　　　　　　D. 财务费用

　　E. 制造费用

9. 取得收入时导致会计要素变动的情况有 (　　)。

　　A. 资产和收入同时增加　　　　　B. 资产增加，负债减少

　　C. 收入增加，负债减少　　　　　D. 资产增加，负债增加

　　E. 资产和负债同时减少

10. 下列业务中引起所有者权益增加的业务有 (　　)。

　　A. 以银行存款投资办子公司　　　B. 公司投资者向公司投入设备

　　C. 投资者代公司偿还欠款　　　　D. 以盈余公积金转增资本

　　E. 将资本公积转增资本

11. 广义的收入包括 (　　)。

　　A. 主营业务收入　　　　　　　　B. 投资收益

　　C. 营业外收入　　　　　　　　　D. 预收收入

　　E. 其他业务收入

12. 下列各项中属于会计首要质量信息要求的是 (　　)。

　　A. 重要性　　　　　　　　　　　B. 可比性

　　C. 可靠性　　　　　　　　　　　D. 谨慎性

　　E. 相关性

13. 下列经济业务，属于引起会计等式左右两边会计要素变动的有 (　　)。

　　A. 生产产品领用一批原材料　　　B. 以库存现金偿还银行短期借款

　　C. 收到某单位投资的一台机器　　D. 以银行存款偿还前欠货款

　　E. 以银行存款支付购买材料的货款

14. 下列经济业务会引起会计等式左边与右边会计要素此增彼减变动的有 (　　)。

　　A. 以银行存款支付长期借款　　　B. 将资本公积转增资本

　　C. 借入短期借款直接偿还应付账款　D. 某项在建工程建成投产

　　E. 收到某外商捐赠的一批货物

15. 企业的收入可表现为一定期间 (　　)。

A. 现金的流入　　　　　　　　　　B. 银行存款的流入

C. 企业资产的增加　　　　　　　　D. 企业负债的增加

E. 企业负债的减少

16. 企业的费用具体表现为一定期间（　　　　）。

A. 现金的流出　　　　　　　　　　B. 企业资产的减少

C. 企业负债的增加　　　　　　　　D. 银行存款的流出

E. 企业负债的减少

17. 下列各项中，属于资本性支出的是（　　　　）。

A. 固定资产日常修理费　　　　　　B. 购置无形资产支出

C. 办公费支出　　　　　　　　　　D. 固定资产建设期间的利息支出

E. 水电费支出

18. 权责发生制原则下，属本期收入或费用的是（　　　　）。

A. 本月销售产品货款尚未收到　　　B. 预付下月的保险费

C. 本月收回的上月销售产品的货款　D. 尚未支付的本月借款利息

E. 摊销前期已付款的报刊费

19. 下列支出属于收益性支出的有（　　　　）。

A. 支付当月办公费　　　　　　　　B. 支付当月短期借款利息

C. 支付购置设备款　　　　　　　　D. 支付工资

E. 支付销售产品的运费

20. 按照收付实现制原则的要求，属于本期收入或费用的是（　　　　）。

A. 本期支付前期购货款　　　　　　B. 本期尚未支付的购货款

C. 本期欠付的费用　　　　　　　　D. 本期预付下期的费用

E. 本期收到前期的销货款

（三）判断题

1. 法律主体均可作为会计主体，会计主体不一定是法律主体。　　　　　　（　　　）

2. 如果某项资产不能再为企业带来经济利益，即使是由企业拥有或控制的，也不能作为企业的资产在资产负债表中列示。　　　　　　　　　　　　　　　　（　　　）

3. 会计核算只能用货币作为计量单位。　　　　　　　　　　　　　　　　（　　　）

4. 权责发生制是所有单位处理跨期业务的原则。　　　　　　　　　　　　（　　　）

5. "资产＝负债＋所有者权益"作为会计恒等式，是会计核算的理论基础，因此利润表的设计依据也是会计恒等式。　　　　　　　　　　　　　　　　　　　（　　　）

6. 收入能够导致企业所有者权益增加，但导致所有者权益增加的不一定都是收入。
　　　　　　　　　　　　　　　　　　　　　　　　　　　　　　　　　　（　　　）

7. 收益性支出是指为取得收入而发生的支出。　　　　　　　　　　　　　（　　　）

8. 企业将资本公积转增资本后，虽增加了企业注册资本，但不改变企业所有者权益总额。　　　　　　　　　　　　　　　　　　　　　　　　　　　　　　　（　　　）

9. 一个企业的资产总额与所有者权益总额有时相等。　　　　　　　　　　（　　　）

10. 任何企业发生的经济业务，会计等式的左右两方金额永不变，故永远相等。

（　　）

11. 我国所有企业的会计核算都必须以人民币作为记账本位币。　　（　　）

12. 企业取得了收入，意味着利润形成。　　　　　　　　　　　　（　　）

13. 会计只有核算与监督两大职能。　　　　　　　　　　　　　　（　　）

14. 收入与费用配比也就是费用要由收入补偿。　　　　　　　　　（　　）

15. 会计方法主要是指会计核算方法。　　　　　　　　　　　　　（　　）

16. 资产仅仅是企业拥有的能以货币计量的经济资源。　　　　　　（　　）

17. 企业的权益就是所有者权益。　　　　　　　　　　　　　　　（　　）

18. 复式记账的基础是会计恒等式。　　　　　　　　　　　　　　（　　）

19. 企业接受捐赠的物资，会引起收入与权益增加。　　　　　　　（　　）

20. 企业以存款购买材料，可使会计等式左右两边会计要素发生一增一减的变化。

（　　）

21. 会计期间划分得越短，反映经济活动的会计信息质量就会越可靠。　（　　）

（四）名词解释

1. 会计对象　　　　　　　　　10. 会计等式

2. 负债　　　　　　　　　　　11. 权责发生制

3. 收入　　　　　　　　　　　12. 收付实现制

4. 所有者权益　　　　　　　　13. 会计要素

5. 资产　　　　　　　　　　　14. 会计职能

6. 费用　　　　　　　　　　　15. 货币计量

7. 会计主体　　　　　　　　　16. 会计目标

8. 持续经营　　　　　　　　　17. 利润

9. 会计分期　　　　　　　　　18. 实质重于形式

（五）填空题

1. 会计的基本职能有_____、_____。

2. 会计的最终目标是_____。

3. 会计六要素包括_____、_____、_____、_____、_____、_____。

4. 资产按变现或耗用时间的长短分为_____和_____。

5. 负债是指过去的交易或事项形成的，预期会导致经济利益_____企业的现时义务。

6. 会计核算的基本前提有_____、_____、_____、_____。

7. 利润的计量需要依靠_____和_____。

8. 收付实现制原则，按照现金_____日期确定收入和费用的归属期。

9. 会计的计量尺度_____、_____、_____，但应以_____为主。

10. 流动资产是指可以在_____或_____的一个营业周期内变现或者被耗用的资产。

11. 非生产经营用的主要设备的物品，单位价值在_____以上，并且使用年限超过_____的，也可作为固定资产。

12. 负债按其流动性可以分为_____和_____。

13. 所有者权益是指_____扣除_____后，由所有者享有的剩余权益。

14. 所有者权益包括_____、_____、_____、_____。

15. 按企业的经营业务的主次分类，收入可以分为_____和_____。

16. 期间费用是指企业当前发生的必须在_____中得到补偿的费用。

17. 利润是指企业在一定会计期间的_____，包括_____、_____和_____。

18. 营业外支出是指直接记入_____的损失。

19. 会计对象是会计所要_____和_____的内容，会计要素_____的具体化形式。

20. 会计的基本等式为_____＝_____＋_____。

21. 费用是指企业为_____、_____等日常经济活动所发生的_____的流出。

22. 留存收益包括_____和_____。

23. 盈余公积主要作用是_____和_____。符合规定条件的企业，也可以用盈余公积分派_____。

24. 资本公积的主要作用是_____。

25. 利润总额是指_____加上_____，减去_____的金额。

（六）计算题

1. 某公司 2011 年 6 月份发生下列经济业务：

（1）销售商品 40 000 元，款项已存入银行。

（2）销售商品 10 000 元，款项 8 000 元已存入银行，其余暂欠。

（3）预付下年度仓库租金 6 000 元，款项已支付。

（4）收到上月客户所欠货款 4 000 元，存入银行。

（5）预提本月短期借款利息 1 000 元。

（6）预收货款 8 000 元已收妥入账，下月发货。

（7）摊销本月应负担的报刊费 200 元。

（8）用银行存款支付广告费 2 000 元。

（9）支付本季度短期借款利息 3 000 元，其中含本月已预提短期借款利息 1 000 元。

要求：分别按权责发生制和收付实现制确定该单位收入与费用的金额。

2. 某公司 2011 年全年有关资料如表 1－2 所示。

表1-2	2011年全年有关资料		单位：元
主营业务收入	188 500	营业外支出	750
投资收益	5 850	管理费用	19 000
营业外收入	1 800	销售费用	10 000
主营业务成本	75 400	财务费用	2 500
营业税金及附加	18 500		

要求：列式计算该公司2011年的各项利润（注：所得税税率为25%）。

（1）营业利润；（2）利润总额；（3）净利润。

3. 某公司2011年9月30日有关项目的金额如下：

库存现金1 000元；预收账款20 000元；银行存款80 000元；短期借款300 000元；应收账款20 000元；累计折旧200 000元；利润分配（未分配利润）91 000元；固定资产1 000 000元；实收资本500 000元；原材料10 000元。

要求：根据以上资料判断各项目的性质并计算该企业资产总额、负债总额、所有者权益总额。

4. 山东恒升公司于2011年8月1日成立。成立时收到A公司投入的机器设备，价值1 000万元，收到B公司投入的原材料600万元，收到C公司投入的货币资金400万元；同时，从银行取得2年期的借款100万元。至2011年12月31日，山东恒升公司期末资产总额变为2 500万元（假设负债数额不变）。

要求：

（1）计算恒升公司成立日的流动资产金额、非流动资产金额及资产总额。

（2）计算恒升公司成立日的负债总额、所有者权益总额。

（3）计算恒升公司期末所有者权益总额。

（4）计算恒升公司2011年实现的利润（假设未发生资本增减业务）。

5. 某公司12月31日的资产、负债和所有者权益的情况如表1-3所示。

表1-3		资产负债表		单位：元
资产	金额	负债及所有者权益	金额	
库存现金	8 000	短期借款	12 000	
银行存款	27 000	应付账款	28 000	
应收账款	A	应交税费	C	
原材料	52 000	长期借款	9 000	
长期投资	35 000	实收资本	240 000	
固定资产	200 000	资本公积	23 000	
合计	B	合计	495 000	

要求：

（1）表中 A、B、C 的数据各是多少；

（2）计算该企业的流动资产总额；

（3）计算该企业的负债总额；

（4）计算该企业的所有者权益总额。

（七）业务题

1. 资料：中大公司某月月末各项目余额如下：

（1）存放在企业的现金为 1 700 元；

（2）存在银行的存款为 2 939 300 元；

（3）投资者投入的资本金为 13 130 000 元；

（4）从银行取得五年期的借款 500 000 元；

（5）从银行取得半年期的借款 300 000 元；

（6）存放在仓库的原材料为 417 000 元；

（7）尚未完工的产品为 584 000 元；

（8）库存的完工产品为 520 000 元；

（9）购货方拖欠的货款为 43 000 元；

（10）拖欠外单位的材料货款为 45 000 元

（11）持有的三个月到期的债券为 60 000 元；

（12）房屋价值 5 700 000 元；

（13）机器设备价值 4 200 000 元；

（14）运输设备价值 530 000 元；

（15）企业的资本公积金为 960 000 元；

（16）企业留存的盈余公积金为 440 000 元；

（17）外欠某企业设备款为 200 000 元；

（18）长期拥有某企业发行股票为 650 000 元；

（19）上年尚未分配的利润为 70 000 元。

要求：说明上述业务适用的会计科目并划分各项目的类别（资产、负债或所有者权益），计算资产、负债或所有者权益各要素金额合计，将各项目金额填入项目计算表中。项目计算表如表 1-4 所示。

表 1-4　　　　　　　　　　　项目计算表　　　　　　　　　　单位：元

项目序号	金额		
	资产	负债	所有者权益
（1） （2） （3） ……			
合计			

2. 中大公司 2011 年初开业，11 月份发生经济业务资料如表 1-5 所示。

表 1-5 经济业务资料 单位：元

	资产				负债	所有者权益
	银行存款	应收账款	原材料	固定资产	应付账款	实收资本
期初	10 000	5 000	12 800	8 200	5 200	30 800
业务（1）	+2 400	-2 400				
业务（2）	-4 000		+4 000			
业务（3）				+6 000		+6 000
业务（4）			+2 000		+2 000	
业务（5）	-1 500				-1 500	
业务（6）	+5 000		+2 500			+7 500

要求：根据上述资料，请说明该企业 11 月份发生的经济业务的内容；计算经济业务变动对资产、负债及所有者权益变动的影响结果，并分析变动类型。经济业务变动状况如表 1-6 所示。

表 1-6 经济业务变动状况表 单位：元

经济业务内容	会计等式变动结果	变动类型
（1）		
（2）		
（3）		
（4）		
（5）		
（6）		

（八）案例分析题

1. 甲、乙两个人同时投资一个相同的商店。经过一个月的经营，甲取得了 50 000 元的收入，乙取得了 45 000 元的收入，并且两人都购进了 30 000 元的货物，都发生了 10 000 元的广告费。

（1）假设均没有其他收支。到了月末计算收益时，甲将 10 000 元广告费全部作为本月费用，本月收益为 10 000 元（50 000 - 30 000 - 10 000）；而乙则认为 10 000 元广告费在下月还将继续起作用，因而将这部分广告费用按两个月进行分摊，本月承担一半，即 5 000 元。经过计算乙本月收益也为 10 000 元（45 000 - 30 000 - 5 000）。

要求：对本案例进行分析，能否判断甲乙两个人哪个商店经营得更好呢？并说明原因。

（2）如果规定广告费必须全部记入当月费用，则甲的收益仍为 10 000 元，而乙的收益则为 5 000 元（45 000 - 30 000 - 10 000）。

问题思考：

请你判断甲乙两人的商店哪个经营效益更好些呢？

2. 资料：某企业 2010 年 6 月份发生以下经济业务：

（1）支付上月电费 5 000 元；

（2）收回上月的应收账款 10 000 元；

（3）收到本月的营业收入款 8 000 元；

（4）支付本月应负担的办公费 900 元；

（5）支付下季度保险费 1 800 元；

（6）应收营业收入 25 000 元，款项尚未收到；

（7）预收客户货款 5 000 元；

（8）负担上季度已经预付的保险费 600 元。

问题思考：

（1）比较权责发生制与收付实现制的异同；

（2）通过计算说明它们对收入、费用和盈亏的影响；

（3）说明各有何优缺点。

第二章 会计处理方法

一、教学案例

由于当前我国的国民经济高速发展，出现了大量休闲或交际型活动，如高尔夫俱乐部。而且现在许多企业的高级管理人员为了自己消遣及应酬客户，纷纷加入高尔夫俱乐部，并成为其会员。甲企业是一家国有大型石油加工企业，且为上市企业，其中一位高管，为了自身消遣的需要，购买了高尔夫俱乐部会员资格证，支付了一定的费用，其金额高达数十万元。该会员资格证一般不规定有效使用年限并可以转让或继续使用。每次消费时可能需要另行支付费用，也可能支付低于未购买俱乐部会员资格证的消费者费用水平的费用。另外该企业为了绿化厂区环境，购买了 10 棵银杏树，共计130 万元，企业的会计人员将 10 棵银杏树列为资产，以固定资产进行确认，并计提折旧，折旧的年限为 10 年。

问题思考：

1. 高尔夫俱乐部会员资格证支出能确认为资产吗？为什么？
2. 该企业购买的银杏树按"固定资产"确认是否合理，为什么？

二、作业与思考题

(一) 单项选择题

1. 下列项目中，符合资产定义的是（ ）。
   A. 购入的某项专利权　　　　　　　　B. 经营租入的设备
   C. 待处理的财产损失　　　　　　　　D. 计划购买的某项设备
2. 下列各项中，属于会计确认核心的是（ ）。
   A. 会计记录　　　B. 会计核算　　　C. 会计计量　　　　D. 会计报告
3. 哪项是构成再次确认标准的依据（ ）。
   A. 货币计量　　　　　　　　　　　　B. 会计目标
   C. 会计核算　　　　　　　　　　　　D. 会计信息使用者需要
4. 下列各项中，构成初次确认的关键性标准是（ ）。
   A. 可定义性　　　B. 可计量性　　　C. 可靠性　　　　D. 真实性
5. 会计计量中最基本的计量基础的是（ ）。
   A. 公允价值　　　　　　　　　　　　B. 现值
   C. 可变现净值　　　　　　　　　　　D. 历史成本
6. 收入的本质是（ ）。

A. 权益的转换形式　　　　　　　　　B. 资产的转换形式

C. 经济利益的流入　　　　　　　　　D. 经济利益的流出

7. 下列各项中，应作为资产确认的是（　　）。

A. 固定资产的维修费　　　　　　　　B. 固定资产的运费

C. 固定资产的毁损损失　　　　　　　D. 固定资产的磨损价值

8. 下列不属于会计核算专门方法的是（　　）。

A. 错账更正　　B. 复式记账　　C. 成本计算　　　D. 登记账簿

9. 下列各项中，（　　）属于会计初次确认标准。

A. 货币计量　　　　　　　　　　　　B. 真实性

C. 会计信息使用者的需要　　　　　　D. 相关性

10. 属于"收益"确认的是（　　）。

A. 存货的入账价值　　　　　　　　　B. 固定资产的入账价值

C. 发出存货的计价　　　　　　　　　D. 应收账款的入账价值

11. 初次确认的主要内容是（　　）。

A. 输入会计核算系统的会计信息　　　B. 输入会计核算系统的经济信息

C. 经过加工的会计信息　　　　　　　D. 输入会计核算系统的原始经济信息

12. 企业于 12 月初用库存现金 1 800 元支付本季度房租，12 月末仅将其中的 600 元记入本月费用，这符合（　　）。

A. 配比原则　　　　　　　　　　　　B. 权责发生制原则

C. 收付实现制原则　　　　　　　　　D. 历史成本原则

13. 按照收付实现制的要求，确定各项收入和费用归属期的标准是（　　）。

A. 实际发生的收支　　　　　　　　　B. 实际收付的业务

C. 实际款项的收付　　　　　　　　　D. 实现的经营成果

14. 下列各项中，应作为购置资产历史成本计量的是（　　）。

A. 按照对外销售的现金等价物计价　　B. 按照未来现金流量的现值计量

C. 按照出售资产单位的账面价值计量　D. 按照所付出对价的公允价值计量

15. 下列各项中，构成费用本质的是（　　）。

A. 为进行经营活动发生的　　　　　　B. 与收入相配比确认

C. 经济利益的流出　　　　　　　　　D. 资产的转化形式

16. 下列各项中，构成收入本质的是（　　）。

A. 经济利益的流入　　　　　　　　　B. 与费用配比确认

C. 为进行经营活动发生的　　　　　　D. 权益的转化形式

17. 一般情况下，会计计量应选择（　　）作为计量单位。

A. 法定的名义货币　　　　　　　　　B. 法定的购买力货币

C. 记账本位币　　　　　　　　　　　D. 货币等价物

18. 下列各项中，经过初次确认不能纳入会计处理系统的是（　　）。

A. 采购人员的差旅费　　　　　　　　B. 销售商品代垫的费用

C. 材料采购合同内列出 200 万元　　　D. 支付 10 万元的水电费

19. 下列各项中，应作为资产确认的是（　　）。

　　A. 固定资产的毁损损失　　　　　　　B. 固定资产的修理费

　　C. 固定资产磨损的价值　　　　　　　D. 固定资产的运费

20. 构成再次确认的关键性标准是（　　）。

　　A. 可定义性　　　B. 谨慎性　　　　C. 可靠性　　　　　D. 相关性

（二）多项选择题

1. 下列各项中，构成所有者权益确认依据的是（　　）。

　　A. 收入　　　　　　　　　　　　　　B. 费用

　　C. 资产　　　　　　　　　　　　　　D. 负债

　　E. 利润

2. 会计记录方法主要有（　　）。

　　A. 成本计算　　　　　　　　　　　　B. 填制和审核凭证

　　C. 登记账簿　　　　　　　　　　　　D. 编制财务会计报告

　　E. 财产清查

3. 以下可作为公允价值的是（　　）。

　　A. 市价　　　　　　　　　　　　　　B. 历史成本

　　C. 可变现价值　　　　　　　　　　　D. 未来现金流量的现值

　　E. 现行成本

4. 下列各项中，含义相同的是（　　）。

　　A. 所有者权益　　　　　　　　　　　B. 狭义权益

　　C. 债权人权益　　　　　　　　　　　D. 净资产

　　E. 资产减负债的差额

5. 下列属于会计核算方法的是（　　）。

　　A. 设置会计账户　　　　　　　　　　B. 填制和审核凭证

　　C. 登记账簿　　　　　　　　　　　　D. 复式记账

　　E. 编制财务会计报告

6. 历史成本原则的优点有（　　）。

　　A. 交易确定的金额比较客观　　　　　B. 存货成本接近市价

　　C. 有原始凭证证明可随时查证　　　　D. 可防止企业随意改动

　　E. 会计核算手续简化，不必经常调整账目

7. 会计确认的条件有（　　）。

　　A. 符合要素的定义　　　　　　　　　B. 经济利益很可能流出或流入企业

　　C. 金额能够可靠计量　　　　　　　　D. 经济业务发生一定能带来经济利益

　　E. 必须能用公允价值计量

8. 会计计量的属性有（　　）。

　　A. 历史成本　　　　　　　　　　　　B. 公允价值

　　C. 可变现净值　　　　　　　　　　　D. 现值

　　E. 重置成本

9. 会计工作的主要环节有（　　　　）。

  A. 会计确认   B. 会计计量

  C. 会计假设   D. 会计原则

  E. 会计报告

10. 可以用于负债计量的计量属性有（　　　　）。

  A. 历史成本   B. 公允价值

  C. 可变现净值   D. 现值

  E. 重置成本

11. 下列各项中，构成资产确认标准的有（　　　　）。

  A. 未来经济利益可能流入企业   B. 依据所有者投资的金额

  C. 企业拥有或控制   D. 成本或价值能够可靠地加以计量

  E. 过去交易或事项形成

12. 下列各项中，构成负债确认标准的有（　　　　）。

  A. 是一项现时业务的结算

  B. 结算金额能够可靠地加以计量

  C. 含有经济利益的资源可能流出企业

  D. 按"负债＝资产－所有者权益"确定

  E. 过去交易或事项形成

13. 下列各项中，构成收入确认标准的有（　　　　）。

  A. 未来经济利益很可能流入企业

  B. 同时确认资产的增加或负债的减少

  C. 商品所有权上的风险和报酬已经转移

  D. 相关的收入和成本能够可靠地计量

  E. 没有保留继续管理权和控制权

14. 下列各项中，构成费用确认标准的有（　　　　）。

  A. 费用发生伴随资产减少或负债增加

  B. 费用发生会引起经济利益流出企业

  C. 能够可靠地加以计量

  D. 资本性支出与收益性支出的划分原则

  E. 与实现的收入配比确认

15. 下列各项中，构成利润确认的依据有（　　　　）。

  A. 收入   B. 费用

  C. 资产   D. 负债

  E. 所有者权益

16. 下列各项中，应作为负债确认的有（　　　　）。

  A. 采购合同规定在材料购进后的 3 个月内付款

  B. 从银行取得的借款

   C. 应支付给职工的工资

   D. 某职工借支的差旅费

   E. 预提的固定资产修理费

17. 下列各项中，以历史成本作为计量基础的有（　　　　）。

   A. 购买固定资产的入账价值　　　　B. 存货的入账价值

   C. 销售商品的销售收入　　　　　　D. 销售商品的销售成本

   E. 盘盈的固定资产入账价值

（三）判断题

1. 企业一般以权责发生制作为记账基础。　　　　　　　　　　　（　　）

2. 将要发生的负债可以确认为负债。　　　　　　　　　　　　　（　　）

3. 在确认收入的同时，也必须确认资产或负债。　　　　　　　　（　　）

4. 会计确认的核心是会计计量。　　　　　　　　　　　　　　　（　　）

5. 会计计量以货币计量为主，不排除以实物、劳动量度作为辅助量度。（　　）

6. 企业会计的计量通常以公允价值为基础。　　　　　　　　　　（　　）

7. 狭义的会计方法是指会计的核算方法。　　　　　　　　　　　（　　）

8. 会计核算方法中不包括财务会计报告的编制。　　　　　　　　（　　）

9. 会计计量单位只有一种，即货币计量。　　　　　　　　　　　（　　）

10. 如果不能确认，也就不需要计量；如果不能计量，确认也就没有意义。

   　　　　　　　　　　　　　　　　　　　　　　　　　　　　（　　）

11. 费用确认的同时，也必须确认资产或负债。　　　　　　　　（　　）

12. 确认是会计核算的基础，会计计量是会计确认的核心。　　　（　　）

13. 当企业采用权责发生制核算时，预付的报刊费应作为支付期的费用处理。

   　　　　　　　　　　　　　　　　　　　　　　　　　　　　（　　）

14. 会计计量的历史成本实质上也是公允价值。　　　　　　　　（　　）

15. 会计循环中的主要内容是凭证的编制、账簿的登记和报表的编制。（　　）

16. 会计确认、会计计量是会计核算方法中两个独立的方法。　　（　　）

17. 在物价变动的情况下，按历史成本计价也可以真实地反映资产的实际价值。

   　　　　　　　　　　　　　　　　　　　　　　　　　　　　（　　）

18. 收入费用的确认标准即为利润的确认标准。　　　　　　　　（　　）

19. 企业只要进行经营活动，所有者权益的确认就必须依赖资产和负债。（　　）

20. 会计确认、计量、记录是会计人员"生产"会计信息的过程，会计报告是会计人员的"产品"。

   　　　　　　　　　　　　　　　　　　　　　　　　　　　　（　　）

（四）名词解释

1. 会计确认　　　　　　　　　　　4. 公允价值

2. 历史成本　　　　　　　　　　　5. 会计计量

3. 会计循环　　　　　　　　　　　6. 收益性支出

7. 资本性支出   10. 重置成本

8. 会计计量   11. 可变净值

9. 会计记录   12. 现值

（五）填空题

1. 会计确认的标准有_____、_____。

2. 资产的确认有三个重要的标准：（1）_____；（2）_____；（3）_____。

3. 会计计量以_____为主，以_____为辅。

4. 会计计量属性有_____、_____、_____、

5. 会计核算方法包括_____、_____、_____、_____、_____、_____、_____、_____、_____。

6. 负债的确认有三个重要的标准：（1）_____；（2）_____；（3）_____。

7. 会计计量过程包括_____；_____；_____。

8. 一般情况下，不同国家在进行会计计量时会选定本国法定的_____作为计量单位。

9. 复式记账法使每项经济业务所涉及的_____或_____账户之间产生一种半衡关系。

10. _____是保证会计资料真实性、正确性的有效手段。

11. 会计核算的主要方法是_____。

12. _____提供的资料是进行会计分析、会计检查的重要依据。

13. 反映企业某一特定日期财务状况的报表是_____。

14. 反映企业在一定期间经营成果的报表是_____。

（六）业务题

某企业去年花 100 000 元购买了一辆汽车，但今年汽车降价，再买一辆与原来一样的汽车只要 80 000 元了，但是如果现在把旧车卖出去只能卖 60 000 元，还要交相关的手续费 10 000 元，若该企业自去年买车到今年共计提了 30 000 元的折旧。

要求：分别按历史成本、重置成本、可变现净值、公允价值和现值计算该汽车的价值。

（七）案例分析题

1. 张涛 2010 年大学毕业后，一直没找到合适的工作，于是打算自己创业。张涛因为在大学里学的是计算机专业，所以想开一家电脑维修部。经过一番运作后，张涛在 2010 年 8 月 1 日用 10 000 元银行存款投资，成功开办了"新未来"电脑维修部，从事电脑维修，并附带销售各种电脑配件。创业初期他首先租了一间小店铺，每月房租 1 000 元，第一个月房租已经支付；花费 2 500 元购买了一些修理用的工具和配件；为了方便出行，花费 400 元买了一部自行车；在报纸上做了广告，广告费为 750 元，其中

250元的广告费未支付；支付请来帮助修理电脑同学的报酬300元；8月15日，张涛从银行提取1 000元用于个人生活支出，31日收到水电费缴费单，共计100元尚未支付。当月电脑维修全部收入已存入银行，31日银行账户余额为7 000元。张涛认为第一个月经营情况不错，尽管亏了3 000元，但是打开了市场。（假设所有的收入都收到现金）

（1）分析张涛依据什么计算亏了3 000元，依据正确么？

（2）分析电脑维修部8月底有哪些资产和负债？

（3）计算电脑维修部8月份的收入和费用是多少？

2. 李斌成立了一家汽车装饰公司。但是，他并不清楚净利润的基本计算方法。在年末计算净利润时：他认为只要从客户手中收到现金就确认为收入，只要公司支付了现金就确认为当年的费用。因此李斌对以下收入和费用进行了处理：

（1）为吸引客户，办理汽车镀膜优惠卡，预收现金10 000元，全部确认为本年的收入。（据统计，其中只有2 600元提供了汽车镀膜服务）

（2）有两位客户尚拖欠本年汽车内装饰费32 000元，未能确认为本年收入。

（3）以银行存款购买装饰用的各种配件和材料，本年共支出8 000元，全部确认为本年的费用（后经盘点发现，还有3 400元配件和材料积压在仓库）。

（4）购买二手车一辆，双方协商价格60 000元，暂付38 000元。该车购买时预计尚可使用5年。已经支付的38 000元全部确认为本年的费用。（按直线法折旧）

（5）购买修理用设备5 000元，也全部确认为本年的费用。

（6）公司所得税率为25%。（假设企业不用考虑增值税）

要求分析：你是否同意李斌对本年收入和费用的会计处理，为什么？（即指出赵某的上述会计处理违背的具体会计规范）说明每一项业务正确的会计处理方法，并通过计算看一下李斌本年度是盈利还是亏损了。

第三章　会计科目与账户

一、教学案例

厦新电子是我国在影音光碟（VCD）、手机制造领域的著名企业。1981 年，经厦门市经济特区管理委员会（1981）第 036 号文件批准，由厦门市电子工业局和香港新利有限公司共同组建厦新电子有限公司。1996 年 3 月，经厦门市经济体制改革委员会厦体改（1996）080 号文件批准，厦新电子有限公司在对其主要经营性资产进行改组的基础上，与中国电子租赁有限公司、厦门电子仪器厂、厦门电子器材公司、成都广播电视设备（集团）公司、中国电子国际经济贸易公司五家企业共同发起，筹建股份有限公司。1997 年 2 月，厦门市人民政府以厦府（1997）57 号文批复，同意设立厦新电子股份有限公司。1997 年 5 月 13 日，公司经中国证券监督管理委员会批准，向社会公开发行 4 000 万股新股，并于 1997 年 6 月 4 日在上海证券交易所挂牌交易。公司经营范围：声像电子产品及其他机械电子产品开发、制造；房地产开发与经营；旅馆；餐饮；批发零售建筑材料、百货、五金交电、包装材料、电子元器件；运输等。

熟悉厦新电子历史的人，都知道厦新电子是业绩大变脸的"高手"。厦新电子股份有限公司 1997 年发生广告费 41 767 471 元，1998 年 1 ~ 6 月发生广告费 61 474 834.4 元。1997 年和 1998 年公司对大额广告费均列入"长期待摊费用"科目，采用分 3 年摊销的会计处理方法。其中 1997 年年度广告费摊销额为 3 480 622.58 元，1997 年年度每股收益为 0.366 元；1998 年年度广告费摊销额为 28 760 459 元，1998 年年度每股收益高达 1.02 元。1998 年 8 月 27 日厦新电子股份有限公司董事会公告中明确指出：1998 年中报对广告费采取分期摊销的做法，可能使本公司在未来经营期内承担一定的压力，给未来的生产经营提出了更高的要求。1999 年每股收益迅速下降至 0.11 元，随着 2000 年和 2001 年两年连续亏损，厦新电子带上"ST"帽子，然而 2002 年每股收益又高达 1.69 元，2002 年至 2003 年共赚取净利润 11 亿元。到了 2005 年，全年业绩又发生亏损。

问题思考：

1. 大额广告费支出列入"长期待摊费用"核算，是否符合现行会计准则的有关规定。

2. 厦新电子 1997 年、1998 年的高收益是否与费用资本化、递延处理有关？这样的处理对公司以后年度收益是否会产生影响。

二、作业与思考题

(一) 单项选择题

1. 下列各项中，属于总账和明细账核对理论基础的是（　　）。
   - A. 资产 = 负债 + 所有者权益
   - B. 借贷记账法的试算平衡原理
   - C. 平行登记原理
   - D. 复式记账原理

2. 企业设置"固定资产"账户用来反映固定资产的（　　）。
   - A. 原始价值
   - B. 净值
   - C. 累计折旧
   - D. 磨损价值

3. 下列账户中属于资产类账户的是（　　）。
   - A. 应付账款
   - B. 预付账款
   - C. 预收账款
   - D. 实收资本

4. 开设明细分类账户的依据是（　　）。
   - A. 会计要素内容
   - B. 试算平衡表
   - C. 分类科目
   - D. 明细分类科目

5. 下列账户中，既属于结算账户，又属于负债账户的是（　　）。
   - A. "应收账款"账户
   - B. "预收账款"账户
   - C. "应收票据"账户
   - D. "预付账款"账户

6. 下列各项中，通常没有期末余额的是（　　）。
   - A. 资产账户
   - B. 负债账户
   - C. 所有者权益账户
   - D. 损益账户

7. 下列账户中属于所有者权益账户的是（　　）。
   - A. 利润分配
   - B. 营业外收入
   - C. 主营业务收入
   - D. 预付账款

8. 可以不用开设明细账分类户的是（　　）。
   - A. 利润分配
   - B. 本年利润
   - C. 实收资本
   - D. 材料采购

9. 下列各项中，属于虚账户的是（　　）。
   - A. 生产成本
   - B. 盈余公积
   - C. 主营业务收入
   - D. 短期借款

10. "累计折旧"账户属于（　　）性质。
    - A. 资产
    - B. 负债
    - C. 所有者权益
    - D. 成本

11. 账户的期末余额应与下列选项中的（　　）在同一方。
    - A. 减少额
    - B. 期初余额
    - C. 增加额
    - D. 本期发生额

12. 对会计要素进一步分类的项目是（　　）。
    - A. 会计账户
    - B. 会计科目
    - C. 会计对象
    - D. 会计账簿

13. 账户结构是指（　　）。
    - A. 账户的具体格式
    - B. 账户登记的经济内容

C. 账户登记的日期　　　　　　　　　D. 账户中登记增减金额的栏次

14. 会计账户的设置依据是（　　）。

　　A. 会计对象　　　B. 会计要素　　　C. 会计科目　　　D. 会计方法

15. 开设明细账户的依据是（　　）。

　　A. 总分类科目　　　　　　　　　　B. 明细分类科目

　　C. 试算平衡表　　　　　　　　　　D. 会计要素内容

16. 存在对应关系的账户被称为（　　）。

　　A. 一级账户　　　　　　　　　　　B. 对应账户

　　C. 总分类账户　　　　　　　　　　D. 明细分类账户

17. 下列不属于抵减账户的是（　　）。

　　A. 利润分配　　　B. 坏账准备　　　C. 累计折旧　　　D. 本年利润

18. 结算类账户的期末余额（　　）。

　　A. 在借方　　　　　　　　　　　　B. 在贷方

　　C. 可能在借方，也可能在贷方　　　D. 以上都要不对

19. 在企业不单设"预付账款"账户时，对于预付款业务可在（　　）。

　　A. "应收账款"账户反映　　　　　B. "预收账款"账户反映

　　C. "应付账款"账户反映　　　　　D. "其他往来"账户反映

20. 下列账户中，既属于结算账户，又属于负债类账户的是（　　）。

　　A. 应收账款　　　B. 预收账款　　　C. 应收票据　　　D. 预付账款

21. 债权债务结算账户的贷方登记（　　）。

　　A. 债权的增加　　　　　　　　　　B. 债务的增加，债权的减少

　　C. 债务的增加　　　　　　　　　　D. 债务的减少，债权的增加

22. 下列各项中，体现会计科目与账户关系的是（　　）。

　　A. 会计要素的名称　　　　　　　　B. 报表的项目

　　C. 账簿的名称　　　　　　　　　　D. 账户的名称

23. 下列各项中，体现账户结构特点的是（　　）。

　　A. 分为左右两方　　　　　　　　　B. 分为上下两部分

　　C. 分为发生额，余额两部分　　　　D. 分为前后两部分

24. 下列各项中，作为账户开设根据的是（　　）。

　　A. 会计准则　　　B. 会计制度　　　C. 会计报表　　　D. 会计科目

25. 下列各项中，属于实账户的是（　　）。

　　A. 材料采购　　　B. 营业成本　　　C. 管理费用　　　D. 营业收入

（二）多项选择题

1. 账户一般可以提供的金额指标有（　　）。

　　A. 期初余额　　　　　　　　　　　B. 本期增加发生额

　　C. 期中余额　　　　　　　　　　　D. 本期减少发生额

　　E. 期末余额

2. 在会计期末一般没有余额的账户是（　　　）。
    A. 资产类账户　　　　　　　　　　B. 负债类账户
    C. 收入类账户　　　　　　　　　　D. 费用类账户
    E. 所有者权益类账户

3. 总分类账户与明细分类账户平行登记的要点是（　　　）。
    A. 同数量　　　　　　　　　　　　B. 同金额
    C. 同时间　　　　　　　　　　　　D. 同内容
    E. 同方向

4. 下列各项中属于盘存类账户的是（　　　）。
    A. 固定资产　　　　　　　　　　　B. 银行存款
    C. 库存商品　　　　　　　　　　　D. 利润分配
    E. 原材料

5. 下列账户中期末余额在借方的是（　　　）。
    A. 收入类账户　　　　　　　　　　B. 盘存类账户
    C. 债券结算账户　　　　　　　　　D. 成本计算账户
    E. 费用类账户

6. 按其不同标志分类，"材料采购"账户可能属于（　　　）。
    A. 资产类账户　　　　　　　　　　B. 盘存类账户
    C. 计价对比类账户　　　　　　　　D. 成本计算类账户
    E. 费用类账户

7. 下列各项中属于费用类账户的是（　　　）。
    A. 主营业务成本　　　　　　　　　B. 管理费用
    C. 财务费用　　　　　　　　　　　D. 销售费用
    E. 营业外支出

8. 账户按用途和结构分类，下列属于备抵调整账户的是（　　　）。
    A. 坏账准备　　　　　　　　　　　B. 无形资产
    C. 存货跌价准备　　　　　　　　　D. 固定资产减值准备
    E. 累计折旧

9. 在账户按经济内容的分类中，属于成本类账户的是（　　　）。
    A. 材料采购　　　　　　　　　　　B. 生产成本
    C. 制造费用　　　　　　　　　　　D. 主营业务成本
    E. 管理费用

10. 账户余额可能会出现以下哪些情况？（　　　）。
    A. 借方余额　　　　　　　　　　　B. 贷方余额
    C. 没有余额　　　　　　　　　　　D. 借、贷方都有余额

11. 下列账户中，在会计期末一般没有余额的账户有（　　　）。
    A. 资产类账户　　　　　　　　　　B. 负债类账户
    C. 所有者权益类账户　　　　　　　D. 收入类账户

E. 费用类账户

12. 下列可能属于盘存账户的有（　　　）。

A. 原材料

B. 库存商品

C. 银行存款

D. 固定资产

E. 本年利润

13. 下列账户中期末如有余额且余额在借方的有（　　　）。

A. 收入计算类账户

B. 费用计算类账户

C. 盘存类账户

D. 集合分配类账户

E. 结算类账户

14. 下列账户期末一般没有余额的是（　　　）。

A. 收入计算类账户

B. 费用计算类账户

C. 盘存类账户

D. 集合分配类账户

E. 结算类账户

15. 下列账户属于债权结算账户的有（　　　）。

A. 预付账款

B. 应付账款

C. 应收账款

D. 应收票据

E. 预收账款

16. 在生产过程中，用来归集制造产品的生产费用，并据以计算产品生产成本的账户有（　　　）。

A. 制造费用

B. 库存商品

C. 材料采购

D. 生产成本

E. 主营业务成本

17. 下列项目中，作为会计科目的有（　　　）。

A. 固定资产

B. 机器设备

C. 原材料

D. 未完工产品

E. 盈余公积

18. 下列各项中，构成账户一般要素的有（　　　）。

A. 账户名称

B. 日期和摘要

C. 凭证号

D. 增加或减少金额

E. 账户编号

19. 下列各项中，包括在账户记录金额的有（　　　）。

A. 期初余额

B. 期末余额

C. 本期增加额

D. 本期减少额

E. 期末余额的合计量

20. 下各项中，需要设置明细分类账的总分类账户有（　　　）。

A. 累计折旧

B. 本年利润

C. 利润分配

D. 银行存款

E. 实收资本

（三）判断题

1. 所有的账户都是依据会计科目开设的。　　　　　　　　　　　（　　）

2. "应付账款"、"预付账款"、"预收账款"属于负债结算账户。　　（　　）

3. 会计科目和账户相比，会计科目不存在结构问题，而账户必须具有一定的结构，用以登记经济业务。　　　　　　　　　　　　　　　　　　　　（　　）

4. "本年利润"账户是"利润分配"账户的抵减调整类账户。　　（　　）

5. "制造费用"账户本期借方发生额于期末转入"生产成本"账户，期末无余额，因此它属于损益账户。　　　　　　　　　　　　　　　　　　　（　　）

6. 一般地说，各类账户的期末余额与记录增加额的一方都在同一方向。　（　　）

7. 会计科目是对会计要素分类所形成的项目。　　　　　　　　　（　　）

8. 所得税是对企业实现利润的分配，因此"所得税费用"账户属于所有者权益类账户。　　　　　　　　　　　　　　　　　　　　　　　　　（　　）

9. 备抵附加账户的余额方向是不固定的，若其余额在借方时，起递减作用，当其余额在贷方时，起附加作用。　　　　　　　　　　　　　　　　（　　）

10. 收入账户除提供货币指标外，还提供实物指标。　　　　　　（　　）

11. 按账户的用途结构分类，"制造费用"账户属于成本计算类账户。　（　　）

12. 集合分配类账户是用来归集应由某个成本计算对象负担的间接费用的账户，因而具有明显的过渡性质，期末一般都有余额。　　　　　　　　　（　　）

13. 抵减附加账户的期末余额方向不是固定的，当其余额在借方时，起着抵减作用，当其余额在贷方时，起着附加作用。　　　　　　　　　　　（　　）

14. 所有账户的左边均记录减少额，右边均记录增加额。　　　　（　　）

15. 会计科目是根据不同单位经济业务的特点设置的。　　　　　（　　）

16. 经济的各种变动在数量上只有增加和减少两种情况。　　　　（　　）

17. 账户的左右两方是按相反方向来记录增加额和减少额。　　　（　　）

18. 收益类账户应反映企业收入的取得、费用的发生和利润的形成情况。（　　）

19. 由于累计折旧账户贷方记录增加，借方记录减少，所以属于负债类账户。
　　　　　　　　　　　　　　　　　　　　　　　　　　　　　（　　）

20. 利润分配账户属于所有者权益类账户。　　　　　　　　　　（　　）

21. 所有总分类账户均应设置明细分类账户。　　　　　　　　　（　　）

22. 凡是借方余额的账户均属于资产类账户。　　　　　　　　　（　　）

23. 通常情况下，贷方余额的账户均属于负债类账户。　　　　　（　　）

24. 通常情况下，期末无余额的账户均属于损益类账户。　　　　（　　）

25. 增加、减少金额的记录是账户记录的最主要内容。　　　　　（　　）

26. 负债类账户的发生额反映了企业实际的债务金额。　　　　　（　　）

（四）名词解释

1. 会计科目　　　　　　　　　　　　　2. 会计账户

3. 调整账户
4. 备抵账户
5. 平行登记
6. 备抵附加账户
7. 余额
8. 本期发生额
9. 虚账户
10. 总分类账户
11. 明细分类账户
12. 结算账户

13. 期间账户
14. 计价对比账户
15. 本期增加发生额
16. 本期减少发生额
17. 资产类账户
18. 负债类账户
19. 所有者权益类账户
20. 借方余额账户
21. 贷方余额账户

（五）填空题

1. 会计科目是对_____进一步分类的标志或项目。

2. 设置会计科目要保持_____。

3. 会计账户是根据_____设置的具有一定格式和结构，用于反映_____增减变动及其结果的载体。

4. 账户格式的设计一般包括以下内容：_____、_____、_____、_____、_____。

5. 账户按提供核算指标的详细程度不同，可分为_____和_____。

6. 账户按会计主体分类，可分为_____和_____。

7. 就二级账户核算的内容来说，它比_____更详细，而又比_____简练，是介于二者之间的一种账户。

8. 企业会计科目按反映的经济内容分类，可以分为_____、_____、_____、_____、_____。

9. 账户按经济内容分类，可分为_____、_____、_____、_____、_____。

10. 反映资金运动的静态账户有_____、_____、_____。

11. 反映资金运动的动态账户有_____、_____、_____。

12. 盘存类账户的有_____、_____、_____等账户。

13. 除_____和_____账户外，其他盘存类账户普遍运用数量金额式等明细分类账，可以提供实物和价值两种指标。

14. 可以作为债权债务结算账户出现的是_____、_____、_____。

15. _____和_____账户是固定资产的备抵调整账户，_____账户是应收账款的备抵调整账户。

16. 原材料的备抵附加调整账户是_____。

17. 集合分配账户期末费用分配后一般无余额，主要有_____。

18. 成本计算类账户有_____、_____、_____等账户。

19. 典型的财务成果计算账户有_____，其主要特点是期末结账后无余额。

20. 按期末有无余额分类，可将账户分为_____和_____。

（六）业务题

1. 以下是某制造企业的会计科目。

（1）原材料；　　　（2）房屋；　　　（3）库存商品　　（4）固定资产；

（5）圆钢；　　　　（6）润滑油；　　（7）角钢；　　　（8）汽油；

（9）机器设备；　　（10）甲产品；　　（11）一号仓库；　（12）机床；

（13）运输工具；　　（14）主要材料；　（15）应交税费；　（16）燃料；

（17）财务费用；　　（18）辅助材料；　（19）重型卡车　（20）利息；

（21）进项税额；　　（22）汇兑损益；　（23）轿车；　　　（24）应交增值税；

（25）行政办公楼。

要求：对以上会计科目进行分类，并说明哪些属于总分类科目，哪些属于二级科目，哪些属于明细科目。请将结果填在表3-1中。

表3-1　　　　　　　　　　　　总分类账户与明细分类账户

总分类科目（一级科目）	明细分类科目	
	二级科目（子目）	明细科目（细目）

2. 中大公司2011年5月份发生的经济业务如下：（假设不考虑增值税）

（1）出纳员从银行提取现金1 000元，备用。

（2）采购员李强出差预借差旅费500元，支付现金。

（3）向甲公司购入原材料一批，价值20 000元，已验收入库，款项未付。

（4）以银行存款偿还甲公司欠款20 000元。

（5）生产车间为生产产品领用一批材料，金额为8 000元。

（6）向工行申请了三个月的临时周转借款金额100 000元，款项已划入企业银行账户。

（7）乙公司向本企业投资价值150 000元的机器设备一台。

（8）购入办公用品，金额为150元，以现金支付，交给管理部门使用。

（9）收回丁公司上月欠款 20 000 元，存入银行。

（10）销售产品一批，价值 50 000 元，款项存入银行。

（11）用银行存款 30 000 元，从甲公司购买价值 20 000 元的材料，剩余 10 000 元作为预付款。

（12）用银行存款 25 000 元，从丙公司购买价值 16 000 元的材料，剩余 9 000 元用于偿还前欠该单位的货款。

（13）以银行存款偿还短期借款 100 000 元。

（14）销售产品一批，价值 30 000 元，货款暂未收到。

（15）以银行存款购入一台设备，价值 300 000 元。

（16）向农行借入短期借款 80 000 元，直接偿还前欠货款。

（17）收到某人投资的原材料，价值 12 000 元。

（18）按规定将 15 000 元资本公积金转为实收资本。

（19）李强出差回来，报销差旅费 350 元，其余退回现金。

（20）用银行存款支付本月生产车间水电费 2 000 元。

要求：判断以上各项经济业务所涉及的会计科目，并说明会计科目金额的增减变化方向。

（七）案例分析题

中大公司所属新华公司 2011 年 7 月末有关会计核算资料汇总列示如表 3 - 2 所示。

表 3 - 2　　　　　　　　　　会计核算资料

各项财产物资及货币资金的期末金额	
库存现金	5 000
银行存款	170 000
库存材料	75 000
库存燃料	6 500
库存产品	15 500
生产车间尚未完工产品	19 000
厂房机器原价	150 000
厂房机器等折旧	85 000
所有者权益的期末余额	
实收资本	300 000
资本公积	12 000
盈余公积	10 000
结算往来款项的期末余额	
银行短期欠款	16 000

表3-2(续)

欠供应单位货款	10 000
应收购货单位货款	7 000
财务成果的期末余额	
累计实现利润	60 000
累计已分配利润	45 000

要求：指出上述资料的账户名称，并按经济内容和结构内容进行分类，然后进行试算平衡。

第四章 复式记账原理及其应用

一、教学案例

甲公司为增值税的一般纳税人，增值税税率为17%。其涉及的业务范围包括商品的生产与销售，房地产的开发与销售等。甲公司2007年度的会计报表已于年末编制完成。2008年3月，甲公司聘请注册会计师对2007年度的财务报告进行审计时，就其全年收入进行了全面审计。假设本题不考虑有关应收账款计提坏账准备的问题。甲公司2007年度的收入事项及处理如下：（假如甲公司2007年度的财务报告批准报出日为2008年4月30日）

1. 甲公司2007年度销售公司生产的A产品，售价为1 000万元，增值税170万元，成本600万元。公司对该产品按历年的惯例承诺，产品在售出后1年内如有质量问题可以退货。该产品为公司多年经营的成熟产品，质量和性能都很稳定，每年的退回率和保修率极低，因此，公司本年度对销售的A产品确认了1 000万元的收入，600万元的成本，销售利润为400万元（其中包括一笔12月份发出的A产品，其款项很可能无法收回，该批产品售价100万元，成本60万元，增值税17万元）。

2. 甲公司2007年度生产试销了B产品，售价500万元，成本400万元。公司对销售的B产品承诺，两年内如有产品质量问题可保修或包退。但出于B产品是公司试制的新产品，公司已售的B产品退货的可能性不能确定，于是公司本年度按已售B产品的成本确认了销售收入和销售成本。

3. 甲公司于2007年5月31日向乙公司出售C产品一批，售价为3 000万元，增值税为510万元，成本为2 400万元。该批产品采用分期收款方式销售，销售协议规定：销售C产品的价税款平均按三次分别于当年的5月31日、11月30日和2008年5月31日支付。乙公司在当年5月31日已将1 170万元的价税款按协议支付；当年11月30日，乙公司因暂时资金困难，第二笔价税款未能支付，但乙公司保证该笔款项将于2008年2月支付（乙公司于2008年2月已如数将该款项支付）。甲公司在2007年年末因乙公司第二笔款项未收到，于是对出售的C产品确认了1 000万元的收入和800万元的成本。2008年2月收到第二笔款项时，甲公司将其确认为当月的收入和成本。

4. 甲公司2007年8月与丙公司签订一项产品定制协议，为丙公司生产制造一台设备，价款为400万元，要求于年底交货。甲公司在制造该设备过程中将设备的主件委托给A公司加工，要求A公司于11月份交货，加工费按A公司加工成本的120%于2008年6月支付。该设备主件以外的全部部件及设备安装均由甲公司完成，A公司加工的主件已按协议完工并交付甲公司，加工成本清单按协议于2008年6月结算加工费时提供。甲公司当年为加工安装该设备发生了80万元的费用，当年末，甲公司已按协议将设备交付丙公司，丙公司验收合格后即支付了该设备 400 万元的价款和 68 万元的增值税税款，于是甲公司对此事项确认了 400 万元的收入和 80 万元的成本，销售利润为 320 万元。

5. 甲公司的房地产开发部于 2007 年 12 月将其自行开发的商品房一栋出售，并已办理了产权移交手续，商品房的售价为 4 000 万元，成本为 3 000 万元，营业税税率为 10%，销售费用为 20 万元。但该商品房有部分内墙还未粉刷，销售协议要求应在 3 个月内由甲公司负责粉刷完工（费用由业主支付），该粉刷工程至当年末未完工。另根据协议，甲公司房地产开发部要负责对商品房进行不短于 5 年的物业管理，物业管理费由业主支付。2007 年末，甲公司考虑到粉刷工程年末未完工，而且公司还负责对商品房进行物业管理，因此，未确认该商品房的销售收入和成本；但甲公司对应交营业税及发生销售费用予以了确认。

6. 甲公司于 2007 年 11 月向丁公司出售 D 产品一批，售价为 2 000 万元，增值税为 340 万元，成本为 1 400 万元。丁公司于当日将增值税税款 340 万元支付给甲公司，产品的价款可以在 1 个月内支付，甲公司给丁公司的付款条件为"2/10 天，1/20 天，N/30 天"。丁公司在 10 天内支付了该价款。为此，甲公司在收到价款的当日对该销售确认了 2 000 万元的收入，1 400 万元的成本，对发生的现金折扣 40 万元确认为财务费用。2007 年 12 月，甲公司从丁公司的通知得知，该批产品中有部分不符合丁公司的规格要求，丁公司要求退货。甲公司准备与丁公司协商对该部分不符合规格的产品进行更换。2008 年 1 月，因协商未果，丁公司将该批产品退回，甲公司于当月将该退货冲减了 2008 年 1 月份的收入、成本和财务费用。

要求：

1. 判断甲公司上述收入和成本的确认是否正确，并说明理由。如不正确，请计算出正确的结果。

2. 请简要说明甲公司确认收入和成本的结果对公司净利润和留存收益的影响。

二、作业与思考题

（一）单项选择题

1. 借贷记账法试算平衡的依据是（　　）。
   - A. 会计等式平衡原理
   - B. 资金运动变化规律
   - C. 平行登记基本原理
   - D. 会计账户基本结构

2. 下列费用中，不构成产品成本，而应直接记入当期损益的是（　　）。
   - A. 直接材料费
   - B. 直接人工费
   - C. 制造费用
   - D. 期间费用

3. 企业的应付账款如果确实无法支付时，应贷记（　　）。
   - A. "资本公积"账户
   - B. "营业外支出"账户
   - C. "管理费用"账户
   - D. "营业外收入"账户

4. 下列费用中，构成产品成本项目的是（　　）。

A. 管理费用　　　　B. 制造费用　　　　C. 财务费用　　　　D. 销售费用

5. 下列账户中，用贷方登记增加数的账户有（　　）。
   A. 营业税金及附加　　　　　　　　B. 所得税费用
   C. 累计折旧　　　　　　　　　　　D. 固定资产

6. 企业"应付账款"账户的借方余额反映的是（　　）。
   A. 应付给供货单位的款项　　　　　B. 预收购货单位的款项
   C. 预付给供货单位的款项　　　　　D. 应收购货单位的款项

7. 下列费用中，不构成产品成本，而应直接记入当期损益的是（　　）。
   A. 直接材料费　　　　　　　　　　B. 销售费用
   C. 制造费用　　　　　　　　　　　D. 直接人工费

8. 在借贷记账法下，账户贷方反映的内容是（　　）。
   A. 费用的增加额　　　　　　　　　B. 所有者权益的减少额
   C. 负债的减少额　　　　　　　　　D. 收入的增加额

9. 在企业不单设"预付账款"账户时，对于预付款业务可在（　　）。
   A. "应付账款"账户中反映　　　　　B. "预收账款"账户中反映
   C. "应收账款"账户中反映　　　　　D. "其他往来"账户中反映

10. 下列错误中能够通过试算平衡查找的是（　　）。
   A. 借贷金额不等　　　　　　　　　B. 借贷双方同时记错金额
   C. 借贷方向相反　　　　　　　　　D. 经济业务漏记

11. 某企业采购员预借差旅费，所引起的变动为（　　）。
   A. 一项资产增加，一项负债增加　　B. 一项资产减少，一项负债减少
   C. 一项资产增加，另一项资产减少　D. 一项负债增加，另一项负债减少

12. 全部账户借方期初余额合计应当等于（　　）。
   A. 全部账户贷方期初余额合计　　　B. 全部账户本期贷方发生额合计
   C. 全部账户本期借方发生额合计　　D. 全部账户贷方期末余额合计

13. 材料销售取得的收入应在（　　）中核算。
   A. 主营业务收入　　　　　　　　　B. 其他业务收入
   C. 营业外收入　　　　　　　　　　D. 投资收益

14. "生产成本"账户期末有借方余额，表示（　　）。
   A. 本期完工产品成本　　　　　　　B. 本期投入生产费用
   C. 期末库存产品成本　　　　　　　D. 期末在产品成本

15. 企业在生产经营过程中发生的短期借款利息支出应记入（　　）。
   A. 财务费用　　　　B. 管理费用　　　　C. 在建工程　　　　D. 生产成本

16. 当企业投资者缴纳的出资额大于按约定比例计算的其在注册资本中所占份额部分，应记入贷方账户是（　　）。
   A. 实收资本　　　　B. 股本　　　　　　C. 资本公积　　　　D. 盈余公积

17. 企业设置"固定资产"账户是用来反映固定资产的（　　）。
   A. 磨损价值　　　　B. 累计折旧　　　　C. 原始价值　　　　D. 净值

18. 下列账户中与"制造费用"账户不可能发生对应关系的账户是（　　）。

    A. 累计折旧   B. 生产成本

    C. 应付职工薪酬   D. 库存商品

19. 下列内容是属于其他业务收入的是（　　）。

    A. 罚款收入   B. 出售材料收入

    C. 委托代销商品收入   D. 清理固定资产净收益

20. 年末结账后，"利润分配"账户贷方余额表示（　　）。

    A. 本年实现的利润总额   B. 本年实现的净利润额

    C. 本年利润分配总额   D. 年末未分配利润额

21. 企业发生的下列经济业务中，能引起资产和负债同时增加的业务是（　　）。

    A. 用银行存款购买原材料   B. 预收销货款存入银行

    C. 提取盈余公积金   D. 年终结转净利润

22. 某企业年初所有者权益总额为 2 000 万元，年内接受投资 160 万元，本年实现利润总额 500 万元，所得税为 25%，按 10% 提取盈余公积金，决定向投资人分配利润 100 万元，则该企业年末的所有者权益总额为（　　）。

    A. 2 460 万元   B. 2 435 万元   C. 2 660 万元   D. 2 565 万元

23. 对于采用账结法的企业，"本年利润"账户年内贷方余额表示（　　）。

    A. 利润总额   B. 亏损总额

    C. 未分配利润额   D. 累计净利润额

24. 按权责发生制会计基础的要求，下列货款应确认为本期主营业务收入的是（　　）。

    A. 本月销售产品款未收到   B. 上月销货款本月收存银行

    C. 本月预收下月货款存入银行   D. 收到本月仓库租金存入银行

25. 下列内容不属于企业营业外支出的是（　　）。

    A. 非常损失   B. 坏账损失

    C. 处置固定资产净损失   D. 固定资产盘亏损失

26. 根据企业会计准则的规定，企业支付的税收滞纳金应记入（　　）账户。

    A. 财务费用   B. 其他业务成本

    C. 营业外支出   D. 管理费用

27. 企业购买材料时发生的途中合理损耗应（　　）。

    A. 由供应单位赔偿   B. 记入材料采购成本

    C. 由保险公司赔偿   D. 记入管理费用

28. 企业发生的下列各项内容中，应作为管理费用的是（　　）。

    A. 生产车间设备折旧费   B. 固定资产盘亏净损失

    C. 发生的业务招待费   D. 专设销售机构固定资产的折旧费

29. 某企业本月销售商品发生商业折扣 100 万元，现金折扣 25 万元，销售折让 85 万元，该企业上述业务应计入当月财务费用的金额为（　　）。

    A. 25 万元   B. 100 万元   C. 125 万元   D. 110 万元

30. 下列内容中，不属于企业营业收入的是（　　　）。
　　A. 销售商品　　　　　　　　　　B. 提供劳务取得的收入
　　C. 出售固定资产取得的净收益　　D. 出租机器设备取得的收入

31. 下列经济业务中，能引起公司股东权益总额发生变化的是（　　　）。
　　A. 用资本公积金转增资本　　　　B. 向投资人分配股票股利
　　C. 接受投资人的投资　　　　　　D. 用盈余公积弥补亏损

32. 下列各项中，会引起留存收益总额发生增减变化的是（　　　）。
　　A. 盈余公积转增资本　　　　　　B. 盈余公积补亏
　　C. 资本公积转增资本　　　　　　D. 用税后利润补亏

33. 企业销售商品时代垫的运杂费应记入（　　　）账户。
　　A. 应收账款　　　　　　　　　　B. 预付账款
　　C. 其他应收款　　　　　　　　　D. 应付账款

34. B 公司为有限责任公司，于 3 年前成立，公司成立时注册资本为 1 000 万元，宇通公司现在欲投入资本 800 万元，占 A 公司全部有表决权资本的 1/3，则 B 公司接受宇通公司投资时，发生的资本溢价为（　　　）。
　　A. 400 万元　　　　B. 300 万元　　　　C. 500 万元　　　　D. 200 万元

35. 企业生产车间使用的固定资产发生的下列支出中，直接记入当期损益的是（　　　）。
　　A. 购入时发生的安装费　　　　　B. 发生的装修费
　　C. 购入时发生的运杂费　　　　　D. 发生的日常修理费

36. 购入材料的市内运杂费，一般记入下列各项的是（　　　）。
　　A. 材料采购成本　　　　　　　　B. 产品成本
　　C. 制造费用　　　　　　　　　　D. 管理费用

37. 企业生产的产品完工后，应将其制造成本转为下列各项的是（　　　）。
　　A. 库存商品　　　　B. 营业成本　　　　C. 本年利润　　　　D. 营业外支出

38. 下列各项中，属于"本年利润"账户贷方余额的是（　　　）。
　　A. 利润分配额　　　　　　　　　B. 未分配利润额
　　C. 净利润额　　　　　　　　　　D. 亏损额

39. 下列各项中，属于营业外收入的是（　　　）。
　　A. 销售产品收入　　　　　　　　B. 销售材料收入
　　C. 收取的罚款收入　　　　　　　D. 出租固定资产收入

40. 下列各项中，表示年末结转后"利润分配"账户贷方余额的是（　　　）。
　　A. 利润分配总额　　　　　　　　B. 未弥补亏损
　　C. 未分配利润　　　　　　　　　D. 实现的利润总额

41. 下列各项中，属于企业预付材料款时应借记的账户是（　　　）。
　　A. 材料采购　　　　B. 原材料　　　　C. 预付账款　　　　D. 应收账款

42. 下列各项中，不属于产品制造成本的是（　　　）。
　　A. 生产工人工资　　　　　　　　B. 制造产品耗用材料

  C. 生产用固定资产折旧   D. 厂部管理人员工资

43. 下列各项中，不属于管理费用的是（ ）。

  A. 车间管理人员工资   B. 厂部管理人员工资

  C. 厂部耗用材料   D. 厂部办公用房的租金

44. 下列各项中，属于每期计提固定资产折旧时应贷记的账户是（ ）。

  A. 固定资产   B. 累计折旧   C. 生产成本   D. 管理费用

45. 下列各项中，属于企业预提借款利息费用时应贷记的账户是（ ）。

  A. 财务费用   B. 应付利息   C. 短期借款   D. 银行存款

46. 下列各项中，属于结转产品销售成本时应借记账户是（ ）。

  A. 营业成本   B. 生产成本   C. 库存商品   D. 营业收入

47. 下列各项中，不属于销售费用的是（ ）。

  A. 产品包装费   B. 材料运杂费

  C. 销售产品运杂费   D. 广告费

48. 下列各项中，属于企业预收货款时应贷记的账户是（ ）。

  A. 营业收入   B. 预收账款

  C. 银行存款   D. 营业成本

49. 下列各项中，不属于营业利润构成要素的是（ ）。

  A. 营业收入   B. 营业外收入

  C. 营业税金   D. 营业成本

50. 下列各项中，不属于利润分配形式的是（ ）。

  A. 应分出利润   B. 提取公积金

  C. 所得税费用   D. 未分配利润

（二）多项选择题

1. 借贷记账法下，账户的贷方登记（ ）。

  A. 资产的减少   B. 负债的增加

  C. 所有者权益的增加   D. 费用的增加

  E. 收入和利润的增加

2. 在借贷记账法下，期末结账后，一般有余额的账户有（ ）。

  A. 资产账户   B. 负债账户

  C. 费用账户   D. 收入账户

  E. 所有者权益账户

3. 会计分录的基本内容有（ ）。

  A. 应记账户的名称   B. 应记账户的方向

  C. 应记入账的金额   D. 应记入账的时间

  E. 应记入账的人员

4. 期末在账簿中结算损益时，下列（ ）账户的余额应结转至"本年利润"账户。

A. 应交税费 B. 营业外支出

C. 主营业务收入 D. 财务费用

E. 制造费用

5. 在下列资金形态中，有可能转化为企业生产资金形态的有（ ）。

A. 货币资金 B. 结算资金

C. 储备资金 D. 固定资金

E. 成品资金

6. 下列项目应记入"营业外支出"账户借方的有（ ）。

A. 非常损失 B. 非流动资产处置损失

C. 固定资产盘亏净损失 D. 捐赠支出

E. 罚款支出

7. 下列经济活动中引起资产和负债同时增加的是（ ）。

A. 用银行存款偿还长期负债 B. 购买材料，货款尚未支付

C. 预收销货款 D. 向银行借入短期借款，存入银行

E. 从银行提取现金

8. 广义的收入包括（ ）。

A. 主营业务收入 B. 投资收益

C. 营业外收入 D. 预收收入

E. 其他业务收入

9. 在借贷记账法下，应计入有关账户借方的是（ ）。

A. 收入、利润增加 B. 费用增加

C. 收入、利润减少或结转 D. 费用减少或结转

E. 所有者权益增加

10. 取得收入时导致会计要素变动的情况有（ ）。

A. 资产和收入同时增加 B. 资产增加，负债减少

C. 收入增加，负债减少 D. 资产增加，负债增加

E. 资产和负债同时减少

11. 企业计提固定资产折旧时，应借记（ ）。

A. 生产成本 B. 制造费用

C. 累计折旧 D. 管理费用

E. 固定资产

12. 企业资产的来源主要有（ ）。

A. 所有者投入 B. 债权人投入

C. 留存收益 D. 未抵减费用的收入

E. 费用的转化形式

13. 下列能引起资产和所有者权益同时增加的业务有（ ）。

A. 收到国家投资存入银行 B. 提取盈余公积金

C. 收到外商投入设备一台 D. 将资本公积金转增资本

E. 收到外单位的现金投资

14. 企业购入材料的采购成本包括（   ）。

A. 材料买价   B. 增值税进项税额

C. 采购费用   D. 采购人差旅费

E. 销售机构经费

15. 商品销售收入实现的主要标志有（   ）。

A. 与所售商品所有权有关的风险和报酬已经转移

B. 不再对所售商品实施控制和继续管理

C. 收入的金额可靠计量

D. 与交易有关的经济利益能够可靠地流入企业

E. 相关的已发生或发生的成本能够可靠地计量

16. 在"营业税金及附加"账户借方登记的内容有（   ）。

A. 增值税   B. 消费税

C. 城市维护建设税   D. 营业税

E. 所得税

17. 下列项目应在管理费用账户中核算的有（   ）。

A. 工会经费   B. 董事会经费

C. 业务招待费   D. 车间管理人员的工资

E. 业务人员差旅费

18. 企业实现的净利润应进行下列分配（   ）。

A. 计算缴纳所得税   B. 支付银行借款利息

C. 提取法定盈余公积金   D. 提取任意盈余公积金

E. 向投资人分配利润

19. 某企业的会计人员误将当月发生的增值税的进项税额记入材料采购成本，其结果会使（   ）。

A. 月末资产增加   B. 月末利润增加

C. 月末负债增加   D. 月末财务费用增加

E. 月末应交税费增加

20. 为了具体核算企业利润分配及未分配利润情况，利润分配账户应设置相应的明细账户，下列属于利润分配明细账户的有（   ）。

A. 盈余公积补亏   B. 提取资本公积金

C. 应付现金股利或利润   D. 提取法定盈余公积

E. 未分配利润

21. 关于"本年利润"账户，下列说法中正确的有（   ）。

A. 借方登记期末转入的各项支出额   B. 贷方登记期末转入的各项收入额

C. 贷方余额为实现的累计净利润额   D. 借方余额为发生的亏损额

E. 年末经结转后该账户没有余额

22. 在材料采购业务核算时，与"原材料"账户相对应的账户一般有（   ）。

A. 应付账款　　　　　　　　　　　B. 应付票据

C. 银行存款　　　　　　　　　　　D. 预付账款

E. 应交税费

23. 在下列业务所产生的收入中属于其他业务收入的有（　　　）。

A. 出售固定资产收入　　　　　　　B. 出售材料收入

C. 出售无形资产收入　　　　　　　D. 提供产品修理服务收入

E. 罚款收入

24. 营业收入的实现可能引起（　　　）。

A. 资产的增加　　　　　　　　　　B. 所有者权益的增加

C. 负债的减少　　　　　　　　　　D. 负债的增加

E. 资产和负债同时增加

25. 确定本月完工产品成本时，影响其生产成本计算的因素主要有（　　　）。

A. 月初在产品成本　　　　　　　　B. 本月发生的生产费用

C. 本月已销产品成本　　　　　　　D. 月末在产品生产成本

E. 月末库存产品成本

26. 期末存货计价过高，可能引起（　　　）。

A. 当期利润增加　　　　　　　　　B. 当期利润减少

C. 当期所有者权益减少　　　　　　D. 当期所得税增加

E. 期末资产增加

27. 以下税种应在"应交税费"账户核算的有（　　　）。

A. 城市维护建设税　　　　　　　　B. 房产税

C. 车船税　　　　　　　　　　　　D. 印花税

E. 土地使用税

28. 在企业缴纳的下列税金中，应通过贷方核算的有（　　　）。

A. 直接支付　　　　　　　　　　　B. 耕地占用税

C. 房产税　　　　　　　　　　　　D. 土地增值税

E. 所得税

29. 在企业发生的下列内容中，应记入营业外收入的有（　　　）。

A. 原材料盘盈　　　　　　　　　　B. 无法查明原因的现金盈余

C. 罚没收入　　　　　　　　　　　D. 固定资产盘盈

E. 转让无形资产所有权取得的净收益

30. 在下列账户中，年末结账后没有余额的有（　　　）。

A. 主营业务收入　　　　　　　　　B. 营业外收入

C. 本年利润　　　　　　　　　　　D. 利润分配

E. 管理费用

31. 在企业发生的下列内容中，能导致企业负债总额发生变化的有（　　　）。

A. 应付账款　　　　　　　　　　　B. 赊购商品

C. 其他货币资金　　　　　　　　　D. 分派现金股利

E. 应付票据

32. 在下列各项内容中，不会引起留存收益发生变化的有（   ）。

    A. 盈余公积弥补亏损   B. 计提法定盈余公积金

    C. 盈余公积转增资本   D. 计提任意盈余公积金

    E. 盈余公积分派现金股利

33. 在下列各项内容中，按规定应记入企业营业外支出的的有（   ）。

    A. 捐赠支出   B. 固定资产盘亏净损失

    C. 出售无形资产净收益   D. 坏账损失

    E. 罚款支出

34. 企业购入固定资产，价值 10 000 元，误计入"管理费用"账户，其结果会导致（   ）。

    A. 费用多计 10 000 元   B. 资产少计 8 000 元

    C. 净收益多计 8 000 元   D. 净收益少计 8 000 元

    E. 资产多计 8 000 元

35. 下列账户的余额在会计期末时应结转至"本年利润"账户的有（   ）。

    A. 管理费用   B. 制造费用

    C. 营业外收入   D. 所得税费用

    E. 营业税金及附加

（三）判断题

1. 如果试算平衡结果，发现借贷是平衡的，可以肯定记账没有错误。（   ）

2. 根据借贷记账法的记账规则，每个账户本期借方发生额必定等于本期贷方发生额。（   ）

3. 一个账户的借方如果记录增加额，则其贷方一定用来记录减少额。（   ）

4. 一般而言，各类账户的期末余额与记录增加额的一方都在同一方向。（   ）

5. 固定资产净值就是固定资产账面价值。（   ）

6. 企业全部固定资产的磨损价值都应作为生产成本的一部分。（   ）

7. "借"、"贷"二字不仅是作为记账符号，其本身的含义也应考虑，"借"只能表示债权增加，"贷"只能表示债务增加。（   ）

8. "累计折旧"账户的账户结构等同于资产类账户的账户结构。（   ）

9. 复式记账法的理论依据是会计恒等式。（   ）

10. 账户的余额，以及增加、减少记在账户的借方还是贷方，取决于账户本身的性质。（   ）

11. 原材料在采用实际成本法核算下，应设置"原材料"和"在途物资"账户。（   ）

12. "利润分配"账户年终的贷方余额为本年的未分配利润余额。（   ）

13. 对于预收账款不多的企业可不设置"预收账款"账户，其发生的预收货款可以通过"应收账款"核算。（   ）

14. 企业对于确实无法支付的应付账款，在确认时增加企业的资本公积金。

（　　　）

15. 企业在销售过程中所发生的销售费用不会对营业利润产生影响。　（　　　）

16. "管理费用"账户的借方发生额应于期末时采用一定的方法分配记入产品成本。

（　　　）

17. "营业外支出"账户期末一般没有余额。　（　　　）

18. 预收销货款时，可以作为收入实现进行账务处理。　（　　　）

19. 融资租入的固定资产在租赁期内，因为所有权不属于企业，所以，在使用过程中，不需要计提折旧。　（　　　）

20. 以银行长期借款等长期负债购建的固定资产，发生的借款利息应全部包括在固定资产的取得成本中。　（　　　）

21. 不论短期借款的用途如何，企业发生的短期借款利息支出，均应记入当期损益。　（　　　）

22. 企业以当年实现的利润弥补以前年度结转的未弥补亏损时，不需要进行专门的会计处理。　（　　　）

23. 企业从税后利润中提取盈余公积金不属于利润分配的内容。　（　　　）

24. 企业职工福利费可用于职工的医疗卫生费用、困难补助费以及医务福利人员的工资等。　（　　　）

25. 按现行企业会计准则的规定，企业在销售商品时产生的现金折扣在实际发生时应冲减企业的销售收入。　（　　　）

26. 企业当期实现的净利润提取了法定盈余公积金和任意盈余公积金之后的差额即企业的未分配利润。　（　　　）

27. 企业向投资人分配股票股利不需要进行会计处理。　（　　　）

28. 企业计算缴纳的所得税费用应以净利润为基础，加或减各项调整因素。

（　　　）

29. 企业的资本公积金和未分配利润也称为留存收益。　（　　　）

30. 长期借款的利息支出应根据利息支出的具体情况予以资本化或记入当期损益。

（　　　）

31. 企业出售原材料获得的款项扣除其成本后的净额，应当记入营业外收入或营业外支出。　（　　　）

32. 企业在确认商品销售收入后发生的销售折让，应在实际发生时记入财务费用。

（　　　）

33. 因债权人缘故确实无法支付的应付款项，不计缴企业所得税。　（　　　）

34. 如果企业保留了与商品所有权相联系的继续管理权，则在发出商品时不能确认该项商品的销售收入。　（　　　）

35. 年度终了，只有在企业盈利的情况下，才需要将"本年利润"账户的累计余额转入"利润分配——未分配利润"账户。　（　　　）

36. 企业实现收入往往表现为货币资产的流入，但是非所有货币资产的流入都是企

业的收入。 （　　）

37. 企业实现的收入能够导致所有者权益增加，但导致所有者权益增加的不一定都是收入。 （　　）

38. 企业年末的未分配利润金额等于企业当年实现的税后利润加上年初的未分配利润。 （　　）

39. 复式记账法下，账户记录的结果可以反映每一项经济业务的来龙去脉。

（　　）

40. 借贷记账法账户的基本结构是：每一个账户的左边均为借方，右边为贷方。

（　　）

41. 负债及所有者权益账户的结构应与资产类账户的结构一致。 （　　）

42. 通过试算平衡检查账簿记录后，若左右不平衡就可以肯定记账一定有错误。

（　　）

43. 领用材料投入生产，形成材料耗费，因此领用的材料应作为费用加以确认。

（　　）

44. 固定资产的价值随其损耗逐渐、部分地转移到制造成本和期间费用中去，故"固定资产"账户应反映固定资产的实际价值。 （　　）

45. 销售费用依据期间配比方式，将一定期间发生的费用与该期间的收入相配比。

（　　）

46. 营业利润是企业的营业收入减去营业成本、营业税金、营业外支出后的余额。

（　　）

47. 企业对实现的利润进行分配时，可以直接在"本年利润"账户的借方反映利润分配的实际数额，也可以单独设置"利润分配"账户反映利润分配的数额。 （　　）

48. 企业结转产品制造成本时，应借记"营业成本"账户，贷记"生产成本"账户。 （　　）

49. 在生产过程中材料的价值全部转移到新产品的价值中去。 （　　）

50. 生产车间计提折旧时，应借记"生产成本"账户，贷记"固定资产"账户。

（　　）

（四）名词解释

1. 复式记账法	10. 记账方法
2. 会计分录	11. 对应账户
3. 借贷记账法	12. 盈余公积
4. 试算平衡	13. 所得税费用
5. 采购成本	14. 利润分配
6. 制造成本	15. 资本公积
7. 产品销售成本	16. 生产费用
8. 累计折旧	17. 库存商品
9. 经营成果	18. 期间费用

19. 管理费用　　　　　　　　　　20. 未分配利润

（五）填空题

1. 记账方法有两类：_____和_____。

2. 复式记账法按记账符号不同，有_____、_____和_____等。

3. 借贷记账法的记账规则是_____、_____。

4. 借贷记账法是以_____、_____两字作为记账符号，记录_____增减变化的情况的一种复式记账法。

5. 复式记账法是以资产与权益_____作为记账基础，对于每一笔经济业务，都要以相等的金额在_____或_____相互联系的账户中进行登记。

6. 全部账户的_____合计等于全部账户_____合计，实质上就是_____等于_____。

7. 复合分录实际上是由几个_____组合而成。

8. 对于借贷记账法来说，资产增加时记入_____；资产减少时记入_____。

9. "累计折旧"账户属于_____账户，其贷方登记_____，借方登记_____。

10. 如果企业本期实现了盈利，则必须向国家缴纳_____。

11. 企业在经营过程中发生的主要经济业务有_____、_____、_____、_____、_____。

12. 我国目前实行注册资本制度，要求企业的_____应与_____相一致。

13. 固定资产在未达到可使用状态之前，必须通过_____账户进行核算。

14. 因销售商品和提供劳务所实现的收入应通过_____账户进行核算。

15. 其他业务收入主要核算_____、_____、_____、_____等经济业务所形成的收入。

16. 与企业正常生产经营活动业务没有直接关系的各项收入和支出，应通过_____、_____账户核算。

17. 法定盈余公积应按本年实现净利润的_____提取，当累计额达到注册资本_____，可以不再提取。

（六）业务题

1. 资料：中大公司 2011 年 3 月 31 日有关账户的余额与发生额资料如表 4 - 1 所示。

表 4 - 1　　　　　　　　　中大公司有关账户余额与发生额　　　　　　　单位：元

账户名称	期初余额		本期发生额		期末余额	
	借方	贷方	借方	贷方	借方	贷方
固定资产	300 000		200 000	150 000	（E）	

表4-1(续)

账户名称	期初余额		本期发生额		期末余额	
	借方	贷方	借方	贷方	借方	贷方
银行存款	80 000		(B)	100 000	120 000	
应付账款		70 000	30 000	80 000		(F)
短期借款		5 000	(C)	20 000	12 000	
应收账款	(A)		30 000	40 000	60 000	
实收资本		400 000	——	(D)		530 000

要求：熟练掌握账户的结构及账户金额的计算方法，并计算出上述表格中括号部分的相应金额。

2. 中大公司2011年5月1日"银行存款"账户的期初余额为50 000元，5月份发生的银行存款收支经济业务如下：

(1) 2日，以银行存款支付购料款10 000元；

(2) 6日，收回货款40 000元存入银行；

(3) 10日，从银行提现金30 000元；

(4) 16日，收到货款60 000元存入银行；

(5) 23日，用银行存款购买电脑10 000元；

(6) 26日，从银行借入3个月的短期借款100 000元存入银行。

要求：

(1) 开设"银行存款"T形账户，将上述经济业务过入该T形账户中。

(2) 计算2011年5月31日中大公司"银行存款"账户的月末余额。

3. 中大公司2011年6月1日"短期借款"账户余额为150 000元，6月份发生的涉及短期借款的有关经济业务如下：

(1) 2日，以银行存款50 000元偿还已到期的短期借款；

(2) 8日，从银行借入为期6个月的借款100 000元，存入银行；

(3) 12日，以银行存款20 000元偿还已到期的短期借款；

(4) 19日，从银行借入为期8个月的借款20 000元直接用于偿还已到期的短期借款；

(5) 25日，向银行借入为期5个月的借款200 000元用于采购原材料。

要求：

(1) 开设"短期借款"T形账户，将上述各项经济业务过入该账户中。

(2) 计算出2011年6月30日中大公司"短期借款"账户的期末余额。

4. 中大公司2011年期初及期末的资产总额、负债总额如表4-2所示。

表 4-2   中大公司 2011 年期初与期末的管项金额

	期初	期末
资产	800 000 元	900 000 元
负债	200 000 元	80 000 元

要求：根据下列三种情况，分别计算该公司本年度的有关数据。假设该公司本年度只有日常营业收入，无投资收益、营业外收支等增减变化。

（1）实收资本和资本公积不变，期间费用为 100 000 元，请计算 2011 年本年利润是多少？营业收入是多少？

（2）本年度增加实收资本 60 000 元，请计算 2011 年本年利润是多少？营业收入是多少？

（3）本年度减少资本公积 70 000 元，但又增加实收资本 90 000 元，请计算 2011 年本年利润是多少？营业收入是多少？

5. 中大公司 2011 年发生有关经济业务如下：

（1）2011 年 1 月 1 日企业成立，收到投资者投入的货币资金 1 000 000 元存入银行；投入的设备价值为 7 000 000 元，投入的材料价值为 2 000 000 元。

（2）中大公司以银行存款预付材料款 50 000 元。采购材料一批，不含税总价 80 000 元，增值税率为 17%，冲销原预付货款 50 000 元，不足部分以银行存款支付。同时以银行存款支付材料的运杂费 1 000 元，材料验收入库结转材料采购成本。

（3）中大公司领用材料一批，其中生产产品耗用 700 000 元，车间一般耗用 50 000 元，企业管理部门一般耗用 20 000 元。

（4）结转本年应付职工薪酬，其中生产工人工资为 240 000 元，车间管理人员的工资为 30 000 元，厂部管理人员工资为 60 000 元。

（5）中大公司 10 月从银行取得短期借款 500 000 元，按季结息。10 月预提借款利息 10 000 元，11 月、12 月分别预提财务费用 15 000 元，12 月末结算第四季度应付的利息 40 000 元。

（6）计提固定资产折旧总额 70 000 元，车间计提的折旧费为 56 000 元，企业行政管理部门计提的折旧费为 14 000 元。

（7）假设企业只生产一种产品，将本年发生的制造费用记入产品成本。

（8）期末，本年投入的产品全部完工，结转完工产品成本。

（9）销售产品一批，价值 1 500 000 元，增值税率为 17%，货款尚未收到，同时以银行存款垫付销售产品的包装费及搬运费 1 200 元，后收回该销货款和包装费，存入银行。

（10）中大公司结转已销售产品成本 700 000 元。

（11）中大公司根据上述资料结转本期利润。

（12）中大公司按实现利润总额的 25% 计算应交所得税。

（13）中大公司按净利润额的 10% 计提法定盈余公积金。

要求：假设该年度只发生以上业务，根据以上经济业务做出相关的会计分录。

6. 2011 年 7 月 1 日，中大公司瑞德工厂各有关账户的期初余额如表 4 - 3 所示。

表 4 - 3　　　　　　　　瑞德工厂有关账户期初余额　　　　　　　　单位：元

账户名称	借方	贷方	账户名称	借方	贷方
库存现金	10 000		短期借款		400 000
银行存款	390 000		应付账款		150 000
应收账款	300 000		应付职工薪酬		150 000
原材料	350 000		应交税费		100 000
库存商品	100 000		长期借款		800 000
长期股权投资	150 000		实收资本		1 000 000
固定资产	1 500 000		资本公积		400 000
无形资产	200 000				
合计	3 000 000		合计		3 000 000

2011 年 7 月份瑞德工厂发生的有关经济业务如下：

（1）3 日，收到投资者甲公司作为投资的机床 10 台，价值 500 000 元；

（2）5 日，收到上月销货款 120 000 元，其中 100 000 元银行存款，20 000 元现金；

（3）9 日，以现金 20 000 元偿还前欠购料款；

（4）14 日，经批准，将资本公积 200 000 元转为实收资本；

（5）16 日，以银行存款 250 000 元偿还短期借款 100 000 元，偿还长期借款 150 000元；

（6）19 日，以银行存款 40 000 元缴纳增值税；

（7）24 日，收到乙公司捐赠机器一台，价值 150 000 元和货币资金 50 000 元，存入银行；

（8）25 日，向银行借款 150 000 元，还款期为 6 个月，存入银行；

（9）27 日，以银行存款购入东风公司股票 100 000 元，准备长期持有；

（10）29 日，生产甲产品领用原材料 10 吨，每吨 1 500 元，计 15 000 元。

要求：

（1）根据上述资料，编制会计分录；

（2）根据上述资料，编制 2011 年 7 月 31 日瑞德工厂的试算平衡表。

7. 中大公司 2011 年 8 月份相关经济业务如下：

（1）1 日，开出现金支票 85 000 元，提取现金。

（2）2 日，用现金发放工资。

（3）5 日，用银行存款 4 800 元支付本月厂部水电费。

（4）8 日，仓库发出甲材料，生产 A 产品耗用 15 000 元，车间一般耗用 3 000 元，厂部一般耗用 2 000 元。

（5）10 日，用现金 750 元购买厂部办公用品。

（6）18 日，预提应由本月负担的短期借款利息 600 元。

（7）20 日，以银行存款支付本月负担的车间水电费 900 元。

（8）25 日，计提本月固定资产折旧。其中，车间用固定资产折旧额 1 600 元，厂部用固定资产折旧额 400 元。

（9）31 日，以现金形式购买车间办公用品花费 1 600 元。

（10）31 日，月末分配工资费用 85 000 元。其中：生产 A 产品工人工资 50 000 元，车间管理人员工资 23 000 元，企业管理人员工资 12 000 元。

（11）31 日，按工资总额的 14% 计提职工福利费。

（12）31 日，结转本月发生的制造费用。

（13）31 日，本月生产的 476 件 A 产品全部完工，验收入库，结转其实际成本。

（14）31 日，本月销售 A 产品 100 件，取得收入 10 000 元，销项税额 1 700 元，价税款尚未收到。

（15）31 日，结转已售 100 件 A 产品的生产成本 7 000 元 。

要求：根据上述资料，作出相应会计分录，并写出相关明细科目。

8. 中大公司 2011 年 10 月初有关明细账户余额如下：

原材料：甲材料，期初结存 300 吨，单价 100 元/吨，金额 30 000 元；乙材料，期初结存 5 000 公斤，单价 3 元/公斤，金额 15 000 元。库存商品：A 产品，期初库存 250 件，总成本 25 000 元；B 产品，期初库存 100 件，总成本 15 800 元。10 月份发生下列各项经济业务：

（1）2 日，收到华光工厂还来前欠货款 88 000 元，存入银行；

（2）2 日，仓库发出甲材料 10 吨，其中，A 产品耗用 4 吨，B 产品耗用 4 吨，车间修理耗用 2 吨（材料按实际成本计算，以下同）；

（3）3 日，仓库发出乙材料 2 000 公斤，全部用于 A 产品生产；

（4）7 日，购进乙材料 1 000 公斤，价款 3 000 元，应付增值税 510 元，货款及税金以银行存款支付；

（5）8 日将 7 日所购乙材料验收入库，结转其实际采购成本；

（6）9 日，以现金购入车间使用劳保用品 960 元并投入使用；

（7）9 日，发出甲材料 100 吨，其中生产 A 产品耗用 20 吨，生产 B 产品耗用 70 吨，车间一般消耗 10 吨；

（8）9 日，销售 A 产品 150 件，单价 180 元计 27 000 元，应交销项税 4 590 元，全部收到，存入银行；

（9）9 日，以银行存款 2 400 元支付 A 产品发生的广告费及运杂费；

（10）9 日，销售 B 产品 100 件，单价 250 元/件，计 25 000 元，产品销项税 4 250 元，全部收到，存入银行；

（11）11 日，销售 A 产品 100 件，单价 180 元/件，计 18 000 元，销项税 3 060 元，款收到，存入银行；

（12）12 日，出售乙材料 3 000 公斤，每公斤售价 5 元，计 15 000 元，存入银行；

（13）12 日，结转上述乙材料的实际成本每公斤 3 元，计 9 000 元；

（14）17 日，以银行存款 3 000 元支付税收滞纳金；

（15）18 日，王平报销差旅费 360 元，不足部分 60 元以现金支付；

（16）31 日，结算本月工资，其中生产 A 产品工人工资 25 000 元，生产 B 产品工人工资 25 000 元，车间管理人员工资 5 000 元，企业管理人员工资 5 000 元；

（17）31 日，职工李明报销医药费 1 000 元，以现金支付；

（18）31 日，以现金支付车间的水电费用 200 元；

（19）31 日，预提应由本月负担借款利息 1 500 元；

（20）31 日，按工资 14% 计提职工福利费；

（21）31 日，分配本月电费和水费，其中，A 产品用电费 2 000 元，B 产品用电费 1 800 元，车间用电费 256 元，水费 180 元，行政管理部门用水费 460 元，均未支付；

（22）31 日，计提本月固定资产折旧，车间固定资产应提 1 880 元，企业行政管理部门固定资产应提 1 200 元；

（23）31 日，结转本月份制造费用（按生产工人工资比例分配）；

（24）31 日，本月投入生产的 A 产品 440 件，B 产品 265 件，已全部完工，结转其实际制造成本；

（25）31 日，结转已销 A 产品 250 件，B 产品 100 件的实际销售成本（按加权平均法计算到分位四舍五入）；

（26）31 日，收到某厂交来罚金 400 元，存入银行；

（27）31 日，结转有关损益类账户，计算本月实现利润总额；

（28）31 日，按 25% 税率计算本月应缴纳的所得税；

（29）按税后利润 10% 提取盈余公积；

（30）31 日，向投资者分配现金股利 5 000 元，尚未支付。

要求：作出上述经济业务相关的会计分录，写出必要的二级科目。

（六）案例分析题

李军原来在某企业做部门经理，月薪 12 000 元。2010 年年初他因故辞职，并投资 200 000 元开办了天虹室内装潢公司，但是这 200 000 元全部是他从银行借入，年利率为 3%。经过一年的发展，发生的主要收支项目如下：

1. 室内装潢收入 400 000 元；

2. 室内装潢设计服务收入 160 000 元；

3. 其他各项业务收入 56 000 元；

4. 发生的各项费用 180 000 元；

5. 支付的各项税费 19 000 元；

6. 支付的员工工资 125 000 元；

7. 购入一台设备 150 000 元，其中本年度应负担的该设备磨损成本为 30 000 元；

8. 李军的家庭开支为 40 000 元。

案例要求：确定天虹公司的经营成果并判断和评价李军辞职是否合适。

第五章 会计凭证

一、教学案例

2010 年 10 月 6 日，德兴公司的一名采购人员小王接到主管通知，按照公司采购计划去本市众达公司采购甲材料。小王于当天到财务科申请领取一张转账支票，按照公司采购计划去采购甲材料，德兴公司会计小张为小王办理了支票领取手续。小王于当天持转账支票采购了甲材料，材料当天运抵公司，经仓库保管员小刘验收并办理入库手续（该公司采用计划成本法进行原材料核算，甲材料的计划成本为每公斤 35 元）。小王持众达公司开出的增值税专用发票和保管员填写的材料入库单到财务科办理入账手续。当时出纳人员填制的转账支票如图 5-1 所示，小王取得的增值税专用发票原件如图 5-2 所示，保管人员填制的收料单如表 5-1 所示。

工商银行
转账支票存根
VIⅢ 01210494

科　目_____
对方科目_____
出票日期 2010 年 10 月 6 日

| 收款人：刘畅 |
| 金额：3 510 |
| 用途：材料款 |

单位主管：李刚 会计：张强

本支票付款期限十天

工商银行 转账支票　　VIⅢ 01210494

出票日期（大写）贰零壹零年拾月陆日　　付款行名称：三藩市工商银行海天支行
收款人：光明公司　　出票人账号：7326908

人民币（大写）	叁仟伍佰壹拾元	千	百	十	万	千	百	十	元	角	分
						3	5	1	0	0	0

用途材料款　　科目（借）_____
上列款项请从　　对方科目（贷）_____
我账户内支付　　转账日期　年　月　日
出票人签章　张强　　复核　　记账

图 5-1 工商银行转账支票

增值税专用发票

开票日期：　　　　　　　　　　　　　　　　　　　　　　　　　　No0332

购货单位	名称	光明公司	纳税人登记号	3511720
	地址、电话	海滨络 12 号（3020908）	开户银行及账号	建设银行　6-71263

货物或应税劳务名称	计量单位	数量	单价	金额									税率（%）	税额								
				百	十	万	千	百	十	元	角	分		百	十	万	千	百	十	元	角	分
甲材料	公斤	100	30.00			¥	3	0	0	0	0	0	17				¥	5	1	0	0	0
合计						¥	3	0	0	0	0	0					¥	5	1	0	0	0

价税合计（大写）	佰　拾　万叁仟零佰伍拾壹元零角零分　¥3 510.00		
销货单位	名称	光明公司	纳税人登记号	4325160
	地址、电话	青河路 16 号	开户银行及账号	建设银行 3215636

收款人：刘畅　　　　开票单位：光明公司　　　　　　盖章：××

图 5-2 增值税专用发票

表 5-1 收料单

供应单位: 收料仓库:

发票号码: 2010 年 10 月 06 日 第 0068 号

材料编号	材料名称	规格	单位	数量		金额（元）	
				应收	实收	单位成本	总成本
甲材料		吨	100	100	30	3 000	
合 计				30		3 000	

仓库负责人: 经办人: 收料人：刘＊＊

问题思考：

1. 假设你是审核人员，请审核这三张原始凭证的合理性，判断是否存在填制错误。如果存在错误，该如何按规定改正？

2. 假设你是会计人员，你如何根据正确的原始凭证填制该项采购业务的相关记账凭证？

二、作业与思考题

（一）单项选择题

1. 属于自制原始凭证的是（　　）。
   - A. 车票
   - B. 领料单
   - C. 购物发票
   - D. 银行对账单

2. 从银行提现金的业务应编制的记账凭证是（　　）。
   - A. 现金付款凭证
   - B. 现金收款凭证
   - C. 银行收款凭证
   - D. 银行付款凭证

3. 会计人员审核原始凭证时，发现其金额有差错，应由（　　）。
   - A. 会计人员修改盖章
   - B. 会计人员重开
   - C. 经办人员重开
   - D. 原填制单位重开

4. 付款凭证的货方科目为（　　）。
   - A. "库存现金"
   - B. "银行存款"
   - C. 任何一个科目
   - D. "库存现金"或"银行存款"

5. 下列不能作为原始凭证的是（　　）。
   - A. 出租车票
   - B. 领料单
   - C. 购货合同
   - D. 工资汇总表

6. 原始凭证是（　　）的依据。
   - A. 编制会计报表
   - B. 登记账簿
   - C. 编制记账凭证
   - D. 确定会计科目

7. 企业会计凭证保管期限为（　　）年。

    A. 10 　　　　　　　　B. 15 　　　　　　　　C. 8 　　　　　　　　D. 20

8. 购置原材料一批，价款共计人民币七万零三元五角整，其小写金额应书写为
（　　）。

    A. ￥70 003.50 　　　B. ￥70 003.5 　　　C. 70 003.5 　　　D. 70 003.50

9. 用转账支票支付前欠货款，应填制（　　）。

    A. 转账凭证 　　　　　B. 收款凭证 　　　　　C. 付款凭证 　　　　　D. 原始凭证

10. "把现金 500 元存入银行"这项业务应编制的记账凭证是（　　）。

    A. 收款凭证 　　　　　B. 付款凭证 　　　　　C. 转账凭证 　　　　　D. 原始凭证

11. 填制原始凭证时，以下数字书写符合要求的是（　　）。

    A. 壹仟壹拾捌元 　　　　　　　　　　　B. 壹仟贰佰捌拾捌元捌角捌分整

    C. 壹仟捌元整 　　　　　　　　　　　　D. 壹仟零贰拾捌元整

12. 记账凭证与所附原始凭证的金额（　　）。

    A. 必须相等 　　　　　　　　　　　　　B. 可能相等

    C. 不一定相等 　　　　　　　　　　　　D. 可以不相等

13. 转账支票支付应缴增值税，应填制（　　）。

    A. 转账凭证 　　　　　B. 收款凭证 　　　　　C. 付款凭证 　　　　　D. 原始凭证

14. 限额领料单是一种典型的（　　）。

    A. 一次凭证 　　　　　B. 累计凭证 　　　　　C. 汇总凭证 　　　　　D. 单式凭证

15. 产品入库单是（　　）。

    A. 一次凭证 　　　　　B. 二次凭证 　　　　　C. 累计凭证 　　　　　D. 汇总凭证

16. 会计凭证原则上不得外借，其他单位因特殊原因需要使用原始凭证时，经
（　　）批准，可以复制。

    A. 单位负责人 　　　　　　　　　　　　B. 财务总监

    C. 财务经理 　　　　　　　　　　　　　D. 财务负责人

17. 收款凭证的主体科目是（　　）。

    A. 借方科目 　　　　　B. 贷方科目 　　　　　C. 应收账款 　　　　　D. 应付账款

18. 一笔经济业务涉及会计科目较多，需填制多张记账凭证的，可采用（　　）。

    A. 连续编号法 　　　　　　　　　　　　B. 分数编号法

    C. 同一编号法 　　　　　　　　　　　　D. 以上都不对

19. 使用通用记账凭证，应按经济业务发生的先后顺序连续编号（　　）。

    A. 每年从第 1 号开始 　　　　　　　　　B. 每月从第 1 号开始

    C. 成立起从第 1 号开始 　　　　　　　　D. 开始经营从第 1 号开始

20. 外来原始凭证一般都是（　　）。

    A. 一次凭证 　　　　　B. 汇总凭证 　　　　　C. 累计凭证 　　　　　D. 单式凭证

21. 下列单据中，不能作为原始凭证的是（　　）。

    A. 发票 　　　　　　　　　　　　　　　B. 领料单

    C. 工资结算表 　　　　　　　　　　　　D. 银行存款余额调节表

22. 销售产品一批，部分货款收回存入银行，部分货款对方暂欠时，应填制的记账凭证是（ ）。

    A. 收款凭证   B. 转账凭证

    C. 收款凭证和转账凭证   D. 付款凭证和转账凭证

23. 业务人员出差回来报销差旅费，并交回原预支款项的剩余款，则会计人员应编制（ ）。

    A. 一张收款凭证   B. 一张付款凭证

    C. 一张转账凭证   D. 一张收款凭证、一张转账凭证

24. 每月末，在最后一张记账凭证填制后，应在编号旁加注（ ）字，以免凭证散失。

    A. "完"   B. "全"   C. "结"   D. "止"

（二）多项选择题

1. 原始凭证按照来源可分为（ ）。

    A. 自制原始依据   B. 一次凭证

    C. 外来原始凭证   D. 累计凭证

2. 限额领料单属于（ ）。

    A. 原始凭证   B. 一次凭证

    C. 累计凭证   D. 自制原始凭证

3. 属于汇总原始凭证的有（ ）。

    A. 公交车票   B. 发出材料汇总表

    C. 工资发放汇总表   D. 商品销货汇总表

4. 记账凭证是（ ）。

    A. 由经办人填制的   B. 由会计人员填制的

    C. 经济业务发生时填制的   D. 根据审核无误的原始凭证填制的

5. 购置原材料计 3 000 元，增值税 510 元，以银行存款支付 2 000 元，余下 1 510 元暂欠，则应编制（ ）。

    A. 收款凭证一张   B. 累计凭证一张

    C. 付款凭证一张   D. 转账凭证一张

6. 收款凭证适用于（ ）。

    A. 现金收入业务   B. 现金付出业务

    C. 银行存款收入业务   D. 转账业务

7. 会计凭证按填制程序和用途可分（ ）。

    A. 原始凭证   B. 汇总记账凭证

    C. 转账凭证   D. 记账凭证

8. 对原始凭证进行审核的内容包括（ ）。

    A. 真实性的审查   B. 合法性的审查

    C. 正确性的审查   D. 合理性的审查

9. 会计凭证的传递主要包括（　　）。

    A. 传递路线　　　　　　　　　　B. 传递时间

    C. 传递手续　　　　　　　　　　D. 保管要求

10. 涉及现金与银行存款相互划转的业务应编制的记账凭账可能有（　　）。

    A. 现金收款凭证　　　　　　　　B. 现金付款凭证

    C. 银行存款收款凭证　　　　　　D. 银行存款付款凭证

11. 会计凭证是重要的经济档案，对会计凭证的保管有如下要求（　　）。

    A. 初期订成册，防止散失　　　　B. 装订人员应在封在上面签章

    C. 加贴封条，防止抽换凭证　　　D. 单位领导同意可以销毁

12. 企业的领料单、借款单是（　　）。

    A. 原始凭证　　　B. 一次凭证　　　C. 自制凭证　　　D. 累计凭证

13. 在填制的付款凭证中借方科目可能涉及（　　）。

    A. 库存现金　　　B. 财务费用　　　C. 应付账款　　　D. 应收账款

14. 收款凭证的贷方科目可能是（　　）。

    A. 库存现金　　　　　　　　　　B. 银行存款

    C. 短期借款　　　　　　　　　　D. 主营业务收入

15. 下列各项中，属于记账凭证审核内容的有（　　）。

    A. 所记录的会计科目是否正确

    B. 所记录的金额是否正确

    C. 项目是否填列齐全

    D. 记录的经济业务是否合理、合法

16. 关于原始凭证，下列说法正确的有（　　）。

    A. 原始凭证一律不能作为记账的直接依据

    B. 审核无误的原始凭证可以作为编制记账凭证的依据

    C. 审核无误的原始凭证可能作为登记明细账的直接依据

    D. 自制的原始凭证都是一次凭证，外来原始凭证可能是一次凭证，也可能是累

计凭证

（三）判断题

1. 原始凭证的内容中应包括会计分录。　　　　　　　　　　　　　　（　　）

2. 记账凭证是登记账簿的间接依据，原始凭证是账簿记录的直接依据。（　　）

3. 记账凭证摘要填写错误可以直接用蓝笔将错误文字划掉。　　　　　（　　）

4. 填写记账凭证时可以使用圆珠笔书写。　　　　　　　　　　　　　（　　）

5. 所有记账凭证必须附有原始凭证。　　　　　　　　　　　　　　　（　　）

6. 所有的会计凭证，都能作为登记总账账簿的直接依据。　　　　　　（　　）

7. 把多项经济业务合并登记在一起的记账凭证，称为复式记账凭证。　（　　）

8. 现金和银行存款之间的收付业务可以编制收款凭证，也可以编制付款凭证。

                                                              （　　）

9. 对于不真实、不合法的原始凭证予以退回，要求更正、补充。　　（　　）

10. 若一项经济业务需要填制若干张记账凭证，这项业务所编制的记账凭证只占用一个号码，则各张记账凭证可以采用"分数编号法"。　　（　　）

11. 对于不真实的原始凭证会计人员可不予接受，并向单位负责人报告。　　（　　）

12. 各种原始凭证都应由会计人员填制，非会计人员不得填写。　　（　　）

13. 从外单位取得的原始凭证遗失时，应当由当事人提供的书面详细情况说明，并由经办单位会计机构负责人，会计主管人员和单位负责人批准后，才能代作原始凭证。　　（　　）

14. 转账凭证不能反映库存现金、银行存款的增减变动。　　（　　）

15. 会计主体办理经济业务事项，不一定都要取得合法的依据。　　（　　）

16. 所有会计凭证都必须经过会计部门的审核无误后才能作为记账的依据。　　（　　）

17. 一次凭证都是外来原始凭证。　　（　　）

18. 外来原始凭证一般都是一次凭证。　　（　　）

19. 在填制原始凭证时，以元为单位的阿拉伯数字，一律写到角。　　（　　）

20. 在填制原始凭证时，如果出现金额错误，应予更正。　　（　　）

（四）名词解释

1. 会计凭证　2. 原始凭证　3. 记账凭证

（五）填空题

1. 会计凭证按其来源、填制程序和用途分类，可分为＿＿＿＿＿＿和＿＿＿＿＿＿两大类。

2. 原始凭证按来源不同，可分为＿＿＿＿＿＿和＿＿＿＿＿＿两种。

3. 原始凭证的基本要素包括＿＿＿＿＿＿、＿＿＿＿＿＿、＿＿＿＿＿＿、＿＿＿＿＿＿、＿＿＿＿＿＿、＿＿＿＿＿＿、＿＿＿＿＿＿七个方面。

4. 原始凭证的填制要求包括＿＿＿＿＿＿、＿＿＿＿＿＿、＿＿＿＿＿＿。

5. 审核原始凭证时，要审核原始凭证的＿＿＿＿＿＿、＿＿＿＿＿＿、＿＿＿＿＿＿、＿＿＿＿＿＿、＿＿＿＿＿＿。

6. 记账凭证按其反映的经济业务是否与货币资金有关，可分为＿＿＿＿＿＿、＿＿＿＿＿＿和＿＿＿＿＿＿。

7. 汉字大写金额数字，一律用＿＿＿＿＿＿或＿＿＿＿＿＿书写。

8. 收款凭证是用来反映＿＿＿＿＿＿收入业务的记账凭证。

9. 付款凭证是用来反映货币资金＿＿＿＿＿＿的记账凭证。

10. 转账凭证是用来反映不涉及货币资金收付的＿＿＿＿＿＿的记账凭证。

11. 记账凭证按其编制的方式不同，可以分为＿＿＿＿＿＿和＿＿＿＿＿＿两种。

12. 记账凭证的基本要素包括＿＿＿＿＿＿、＿＿＿＿＿＿、＿＿＿＿＿＿、＿＿＿＿＿＿、＿＿＿＿＿＿、＿＿＿＿＿＿、＿＿＿＿＿＿、＿＿＿＿＿＿八个方面。

13. 记账凭证的填制要求包括＿＿＿＿＿＿、＿＿＿＿＿＿、＿＿＿＿＿＿、＿＿＿＿＿＿

_____、_____、_____。

14. 记账凭证审核的主要内容是_____、_____、_____、
_____、_____。

（六）业务题

1. 资料：红星工厂 2011 年 11 月发生如下经济业务：

（1）1 日，接受外商投资 200 000 元，存入银行。

（2）3 日，从银行提取现金 6 000 元。

（3）8 日，收回客户原欠货款 5 000 元，存入银行。

（4）10 日，将现金 25 300 元存入银行。

（5）12 日，接受捐赠机器一台，计 50 000 元，已验收使用。

（6）15 日，生产车间领用材料 60 000 元，投入生产。

（7）18 日，开出转账支票 6 000 元，偿还应付账款。

（8）22 日，向银行借入 2 年借款 180 000 元，存入银行，

（9）25 日，用现金购买办公用品 320 元。

（10）30 日，通过银行转账发放职工工资 10 000 元。

要求：根据以上经济业务编制会计分录，并进行凭证编号，该企业采用"现收"、
"银收"、"现付"、"银付"、"转" 5 类凭证。

2. 资料：某企业×年 5 月发生以下业务：

（1）3 日，销售 A 产品，收到现金 5 850 元，其中增值税 850 元。

（2）3 日，将当日收取的销货款现金 5 850 元存银行。

（3）5 日，销售 B 产品，价款共 58 000 元，增值税 9 860 元，款项已转存银行。

（4）7 日，向华联厂采购甲材料，买价 8 000 元，增值税 1 360 元，运杂费 200 元，
均以银行存款支付，材料已验收入库。（不考虑运费抵扣增值税）

（5）8 日，开出转账支票，支付上月欠交的增值税金 4 000 元。

（6）11 日，开出转账支票 3 000 元，支付当月生产厂房租金。

（7）13 日，领用材料 45 000 元，其中：产品生产用 42 000 元，车间修理用 2 000
元，行政管理部门维修用 1 000 元。

（8）17 日，计提本月固定资产折旧共 3 500 元，其中：生产车间用的固定资产计
提 2 600 元，其他管理部门用的固定资产计提 900 元。

（9）24 日，计提应由本月负担而尚未支付的银行借款利息 2 000 元。

（10）30 日，接到银行代扣环保部门罚款付款通知单，因破坏环境罚款 1 000 元。

要求：根据以上各项经济业务编制会计分录，并按照收款凭证、付款凭证以及转
账凭证分类进行编号。

3. 天力公司为一家工业企业，该企业会计人员情况如下：出纳员王明，记账员李
林，财务主管秦业。该企业 2012 年 2 月份相关经济业务及会计分录如下：

（1）企业购进甲材料一批 40 000 元，进项税额 6 800 元，材料已验收入库，款项
用银行存款支付。

借：原材料   40 000

    应交税费—应交增值税（进项税额） 6 800

  贷：银行存款   46 800

（2）采购员刘东出差借支差旅费 1 000 元，以现金支付。

借：其他应收款   1 000

  贷：库存现金   1 000

（3）销售甲产品一批，售价 30 000 元，销项税额 5 100 元，款项已收存银行。

借：银行存款   35 100

  贷：主营业务收入   30 000

    应交税金——应交增值税（销项税额） 5 100

4. 用现金购进办公用品 150 元，其中车间使用 50 元，厂部行政管理部门用 100 元。

借：制造费用   50

  管理费用   100

  贷：库存现金   150

5. 刘东出差返回，报销差旅费 870 元，余款交回现金。

借：管理费用   870

  贷：其他应收款   870

借：库存现金   130

  贷：其他应收款   130

6. 发出甲材料 6 000 元，其中生产 A 产品领用 2 000 元，B 产品领用 3 400 元，车间一般耗用 600 元。

借：生产成本——A 产品   2 000

        ——B 产品   3 400

  制造费用   600

  贷：原材料   6 000

7. 收回 D 工厂所欠账款 12 000 元，存入银行。

借：银行存款   12 000

  贷：应收账款   12 000

8. 结转已售产品成本 26 000 元。

借：主营业务成本   26 000

  贷：库存商品   26 000

要求：

根据以上资料判断每一项经济业务应编制收款凭证、付款凭证还是转账凭证，并填制相应的记账凭证。收款凭证格式如表 5 - 2 所示，付款凭证格式如表 5 - 3 所示，转账凭证格式如表 5 - 4 所示。

表 5 - 2　　　　　　　　　　　收款凭证

借方科目：　　　　　　　　　　年 月 日　　　　　　　　分号：

总号：

摘要	贷方科目		√	金额								
	总账科目	二级或明细科目		百	十	万	千	百	十	元	角	分
合计												

附件　　张

会计主管：　　记账：　　出纳：　　复核：　　制单：

表 5 - 3　　　　　　　　　　　付款凭证

贷方科目：　　　　　　　　　　年 月 日　　　　　　　　分号：

总号：

摘要	借方科目		√	金额								
	总账科目	二级或明细科目		百	十	万	千	百	十	元	角	分
合计												

附件　　张

会计主管：　　记账：　　出纳：　　复核：　　制单：

表 5 - 4　　　　　　　　　　　转账凭证

年 月 日　　　　　　　　分号：

总号：

摘要	总账科目	明细科目	√	借方金额									贷方金额								
				百	十	万	千	百	十	元	角	分	百	十	万	千	百	十	元	角	分
合计																					

附件　　张

会计主管：　　记账：　　复核：　　制单：

（七）案例分析题

1. 众达公司采购人员小刘出差回来报销差旅费。报销时出示了 1 张宾馆住宿发票，发票显示单价为 180 元，人数 1 人，时间为 10 天，金额为 1 800 元。出纳员小李为其办理了报销手续，支付了 1 800 元现金。后来单位进行财务检查，发现该发票存在问题。经核查，该发票实际记载单价应为 80 元，人数 1 人，时间为 10 天，金额为 800 元。采购员小刘却将单价 80 元直接改为 180 元，小写金额改为 1 800 元，将大写金额前加了一个"壹仟"，报销后贪污金额为 1 000 元。同时发现该发票也没有相应主管领导的签字。

问题思考：

（1）出纳员办理报销业务时，应检查审核原始凭证的哪些内容？

（2）出纳员对该业务的处理应承担什么责任？

（3）对采购员李××应怎样进行处理？

2. 2007 年 5 月 16 日，宏达公司从外地购买一批原材料，收到发票后，与实际支付款项进行核对时发现发票金额错误，经办人员在原始凭证上进行更改，并加盖了自己的印章，作为报销凭证。

问题思考：

该公司经办人员更改原始凭证金额的做法是否符合法律规定？为什么？

第六章 会计账簿

一、教学案例

资料：2011 年 09 月 2 日，企业在对账时发现下列一笔经济业务：2011 年 09 月 01 日，用现金 780 元购买办公用品，全部由生产车间领用。

1. 会计人员编制的记账凭证如表 6-1 所示。

表 6-1 　　　　　　　　　　　　　　　付款凭证

总号：1

贷方科目：库存现金　　　　　　　2010 年 09 月 01 日　　　　　　　分号：现付 1

摘要	借方科目		√	金额									
	总账科目	二级或明细科目		百	十	万	千	百	十	元	角	分	
购买办公用品	管理费用	办公费						7	8	0	0	0	附件2张
合计							¥	7	8	0	0	0	

会计主管：　　　　　记账：　　　　　出纳：李平　　　　复核：　　　　　制单：汪伟

2. 会计人员根据付款凭证登记的现金日记账如表 6-2 所示，登记的管理费用明细账如表 6-3 所示。

表 6-2 　　　　　　　　　　　　　库存现金日记账　　　　　　　　　单位：元

2011 年		凭证		摘要	对方科目	借方	贷方	余额
月	日	字	号					
9	1			期初余额				5 892.10
	1	现付	1	购买办公用品			780.00	5 112.10

表 6 - 3　　　　　　　　　　　　　管理费用明细账　　　　　　　　　　单位：元

2011 年		凭证		摘要	借方	贷方	方向	余额
月	日	字	号					
9	1	现付	1	购买办公用品	780.00		借	780.00

问题思考：

1. 分析上述处理是否正确？

2. 如有错误，确定应采取的更正方法，并进行更正。假设企业截至发现错误时尚无其他现金业务发生。

二、作业与思考题

（一）单项选择题

1. 现金日记账属于（　　）。

    A. 特种日记账　　　　　　　　　　B. 活页式账簿

    C. 备查账簿　　　　　　　　　　　D. 分类账簿

2. 订本式账簿适用于（　　）。

    A. 总分类账　　　　　　　　　　　B. 应收票据备查账

    C. 固定资产明细账　　　　　　　　D. 支票登记簿

3. 从银行提现金，登记银行存款日记账的依据是（　　）。

    A. 现金付款凭证　　　　　　　　　B. 现金收款凭证

    C. 银行存款收款凭证　　　　　　　D. 银行存款付款凭证

4. 按用途分类，"租入固定资产登记簿"属于（　　）。

    A. 备查账簿　　　　　　　　　　　B. 总分类账簿

    C. 明细分类账　　　　　　　　　　D. 以上都不是

5. "管理费用"明细账一般采用的账页格式是（　　）。

    A. 数量金额式　　　　　　　　　　B. 三栏式

    C. 借方多栏式　　　　　　　　　　D. 贷方多栏式

6. 将账簿划分为序时账簿、分类账簿和备查账簿等的依据是（　　）。

    A. 账簿的登记方式　　　　　　　　B. 账簿的外表形式

    C. 账簿的用途　　　　　　　　　　D. 账簿登记的内容

7. 平行登记是指同一项经济业务在（　　）。

    A. 各有关总分类账户中登记的方法

    B. 记账凭证与有关账户中登记的方法

C. 各有关明细分类账户中登记的方法

D. 各有关总分类账及其所属明细账户中登记的方法

8. 原材料明细账一般使用的账页格式是（　　　）。

    A. 三栏式　　　　　　　　　　　B. 多栏式

    C. 数量金额式　　　　　　　　　D. 以上三种都可以

9. 下列账簿中，不必每年更换新账的是（　　　）。

    A. 现金日记账　　　　　　　　　B. 固定资产明细账

    C. 应付账款明细账　　　　　　　D. 银行存款总账

10. 多栏式明细账格式一般适用于（　　　）。

    A. 债权、债务类账户　　　　　　B. 财产、物资类账户

    C. 费用成本类和收入成果类账户　D. 货币资产类账户

11. 总账及其所属明细账，按平行登记规则进行登记，以下错误的是（　　　）。

    A. 同期登记　　　B. 同时登记　　　C. 金额相等　　　D. 方向相同

12. 下列账簿中，各单位一般都需要设置的是（　　　）。

    A. 总账　　　　　　　　　　　　B. 管理费用明细账

    C. 固定资产明细账　　　　　　　D. 应收票据备查簿

13. 会计人员在填制记账凭账时，将 650 元错记为 560 元，并且已登记入账，月末结账时发现此笔错账，更正时应采用的方法是（　　　）。

    A. 划线更正法　　　　　　　　　B. 红字更正法

    C. 补充登记法　　　　　　　　　D. 核对账目的方法

14. 记账后，如果发现记账错误是由于记账凭证所列会计科目用错，可采用（　　　）。

    A. 红字更正法　　　　　　　　　B. 划线更正法

    C. 补充登记法　　　　　　　　　D. AB 均可

15. 如果发现记账凭证所用的科目正确，只是所填金额大于应填金额，并已登记入账，应采用（　　　）更正。

    A. 划线更正法　　　　　　　　　B. 红字更正法

    C. 平行登记法　　　　　　　　　D. 补充登记法

16. 某会计人员在记账时，将记账凭证上的金额 956 元，误写成 965 元，并已登记入账，在期末结账前发现，应采用更正的方法是（　　　）。

    A. 划线更正法　　　　　　　　　B. 红字更正法

    C. 补充登记法　　　　　　　　　D. 任选一种方法

17. 结账前，如果发现账簿记录中数字或文字记录发生错误，而记账凭证没有错误，采用（　　　）进行更正。

    A. 红字更正法　　　　　　　　　B. 划线更正法

    C. 补充登记法　　　　　　　　　D. 2 除法

18. 固定资产明细账采用（　　　）。

    A. 订本式　　　B. 活页式　　　C. 卡片式　　　　D. 辅助式

19. 三栏式账户不设哪一栏（　　　）？

    A. 借方栏   B. 贷方栏   C. 余额栏   D. 数量栏

20. 采用补充登记法更正错账时，应编制（　　　）记账凭证。

    A. 红字   B. 蓝字

    C. 红字和蓝字   D. 红字或蓝字

21. 甲企业"原材料"总分类账户本期借方发生额为 32 000 元，本期贷方发生额为 30 000 元。该总账下设 A、B、C 三种材料明细账，其所属明细账发生额分别为：A 材料本期借方发生额 7 000 元，贷方发生额 9 000 元；B 材料本期借方发生额 21 000 元，贷方发生额 18 000 元，则 C 材料本期（　　　）。

    A. 借方发生额 27 000 元，贷方发生额 28 000 元

    B. 借方发生额 4 000 元，贷方发生额 3 000 元

    C. 借方发生额 2 000 元，贷方发生额 4 000 元

    D. 因不能取得原材料明细账户的期初余额，无法计算

22. 企业生产车间领用材料价值 3 000 元，用于生产产品，会计人员编制的记账凭证为"借：管理费用 30 000，贷：原材料 30 000"，并已登记入账。按有关规定，对于该项记账差错应采用的错账更正方法是（　　　）。

    A. 红字更正法   B. 划线更正法

    C. 补充登记法   D. 更换账页法

23. 下列说法中，不正确的是（　　　）。

    A. 任何情况下企业一律不得编制多借多贷的会计分录

    B. 有应借应贷科目专栏的原始凭证也可以作为登记账簿的直接依据

    C. 试算平衡中发生额平衡的依据是借贷记账法的记账规则

    D. 制造费用账户一般应当采用多栏式账页登记明细分类账

（二）多项选择题

1. 序时账簿按其内容不同，分为（　　　）。

    A. 普通日记账   B. 特种日记账

    C. 明细分类账簿   D. 总分类账簿

    E. 备查账簿

2. 下列账簿中，一般采用活页式账簿的有（　　　）。

    A. 总账   B. 应交税费明细账

    C. 现金日记账   D. 银行存款日记账

    E. 固定资产明细账

3. 下列项目中，不适合采用数量金额式的是（　　　）。

    A. "银行存款"日记账   B. "应收账款"明细分类账

    C. "库存商品"明细分类账   D. "原材料"明细分类账

4. 采用划线更正法，其要点是（　　　）。

    A. 在错误的文字或数字（单个数字）上划一条红线注销

B. 在错误的文字或数字（整个数字）上划一条红线注销

C. 在错误的文字或数字上划一条蓝线注销

D. 将正确的文字或数字用蓝字写在划线的上端

5. 银行存款日记账的登记依据有（   ）。

A. 现金收款凭证　　　　　　　　B. 银行存款收款凭证

C. 现金付款凭证　　　　　　　　D. 银行存款付款凭证

E. 转账凭证

6. 账簿按其外表形式不同，分为（   ）。

A. 订本式账簿　　　　　　　　　B. 备查账簿

C. 活页式账簿　　　　　　　　　D. 卡片式账簿

E. 序时账簿

7. 下列明细账中，一般采用多栏式账页格式的有（   ）。

A. 现金日记账　　　　　　　　　B. "制造费用" 明细账

C. "管理费用" 明细账　　　　　　D. "应交税费" 明细账

E. "应付账款" 明细账

8. 三栏式明细分类账的账页格式适用于（   ）。

A. "原材料" 明细账　　　　　　　B. "应收账款" 明细账

C. "短期借款" 明细账　　　　　　D. "销售费用" 明细账

E. "管理费用" 明细账

9. 下列错账中，应用红字更正法更正的有（   ）。

A. 记账后，发现应借、应贷的会计科目有错误

B. 记账后，发现记账凭证和账簿中所记金额大于应记金额，而应借、应贷的会计科目并无错误

C. 记账后，发现记账凭证和账簿中所记金额小于应记金额，而应借、应贷的会计科目并无错误

D. 纯属登账时文字错误

E. 纯属登账时数字错误

10. 关于总分类账户与明细分类账户关系表述正确的有（   ）。

A. 两者登记依据相同

B. 两者反映的经济业务内容相同

C. 两者反映经济内容的详细程度不同

D. 两者反映的经济业务内容不同

11. 总分类账户试算平衡表中的平衡关系有（   ）。

A. 期初借方余额合计＋本期借方发生额合计－本期贷方发生额合计 ＝ 期末借方余额合计

B. 期初贷方余额合计＋本期借方发生额合计－本期借方发生额合计 ＝ 期末贷方余额合计

C. 期初借方余额合计 ＝ 期初贷方余额合计

D. 本期借方发生额合计 = 本期借方发生额合计

E. 期末借方余额合计 = 期末贷方余额合计

12. 账簿作为重要的会计档案资料，必须按规定的方法进行登记，登记时应遵循规定的原则，包括（   ）等。

A. 数字准确、摘要清楚   B. 要在已登记的会计凭证上签字

C. 要用蓝黑墨水或圆珠笔书写   D. 在某些特殊情况下，可用红字登记

E. 不允许隔页、空行

13. 必须使用订本账的有（   ）。

A. 明细账   B. 总账   C. 日记账   D. 备查账

14. 下列说法正确的是（   ）。

A. 总账提供总括核算资料

B. 总账应根据明细账的资料进行登记

C. 明细账提供详细具体的核算资料

D. 总账一般采用订本式账簿

15. 运用平行登记法登记总账和所属明细分类账时，必须做到（   ）。

A. 记账方向相同   B. 记账金额相同

C. 记账的人员相同   D. 记账的会计期间相同

16. （   ）情况下可采用红色墨水记账。

A. 对错账采用补充登记法更正

B. 按照红字冲账的记账凭证冲销错误记录

C. 在不设借贷等栏的多栏式账页中登记减少数

D. 在三栏式账户的余额栏前未印明金额方向的，在余额栏内登记负数余额

（三）判断题

1. 会计人员根据正确的记账凭证登记账簿时，误将 3 000 元记为 300 元，更正这种错误应采用红字更正法。   （   ）

2. 现金日记账和银行存款日记账属于序时账簿。   （   ）

3. 登记账簿可以用钢笔和圆珠笔，但不能用红笔。   （   ）

4. 每个单位设置和登记的会计账簿的种类和格式都是一样的。   （   ）

5. 多栏式明细分类账，一般适用于成本费用、收入和利润三类会计科目的明细分类账。   （   ）

6. 记账过程发生串户的错误难以通过试算平衡来检查发现。   （   ）

7. 备查账簿是对某些在序时账和分类账中未能记载的经济业务补充登记的账簿，其记录内容不受总账的制约。   （   ）

8. 登记现金日记账时如果发生跳页，应将空页划线注销，注明"此页空白"。   （   ）

9. 登账时可以用红色金额表示负数余额。   （   ）

10. 除 2 法适合查找某个金额记反方向的错误。   （   ）

11. 在填制记账凭证时，误将 9 800 元记为 8 900 元，并已登记入账。月终结账前发现错误，更正时采用划线更正法。　　　　　　　　　　　　（　　）

12. 序时账簿是按经济业务发生时间的先后顺序逐日逐笔连续登记的账簿。
　　　　　　　　　　　　　　　　　　　　　　　　　　　　　（　　）

13. 备查账簿是对其他账簿记录的一种补充，与其他账簿之间存在依存和勾稽关系。　　　　　　　　　　　　　　　　　　　　　　　　　　　（　　）

14. 年度终了时，更换新账页后，应将活页式账簿装订成册，存档由专人保管。
　　　　　　　　　　　　　　　　　　　　　　　　　　　　　（　　）

15 备查账簿没有固定的格式，一般根据各单位会计核算和经营管理的需要而设置。
　　　　　　　　　　　　　　　　　　　　　　　　　　　　　（　　）

16. 为了保证账簿记录的合法性和完整性，明确记账责任，在账簿启用时，填写"账簿启用和经管人员一览表"。　　　　　　　　　　　　　　　（　　）

17. 记账人员调动工作或因故离职时，可以不办理交接手续。　　　（　　）

18. 记账时必须根据审核无误的会计凭证进行登记。　　　　　　　（　　）

19. 记账时，必须按页次顺序连续登记，不得跳行、隔页。　　　　（　　）

20. 采用划线更正法，数字记错，只需要更正个别错误字。　　　　（　　）

21. 卡片式账簿的优点是能够避免账页散失，防止不合法地抽换账页。（　　）

22. 现金日记账、银行存款日记账应当采用订本式账簿。　　　　　（　　）

（四）名词解释

1. 会计账簿　　　　　　　　　　4. 总分类账

2. 序时账簿　　　　　　　　　　5. 明细分类账

3. 分类账簿　　　　　　　　　　6. 备查账簿

（五）填空题

1. 会计账簿按用途分类，可分为_____、_____和_____。

2. 会计账簿按形式分类，可分为_____、_____和_____。

3. 订本式账簿主要适用于_____、_____、_____。

4. 会计账簿的基本要素包括_____、_____、_____。

5. 总分类账一般采用_____、_____、_____三栏式的订本账。

6. 数量金额式账页适合于既要进行数量核算又要进行金额核算的各种财产物资科目，例如_____等。

7. 多栏式账页一般适合于费用、收入、利润科目，例如_____、_____等科目。

8. 登记账簿要用_____或_____墨水书写，不得使用_____或_____书写。

9. 查找错账的方法有_____、_____、_____、_____等。

10. 更正错账的方法有_____、_____、_____。

11. 平行登记的规则可以概括为：_____、_____、_____。

12. 账簿每年都要更换新账，但_____或_____可以继续使用，不必每年更换新账。

13. "制造费用"明细账一般采用的账页格式是_____。

14. 每一账页登记完毕结转下页时，应结出本页及，写在本页最后一行和下页第一行有关栏内，并且在本页的摘要栏内注明，在次页的摘要栏内注明_____字样。

（六）业务题

1. 资料：振华工厂 2011 年 9 月初"库存现金"账户结余 920 元，"银行存款"账户结余 29 800 元。该厂 9 月份发生现金、银行存款收、付业务如下：

（1）1 日，以银行存款 10 000 元缴纳上月欠交所得税。

（2）3 日，收到 A 公司偿还上月欠货款 30 000 元。

（3）3 日，以现金支付购入办公室用打印纸 250 元。

（4）7 日，销售甲产品，价税合计 58 500 元，购货方以转账支票支付。

（5）19 日，出纳员从银行提取库存现金 1 000 元备用。

（6）21 日，收到国家投资 600 000 元存入银行。

（7）25 日，用现金支付生产车间照明用电费 300 元

（8）26 日，电汇支付原欠 B 公司材料款 42 000 元

（9）28 日，开出转账支票，支付广告费 15 000 元。

（10）30 日，收到银行通知，支付借款利息 350 元

要求：

（1）开设三栏式现金日记账、银行存款日记账，并登记期初余额。现金日记账格式如表 6 - 4 所示，银行存款日记账格式如表 6 - 5 所示。

（2）根据以上业务作出相关记账凭证，并分别按"收"、"付"、"转"三种凭证类型进行凭证编号。

（3）根据收款、付款凭证逐日、逐笔登记"库存现金"日记账、"银行存款"日记账并结出余额。

表 6 - 4 　　　　　　　　　　　　　现金日记账 　　　　　　　　　　单位：元

年		凭证		摘要	对应科目	收入	付出	结存
月	日	种类	号数					

表 6-5　　　　　　　　　　　　　　银行存款日记账　　　　　　　　　　单位：元

年		凭证		摘要	对应科目	收入	付出	结存
月	日	种类	号数					

2. 资料：新宇公司 2011 年 10 月有关采购的经济业务如下：

（1）由中越公司购入甲材料 250 吨，单价 800 元；购入乙材料 300 吨，单价 600 元。用银行存款支付 200 000 货款，余款未付。

（2）用银行存款支付上述材料的运输费、装卸费 5 500 元。以数量作为费用分配标准。

（3）向正兴工厂购入丙材料 10 000 公斤，每公斤 5 元，共计 50 000 元。货款已预付。

（4）用现金支付丙材料的运输费、装卸费 4 000 元。

（5）用银行存款支付前欠中越公司的货款 180 000 元。

（6）本期购进的甲、乙、丙材料均已运达并验收入库，结转实际采购成本。

要求：假设不考虑增值税。

（1）开设"材料采购"总账和多栏式"材料采购"明细账，已知该账户没有期初余额。总账账页格式如表 6-6 所示，多栏式明细账账页格式如表 6-7、表 6-8、表 6-9 所示。

（2）根据上述经济业务编制会计分录。

（3）根据以上会计分录登记"材料采购"总账和"材料采购"多栏式明细账，并结出本期发生额和期末余额。

表 6-6　　　　　　　　　　　　　　总分类账

账户名称：　　　　　　　　　　　　　　　　　　　　　　　　　单位：元

年		凭证	摘要	借方	贷方	借或贷	余额
月	日						

表 6 - 7   "材料采购"多栏式明细分类账

材料名称或类别：   单位：元

年		凭证号数	摘要	借方				贷方
月	日			买价	运输费	装卸费	合计	

表 6 - 8   "材料采购"多栏式明细分类账

材料名称或类别：   单位：元

年		凭证号数	摘要	借方				贷方
月	日			买价	运输费	装卸费	合计	

表 6 - 9   "材料采购"多栏式明细分类账

材料名称或类别：   单位：元

年		凭证号数	摘要	借方				贷方
月	日			买价	运输费	装卸费	合计	

3. 德兴公司 2011 年 8 月的原材料账户余额如下：

（1）原材料甲 5 000 公斤，单价 100 元，金额 500 000 元；

（2）原材料乙 2 000 公斤，单价 50 元，金额 100 000 元；

德兴公司 2011 年 8 月份原材料的购进和发出情况如下：

（1）8 月 5 日购进材料一批，货款暂欠，材料验收入库。其中原材料甲 2 000 公斤，单价 100 元，金额 200 000 元；原材料乙 200 公斤，单价 50 元，金额 10 000 元；两者合计 210 000 元。为简化核算，假设原材料购入直接记入"原材料"，不考虑增值税因素。

（2）8 月 10 日，向大洋公司购入丙材料一批，共计 400 公斤，单价 100 元，价款 40 000元，开出商业承兑汇票抵付，材料已经验收入库。

（3）8 月 12 日，生产产品领用材料情况如下：

原材料甲 2 500 公斤，单价 100 元，金额 250 000 元；原材料乙 1 000 公斤，单价 50 元，金额 50 000 元；原材料丙 200 公斤，单价 100 元，金额 20 000 元；三者合计 320 000 元。

要求：

（1）根据以上原材料月初结存、本月购进与发出的有关情况，开设原材料总分类账及其数量金额式明细分类账。

（2）对"原材料"总分类账和明细分类账进行平行登记并结账。总分类账账页格式如表 6 - 10 所示，明细分类账格式如表 6 - 11、表 6 - 12、表 6 - 15 所示。

表 6 - 10　　　　　　　　　　　　总分类账

账户名称：　　　　　　　　　　　　　　　　　　　　　　　单位：元

年		凭证		摘要	借方	贷方	借或贷	余额
月	日	种类	号数					

表 6 - 11　　　　　　　　　　　_____明细分类账

账户名称：　　　　　　　　　　　　　　　　　　　　　　　单位：元

年		凭证		摘要	收入			发出			结存		
月	日	种类	号数		数量	单价	金额	数量	单价	金额	数量	单价	金额

表 6 – 12 _____ 明细分类账

账户名称： 单位：元

年		凭证		摘要	收入			发出			结存		
月	日	种类	号数		数量	单价	金额	数量	单价	金额	数量	单价	金额

表 6 – 13 _____ 明细分类账

账户名称： 单位：元

年		凭证		摘要	收入			发出			结存		
月	日	种类	号数		数量	单价	金额	数量	单价	金额	数量	单价	金额

4. 资料：德兴公司根据 2011 年 11 月 30 日账户余额表，发现借、贷方金额合计数不相等。该公司账户余额表如表 6 – 14 所示。

表 6 – 14 德兴公司账户余额表 单位：元

账户名称	借方余额	账户名称	贷方余额
库存现金	1 200	短期借款	40 000
银行存款	35 000	应付账款	11 000
应收账款	15 000	实收资本	300 000
库存商品	46 000	累计折旧	10 000
固定资产	300 000	本年利润	37 100
合计	397 200		398 100

经检查核对，发现以下错误：

（1）用银行存款支付管理部门用办公费，记账凭证上记录金额为 5 640 元，记账时在管理费用账上误记为 6 540 元。

（2）以银行存款购进固定资产，买价 5 000 元，记账凭证填写金额为 50 000 元。

（3）赊购商品一批，计 4 000 元，记账凭证上误记入应收账款贷方。

（4）以银行存款 3 000 元支付欠款，发现原会计分录为借记"应付账款"300 元，贷记"银行存款"300 元。

要求：

（1）采用适当的错误更正方法更正错账。

（2）分析哪笔错账影响了试算平衡表的金额，影响金额是多少？

（3）更正错账后，该公司结账前还必须进行哪些补充工作？

（4）更正错账后重新编制试算平衡表。

5. 资料：某企业将账簿记录与记账凭证进行核对时，发现下列经济业务内容的账簿记录有误：

（1）以现金支付采购人员差旅费 1 200 元。原编记账凭证的会计分录为：

借：其他应付款　　　　　　　　　　　　　　　　　1 200

　　贷：库存现金　　　　　　　　　　　　　　　　　　　　1 200

（2）结转本月实际完工产品的生产成本 23 000 元。原编记账凭证的会计分录为：

借：库存商品　　　　　　　　　　　　　　　　　　32 000

　　贷：生产成本　　　　　　　　　　　　　　　　　　　　32 000

（3）购入材料一批，计货款 11 700 元（含增值税 17%）。原编记账凭证的会计分录为：

借：原材料　　　　　　　　　　　　　　　　　　　11 700

　　贷：银行存款　　　　　　　　　　　　　　　　　　　　11 700

（4）开出转账支票偿还银行短期借款 10 000 元。登记账簿时在"短期借款"账户登记为 100 000 元。原凭证会计分录如下：

借：短期借款　　　　　　　　　　　　　　　　　　10 000

　　贷：银行存款　　　　　　　　　　　　　　　　　　　　10 000

（5）结算本月应付职工工资，其中生产工人工资为 14 000 元，管理人员工资为 3 400 元。原编记账凭证的会计分录为：

借：生产成本　　　　　　　　　　　　　　　　　　1 400

　　管理费用　　　　　　　　　　　　　　　　　　　340

　　贷：应付职工薪酬　　　　　　　　　　　　　　　　　　1 740

要求：将上列各项经济业务的错误记录，分别以适当的更正错账方法予以更正。

（七）案例分析题

1. 2011 年 3 月，德州市财政部门对市属单位 2010 年的会计信息质量进行检查，其中德兴公司 2010 年存在以下问题：

（1）2010 年 6 月以来的现金日记账和银行存款日记账是用圆珠笔书写的。

（2）有些账簿未按页次顺序连续登记，有跳行、隔页现象。

问题思考：上述情况是否符合国家规定，并说明理由。

2. 资料：德兴公司 2011 年 8 月末在试算平衡中发现应收账款总账和明细账余额不符。相关资料如下：

（1）本期发生额及余额对照表，如表6-15所示。

表6-15　　　　　　　　　　本期发生额及余额对照表　　　　　　　　单位：元

账簿种类	期初余额	本期借方发生额	本期贷方发生额	期末余额
总账	30 000.00	71 286.00	38 900.00	62 386.00
明细账	30 000.00	71 286.00	39 800.00	61 486.00

（2）应收账款—甲明细账：期初余额：20 000（借方），本期发生额（借方）40 000，本期发生额（贷方）19 800（假设当月只有这1笔业务发生），期末余额：40 200（借方）。

（3）应收账款—乙明细账：期初余额：10 000，本期发生额（借方）31 286，（贷方）20 000（假设当月只有这1笔业务发生），期末余额：21 286（借方）。

问题思考：

如果你是该公司会计人员，你会采用什么方法查找错账？请写出查错过程并判断可能会出现什么错误？

第七章　成本计算

一、教学案例

中大公司所属的贝莱特空调设备厂属于一般纳税人企业，该工厂只生产甲产品，且甲产品在全国同类产品中所占的市场份额约为 15%。贝莱特空调设备厂按月计算所得税，其适用的所得税税率为 25%。2010 年 10 月初，该工厂接受税务稽核人员宋辉对企业上月纳税情况的检查，同时会计人员马娜提供了相关资料：

1. 相关存货项目的账户期初、期末余额如表 7 - 1 所示。

表 7 - 1　　　　　　　贝莱特空调设备厂 9 月存货项目账户情况　　　　单位：元

	9 月 1 日	9 月 30 日
原材料	156 200	136 800
在产品	7 600	8 500
产成品	86 150	97 650

2. 本月发生的各项收入与支出如表 7 - 2 所示。

表 7 - 2　　　　　　　　贝莱特空调设备 9 月收入支出明细　　　　单位：元

生产工人的工资	81 300
车间管理人员的工资	36 500
行政管理人员的工资	15 200
车间一般性耗用材料	16 700
折旧费用——机器设备	26 000
——生产部门房屋	16 000
——行政办公用房	8 000
本期购入材料	386 600
本期销售收入	617 000
保险费用	500
利息费用	4 000
销售费用	7 500
邮电费用	200

表7－2（续）

销售税费	31 200
差旅费	700
所得税（税率为25%）	387 00

经过简单核查，税务稽核人员宋辉认为贝莱特空调设备厂的所得税计算有误。

案例要求：请帮助会计马娜找出错误所在，并正确计算出贝莱特空调设备厂应该缴纳的所得税税额为多少？

二、作业与思考题

（一）单项选择题

1. 下列各项中，不构成制造企业成本项目的是（　　）。

    A. 直接材料费　　　　　　　　　B. 直接人工费

    C. 折旧费用　　　　　　　　　　D. 制造费用

2. 不属于材料采购成本的构成项目的是（　　）。

    A. 外购材料的运杂费　　　　　　B. 采购机构经费

    C. 材料买价　　　　　　　　　　D. 运输途中合理损耗

3. 某企业本期已销售产品的生产成本为100 000元，销售费用为8 000元，营业税金及附加为10 000元，则本期产品的销售成本为（　　）。

    A. 100 000元　　B. 10 000元　　C. 8 000元　　　　D. 118 000元

4. 某企业生产车间领用一批材料，用于车间一般耗用，这部分材料费用应记入（　　）。

    A. 生产成本　　B. 管理费用　　C. 销售费用　　D. 制造费用

5. 假设某企业只生产一种产品，本月期初在产品成本为50 000元，本月共发生以下费用：生产产品领用材料80 000元，生产工人工资30 000元，制造费用15 000元，管理费用12 000元，财务费6 000元，销售费用85 000元，月末在产品成本为35 000元，则该企业本月完工产品成本为（　　）。

    A. 152 000元　　　B. 140 000元　　　C. 237 000元　　　D. 175 000元

6. 在物价不断下降的情况下，存货采用下列哪种计价方法较为合理（　　）。

    A. 个别计价法　　　　　　　　　B. 加权平均法

    C. 移动加权平均法　　　　　　　D. 先进先出法

7. 某企业购进一项固定资产，其买价为50 000元，运输费为500元，增值税进项额为8 500元，保险费200元。则该固定资产的取得成本为（　　）。

    A. 50 000元　　　B. 58 500元　　　C. 50 700元　　　D. 59 200元

8. 下列各项中，属于接受投资要付出的成本是（　　）。

    A. 分配的利润　　　　　　　　　B. 净利润

    C. 未分配利润　　　　　　　　　D. 利息

9. 制造费用经分配后，一般应记入（　　　　）。

    A. 库存商品账户　　　　　　　　　　B. 生产成本账户

    C. 本年利润账户　　　　　　　　　　D. 主营业务成本账户

10. 下列费用中，不能直接记入"生产成本"账户的是（　　　　）。

    A. 车间管理人员的薪酬　　　　　　　B. 生产工人的工资

    C. 生产工人的福利费　　　　　　　　D. 生产产品耗用的材料费用

11. 在以下所列示的各种成本中，被称为主营业务成本的是（　　　）

    A. 材料采购成本　　　　　　　　　　B. 产品生产费用

    C. 产品生产成本　　　　　　　　　　D. 产品销售成本

12. 产品制造成本的成本项目中不包括（　　　　）。

    A. 直接材料　　　　B. 直接人工　　　　C. 制造费用　　　　D. 生产费用

13. 企业购入材料发生的运杂费等采购费用，应记入（　　　　）。

    A. 管理费用　　　　　　　　　　　　B. 材料采购成本

    C. 生产成本　　　　　　　　　　　　D. 销售费用

14. 企业基本生产车间领用的材料，如果在生产领用材料时，其数量较大，则这部分材料费用就记入（　　　　）。

    A. 生产成本　　　　B. 制造费用　　　　C. 库存商品　　　　D. 管理费用

15. 应记入产品成本，但不能分清应由何种产品负担的费用，应该（　　　　）。

    A. 直接记入当期损益

    B. 作为管理费用处理

    C. 记入制造费用，期末分配入产品成本

    D. 直接记入生产成本账户

16. 下列各项中，属于成本计算实质的是（　　　　）。

    A. 会计确认　　　　B. 会计计量　　　　C. 会计记账　　　　D. 经济活动

17. 下列各项中，属于实际上为耗费资产成本计算转化形成的是（　　　　）。

    A. 成本计量　　　　B. 收入计量　　　　C. 费用计量　　　　D. 资产计量

18. 下列各项中，属于构成成本计算主要内容的是（　　　　）。

    A. 确定成本范围的重要方法　　　　　B. 确定成本计量标准的主要方法

    C. 确定核算对象的主要方法　　　　　D. 确定补偿尺度的重要方法

19. 下列各项中，属于核算外购材料时应设置的科目是（　　　　）。

    A. 营业成本　　　　B. 材料采购　　　　C. 生产成本　　　　D. 原材料

20. 下列各项中，属于归集企业购进固定资产发生的各项费用应设置的科目是（　　　　）。

    A. 固定资产　　　　B. 在建工程　　　　C. 生产成本　　　　D. 累计折旧

21. 下列各项中，属于采用永续盘存制下平时记录的内容是（　　　　）。

    A. 对各项财产物资的增加和减少数，都不在账簿中登记

    B. 只在账簿中登记财产物资的减少数，不登记财产物资的增加数

    C. 只在账簿中登记财产物资的增加数，不登记财产物资的减少数

D. 对各项财产物资的增加数和减少数，都要根据会计凭证在账簿中登记

22. 下列各项中，属于实地盘存制下平时登记的内容是（　　）。

    A. 只在账簿中确登记财产物资的减少数，不登记财产物资的增加数

    B. 只在账簿中登记财产物资的增加数，不登记财产物资的减少数

    C. 对各项财产物资的增加数和减少数，都要根据会计凭证登记记入账

    D. 通过财产清查据以确定财产物资增加和减少数，并编制记账凭证登记入账

23. 在物价不断下降的情况下，体现稳健性原则的存货计价方法是（　　）。

    A. 个别计价法　　　　　　　　　　B. 先进先出法

    C. 后进先出法　　　　　　　　　　D. 加权平均法

24. 下列各项中，只能在期末计算发出存货成本的计价方法是（　　）。

    A. 个别计价法　　　　　　　　　　B. 先进先出法

    C. 后进先出法　　　　　　　　　　D. 加权平均法

25. 某企业 A 材料期初结存 200 件，单价 100 元，金额为 20 000 元；本期购进 500 件，单价 100 元；本期发出厂 600 件，毁损 10 件。采用永续盘存制时，本期发出材料的成本为（　　）

    A. 60 000 元　　　　　B. 61 000 元　　　　　C. 51 000 元　　　　　D. 50 000 元

（二）多项选择题

1. 产品生产过程中发生的各项费用应在（　　）账户归集和分配。

    A. 制造费用　　　　　　　　　　　B. 生产成本

    C. 销售费用　　　　　　　　　　　D. 管理费用

    E. 财务费用

2. 企业计提固定资产折旧时，应借记（　　）。

    A. 生产成本　　　　　　　　　　　B. 制造费用

    C. 固定资产　　　　　　　　　　　D. 累计折旧

    E. 管理费用

3. 影响本月完工产品成本计算的因素有（　　）。

    A. 月初在产品成本　　　　　　　　B. 本月发生的生产费用

    C. 本月已销产品成本　　　　　　　D. 月末在产品成本

    E. 月末在产品数量

4. 成本计算的主要程序包括（　　）。

    A. 确定成本计算期　　　　　　　　B. 确定成本计算对象

    C. 确定成本项目　　　　　　　　　D. 归集和分配有关费用

    E. 设置并登记有关账簿

5. 在收入一定的情况下，若多计销售商品的成本，会产生下列影响的是（　　）。

    A. 增加资产价值　　　　　　　　　B. 减少资产价值

    C. 增加利润　　　　　　　　　　　D. 减少利润

    E. 增加费用

6. 下列各项中属于成本计算对象的是（　　　）。

  A. 生产的产品   B. 生产设备

  C. 原材料   D. 销售费用

  E. 已销售的产品

7. 用于归集资产成本的账户有（　　　）。

  A. 材料采购   B. 主营业务成本

  C. 生产成本   D. 在建工程

  E. 库存商品

8. 下列各项中属于产品制造成本的是（　　　）。

  A. 直接材料   B. 直接人工

  C. 制造费用   D. 管理费用

  E. 销售费用

9. 应包括在长期负债账面价值中的是（　　　）。

  A. 利息   B. 财务费用

  C. 存款利息   D. 本金

  E. 借款手续费用

10. 可以用来作为分配材料采购费用标准的有（　　　）。

  A. 材料的买价   B. 材料的重量

  C. 材料的种类   D. 材料的体积

  E. 以上各项均可

11. 企业对于应由本期负担同时应直接记入当期损益的各项费用，可设置（　　　）账户进行核算。

  A. 管理费用   B. 销售费用

  C. 长期待摊费用   D. 财务费用

  E. 制造费用

12. 对于制造业企业而言，下列内容应通过"制造费用"账户进行核算的有（　　　）。

  A. 生产车间管理人员的薪酬 B. 生产车间生产工人的薪酬

  C. 生产车间固定资产折旧费 D. 行政管理部门固定资产折旧费

  E. 生产车间一般性消耗的材料费

13. 下列各项中，属于成本计算的内容有（　　　）。

  A. 资产取得成本计算   B. 耗费资产成本计算

  C. 负债成本计算   D. 产品生产成本计算

  E. 所有者权益成本计算

14. 下列各项中，受材料取得成本计算正确性影响的有（　　　）。

  A. 资产结存价值   B. 净损益

  C. 资产发出价值   D. 费用

  E. 所有者权益金额

15. 下列各项中，包括在外购材料取得成本中的有（　　）。

　　A. 买价　　　　　　　　　　　　B. 定额内的途中损耗

　　C. 运杂费　　　　　　　　　　　D. 非正常损耗

　　E. 入库前的挑选整理费

16. 下列各项中，属于固定资产取得成本中的有（　　）。

　　A. 买价　　　　　　　　　　　　B. 运输费

　　C. 修理费　　　　　　　　　　　D. 保险费

　　E. 安装费

17. 下列各项中，属于存货盘存制度的有（　　）。

　　A. 永续盘存制　　　　　　　　　B. 权责发生制

　　C. 实地盘存制　　　　　　　　　D. 收付实现制

　　E. 历史成本

18. 永续盘存制下，存货账簿上平时登记的金额有（　　）。

　　A. 期初余额　　　　　　　　　　B. 本期增加额

　　C. 本期减少额　　　　　　　　　D. 期末余额

　　E. 增减数量

19. 在物价持续上涨或下跌时期，采用下列存货计价中对实现利润影响较大的有（　　）。

　　A. 加权平均法　　　　　　　　　B. 先进先出法

　　C. 后进先出法　　　　　　　　　D. 移动平均法

　　E. 个别计价法

20. 下列各项中，属于直接人工费用的有（　　）。

　　A. 产品制造工人的工资　　　　　B. 产品制造工 的福利费

　　C. 车间管理人员的工资　　　　　D. 车间管理人员的福利费

　　E. 行政管理人员的工资

21. 下列各项中，属于制造费用的有（　　）。

　　A. 车间管理人员的工资　　　　　B. 生产用固定资产折旧费

　　C. 生产用设备的修理费　　　　　D. 生产产品的水电费

　　E. 企业照明用电的电费

22. 下列各项中，反映所有者权益及其成本的会计科目有（　　）。

　　A. 实收资本　　　　　　　　　　B. 盈余公积

　　C. 本年利润　　　　　　　　　　D. 应付利润

　　E. 利润分配

（三）判断题

1. 制造企业发生的工资费用不一定都是生产费用。　　　　　　　　　　　　（　　）

2. 企业购置的固定资产成本中，应包括增值税进项税额。　　　　　　　　　（　　）

3. "制造费用"账户本期借方发生额于期末转入"生产成本"账户，所以一般期

末无余额。 （ ）

4. 当资产价值发生变化后，历史成本就不能反映现时的资产价值。 （ ）

5. 本期发生的生产费用应全部记入完工产品成本之中。 （ ）

6. "生产成本"科目借方余额表示期末在产品成本。 （ ）

7. 生产过程中发生的直接费用记入产品制造成本中，间接费用记入管理费用中。

（ ）

8. 资产一旦投入使用，即转化为费用。 （ ）

9. 成本计算的一个目的就是要确定耗费的补偿尺度。 （ ）

10. 成本计算方法是复式记账法的基础，是正确计算损益的基础。 （ ）

11. 车间管理人员的工资不属于直接人工费用，因而不能记入产品成本，而应记入期间费用。 （ ）

12. 产品成本计算方法一经选定，不得随意变动。 （ ）

13. 企业为组织生产经营活动而发生的一切管理活动的费用，包括车间管理费用和公司管理费用，都应作为期间费用处理。 （ ）

14. "生产成本"账户的期末余额一般在借方，表示期末尚未销售出去的产品成本。 （ ）

15. 成本计算解决的是会计核算对象的货币计价问题。 （ ）

16. 以货币计量资产的入账价值实际上是一种成本计算方法。 （ ）

17. 外购材料的取得成本应由材料的买价构成。 （ ）

18. 外购固定资产成本的计算是依据实际成本计价原则的。 （ ）

19. 只要为购进固定资产发生的支出，不论其金额大小，应全部记入固定资产的取得成本。 （ ）

20. 负债的成本包括负债利息和为取得负债发生的费用两部分。 （ ）

21. 所有者权益成本的计算实际上可以转化为应付利润的计算和核算。 （ ）

22. 企业在生产过程中发生的各种耗费，形成制造产品的成本。 （ ）

23. 产品制造成本中的直接材料和直接人工属于直接费用，制造费用属于间接费用。 （ ）

24. 本期发生的费用应全部记入完工产品成本。 （ ）

（四）名词解释

1. 产品成本
2. 制造费用
3. 耗费资产成本
4. 资产取得成本
5. 成本计算
6. 负债成本
7. 所有者权益成本
8. 永续盘存制
9. 先进先出法
10. 实地盘存制
11. 加权平均法
12. 移动平均法

（五）填空题

1. 生产成本的借方余额反映_____的成本。

2. 企业生产完工验收入库的产品，应由_____账户转入_____账户。

3. 外购材料的取得成本包括_____和_____。

4. 外购固定资产取得成本计算的原则_____、_____和_____。

5. 企业的盘存制度主要有_____和_____。

6. 负债成本包括_____和_____。

7. 长期负债账面价值_____和_____。

8. 产品制造成本包括_____、_____和_____。

9. 生产车间的一般耗费应先记入_____科目，然后再转入_____科目。

10. 固定资产取得成本包括_____、_____、_____和_____等。

（六）业务题

中大公司雅佳工厂2011年9月发生下列经济业务：

1. 生产甲产品领用A材料500千克，单价40元；B材料200千克，单价30元。

2. 生产车间购买办公用品300元，用现金支付。

3. 本月发出C材料如下：其中生产甲产品耗用17 000元；生产车间耗用4 500元；厂部耗用3 000元。

4. 用银行存款支付生产车间设备租金2 000元。

5. 预提本月短期借款利息300元。

6. 摊销本月应负担的报纸杂志订阅费500元，其中生产车间应负担200元，厂部管理部门应负担300元。

7. 用银行存款支付本季度短期借款利息900元（假设本季度各月的短期借款利息均已预提）。

8. 用银行存款支付本月水电费20 000元，其中生产车间应负担12 000元，厂部管理部门应负担8 000元。

9. 结算本月应付职工工资45 600元，其中生产甲产品工人工资28 500元，车间管理人员工资6 840元，企业管理人员工资10 260元。

10. 计提本月固定资产折旧费4 000元，其中生产车间2 660元，厂部管理部门1 340元。

11. 将本月发生的制造费用，转入生产成本。

12. 本月生产的200件甲产品全部完工入库，结转甲产品完工成本并计算其单位产品成本（假设甲产品月初没有在产品）。

要求：编制上述经济业务的会计分录。

（七）计算题

资料：中大公司所属的空调分厂只生产一种中央空调，2011年10月相关资料如下：

1. 原材料月初余额为 376 000 元，月末余额为 632 000 元；在产品月初余额为165 000 元，月末余额为 192 000 元；库存商品月初余额为 635 000 元，月末余额为968 000元。

2. 本月相关项目的发生额分别为：生产工人工资 460 000 元，车间管理人员工资 120 000 元，厂部管理人员工资 80 000 元；本月购入材料 412 000 元，车间一般性消耗材料 87 000 元（假设本月发出材料仅用于车间生产产品和一般性消耗）；本月销售产品的收入 1 250 000 元；本月发生的折旧费 52 000 元，其中车间设备折旧 28 000 元，车间厂房折旧 14 000 元，厂部办公用房折旧 10 000 元；本月利息费用 2 000 元；本月广告费用 30 000 元；本月产品的销售税金 75 000 元；本月保险费用等合计为 12 000 元。公司使用的所得税税率为 25%。

要求：计算本月完工入库产品的生产成本、本月销售产品的成本和本月的利润总额、应缴纳的所得税以及净利润额各是多少？

（八）案例分析题

2011 年 6 月，赵欣大学毕业后来到中大公司财务部门工作，财务部门负责人王悦让其负责相关的会计核算工作。经过一个月的工作和锻炼，赵欣逐渐熟悉了会计核算的一般处理程序，业务也逐渐精通。在 2010 年 7 月王悦决定对赵欣做的业务进行审查，结果发现下面一些会计记录存在问题：

1. 2011 年 6 月购入一批价值 200 000 元的甲材料，已验收入库。按国家消费税税法的规定，交纳了 15 000 元的消费税。按税法规定，这种原材料加工成产品后国家不再征收消费税，该批原材料在 2011 年已全部加工成产品，并已全部对外销售。当时赵欣认为，增值税作为购进环节的流转税可以抵扣，消费税也应当可以抵扣。因此做了如下的会计记录：

借：原材料	200 000
应交税费	15 000
贷：银行存款	215 000

2. 在购进乙、丙材料时，共支付了 20 000 元的外地运杂费，为简化核算起见，赵欣把它全部作为管理费用处理，所做的会计处理如下：

借：管理费用	10 000
贷：银行存款	10 000

3. 在购进另外一批丁材料时，由于途中的自然损耗，验收时发现应入库 1 500 千克的甲原料只入库了 1 450 千克，该批材料单位购进成本为 100 元。赵欣认为没有验收入库的原材料应作为当期损失，做账务处理如下：

借：原材料	145 000
贷：材料采购	145 000
借：管理费用	5 000
贷：材料采购	5 000

4. 发出甲原料 50 000 元，用于非增值税产品生产，该产品已生产完工，并全部出

售。甲原料的增值税税率为17%，所做的会计处理如下：

借：生产成本   50 000

  贷：原材料   50 000

5. 从工行借入期限为 6 个月的借款，按借款合同的规定，利息在每月月末支付一次，借款本金为 500 000 元，年利率为 6%，所做的会计处理如下：

借：财务费用   2 500

  贷：应付利息   2 500

借：应付利息   2 500

  贷：银行存款   2 500

要求：判断上述经济业务，赵欣所做的会计处理哪里出错，应做怎样的调整？

第八章 编制报表前的准备工作

一、教学案例

资料：某集团公司对其下属的振达制造厂审计时，发现其存在下列问题：

1. 振达制造厂在存货的管理中实行了采购人员、运输人员、保管人员等不同岗位分工负责的内部牵制制度。但经审计发现，采购过程中存在着合伙作弊情况。振达制造厂 2011 年根据生产需要每月需要购进各种型号的铝矿石 800 吨，货物自提自用。2011 年 7 月，采购人员李一办理购货手续后，将发票提货联交由本企业汽车司机刘二，刘二在运输途中，一方面将 300 吨铝矿石卖给某企业，另一方面将剩余的 500 吨铝矿石运到本企业仓库，交保管员王三按 800 吨验收入库，三个人随即分得赃款。财会部门从发票、运单、入库单等各种原始凭证的手续上看，完全符合规定，照例如数付款。可是在进行年终财产清查时才发现账实不符的严重情况，只得将不足的原材料数量金额先做流动资产的盘亏处理，然后在期末处理时，部分做管理费用处理，部分做营业外支出处埋。

2. 振达制造厂采用实际成本法进行原材料核算，该厂多年来一直采用一次加权平均法计算确定发出矿石的实际成本。2011 年铝矿石价格上涨严重，该企业为了提高利润，擅自变更了发出原材料实际成本的计算方法，将一次加权平均法变更为先进先出法。经测算，截至本年末，与按一次加权平均法计算的结果相比，领用铝矿石的实际成本相差 200 000 元，即少计了当年的成本 200 000 元，多计了利润 200 000 元。该厂在年终财务报告中，对该变更事项及有关结果未予以披露。

3. 振达制造厂 2012 年 1 月发生了一场火灾，材料损失达 100 万元，保险公司可以赔偿 40 万元。企业在预计全年收支情况后，发现如果报列材料损失，会导使利润下降严重。为保证利润指标的实现，振达制造厂领导要求财会部门不列报毁损材料。

问题思考：

1. 该企业对原材料账实不符的会计处理是否妥当？应该如何处理？

2. 该企业擅自变更发出材料计价方法的做法违反了什么原则？应该如何处理？

3. 该企业不列报火灾损失的结果是什么？应该如何进行会计处理？

二、作业与思考题

（一）单项选择题

1. 企业年终决算前，需要（　　）。

    A. 对所有财产进行实物盘点　　　　　　B. 对重要财产进行局部清查

C. 对所有财产进行全面清查　　　　　　D. 对流动性较大的财产进行重点清查

2. 大堆、笨重物资的实物数量的清查方法，常用的是（　　　）。

    A. 永续盘存制　　　　　　　　　　　　B. 实地盘存制

    C. 实物盘点法　　　　　　　　　　　　D. 技术推算法

3. 对现金的清查方法应采用（　　　）。

    A. 技术推算法　　　　　　　　　　　　B. 实物盘点法

    C. 实地盘存制　　　　　　　　　　　　D. 查询核对法

4. 财产清查中发现某种材料盘亏时，在报经批准处理以前应作的会计分录为（　　　）

    A. 借：管理费用　　　　　　　　　　　B. 借：原材料

        贷：待处理财产损溢　　　　　　　　　贷：待处理财产损溢

    C. 借：待处理财产损溢　　　　　　　　D. 借：待处理财产损溢

        贷：管理费用　　　　　　　　　　　　贷：原材料

5. 因企业合并而对财产进行清查，就清查范围说，应属于（　　　）。

    A. 定期清查　　　　　　　　　　　　　B. 局部清查

    C. 全面清查　　　　　　　　　　　　　D. 不定期清查

6. 银行存款的清查是将银行存款日记账记录与（　　　）核对。

    A. 银行存款收款·付款凭证　　　　　　B. 总分类账银行存款科目

    C. 银行对账单　　　　　　　　　　　　D. 开户银行的会计记录

7. 往来款项的清查一般采用（　　　）。

    A. 实地盘点法　　　　　　　　　　　　B. 估算法

    C. 查询法　　　　　　　　　　　　　　D. 查询法和对账单法

8. 清查中财产盘亏是由于保管人员失职所造成，如应由保管员赔偿，则应记入（　　　）

    A. 管理费用　　　　　　　　　　　　　B. 其他应收款

    C. 营业外支出　　　　　　　　　　　　D. 生产成本

9. 银行存款余额调节表是（　　　）

    A. 查明银行和本单位未达账项情况的表格

    B. 通知银行更正错误的依据

    C. 调整银行存款账簿纪录的依据

    D. 更正本单位银行存款日记账记录的依据

10. 银行对账单余额为 96 000 元，银行已收、企业未收的款项为 6 000 元，企业已收、银行未收款项为 8 400 元，企业已付、银行未付款项为 6 400 元，则调整后银行存款的实际余额为（　　　）元。

    A. 98 000　　　　　　B. 92 000　　　　　　C. 94 000　　　　　　D. 102 000

11. 企业在对各项财产物资进行财产清查后，依据财产物资的盘点结果编制的、可据以调整账簿记录的原始凭证是（　　　）。

    A. 银行存款余额调节表　　　　　　　　B. 账存实存对比表

C. 领料单   D. 入库单

12. 某企业本期期末盘点发现原材料盘亏，并已调整账簿记录；现查明原因，属于自然损耗，这时应编制的会计分录为（   ）。

     A. 借：待处理财产损溢   B. 借：待处理财产损溢

         贷：原材料   贷：管理费用

     C. 借：管理费用   D. 借：营业外支出

         贷：待处理财产损溢   贷：待处理财产损溢

13. 在财产清查中填制的"账存实存对比表"是（   ）。

     A. 调整账面记录的原始凭证   B. 调整账面记录的记账凭证

     C. 登记总分类账的直接依据   D. 登记日记账的直接依据

14. 在实地盘存制下，确定期末存货的数量应通过（   ）。

     A. 存货明细账   B. 实地盘点

     C. 总账记录   D. 倒挤法

15. 在永续盘存制下，对存货进行清查的目的是（   ）。

     A. 检查账证是否相符   B. 检查账实是否相符

     C. 检查账账是否相符   D. 检查账表是否相符

16. 什么情况下需要进行全面清查？（   ）。

     A. 库存现金短缺时   B. 月末结账时

     C. 年终结账时   D. 原材料被盗时

17. 库存材料发生非常损失，经批准转销时应记入（   ）。

     A. 营业外支出   B. 本年利润

     C. 管理费用   D. 财务费用

18. 月末，企业银行存款的实际可用金额为（   ）。

     A. 企业银行存款日记账余额

     B. 月末编制的银行存款余额调节表调节后的余额

     C. 对账单与银行存款日记账余额的平均数

     D. 银行对账单余额

19. 对各种财产的增减变化，根据会计凭证连续记载并随时结出余额的制度是（   ）。

     A. 实地盘存制   B. 应收应付制

     C. 永续盘存制   D. 实收实付制

20. 财产清查的主要目的在于达到（   ）。

     A. 账证相符   B. 账账相符   C. 账实相符   D. 账表相符

（二）多项选择题

1. 采用实物盘点法的清查对象有（   ）。

     A. 固定资产   B. 材料   C. 银行存款   D. 现金

2. 通过财产清查要求做到（   ）。

　　A. 账物相符　　　　B. 账款相符　　　　C. 账账相符　　　　D. 账证相符

3. 企业银行存款日记账账面余额大于银行对账单余额的原因有（　　　）。

　　A. 企业账簿记录有差错　　　　　　　B. 银行账簿记录有差错

　　C. 企业已作收入入账，银行未达　　　D. 银行已作支出入账，企业未达

4. 财产清查中遇到有账实不符时，用以调整账簿记录的原始凭证有（　　　）。

　　A. 实存账存对比表　　　　　　　　　B. 现金盘点报告表

　　C. 银行对账单　　　　　　　　　　　D. 银行存款余额调节表

5. 查询核对法一般适用于（　　　）的清查。

　　A. 债权债务　　　　　　　　　　　　B. 银行存款

　　C. 现金　　　　　　　　　　　　　　D. 往来款项

6. 企业盘点库存现金时，应注意（　　　）。

　　A. 有无账实不符　　　　　　　　　　B. 有无违反现金管理制度

　　C. 有无白条抵库　　　　　　　　　　D. 有无坐支现金

　　E. 库存现金是否超过限额

7. 企业进行全面清查前，应作好的准备工作包括（　　　）。

　　A. 组建财产清查机构

　　B. 将有关账目登记齐全，并账账、账证相符

　　C. 对财产整理、排列

　　D. 校证各种度量衡具

　　E. 备好空白的清查盘存单据表

8. 对盘亏的存货，如属自然损耗或过失人应赔偿的超定额短缺，经批准，应分别列入（　　　）账户。

　　A. 管理费用　　　　B. 销售费用　　　　C. 财务费用　　　　D. 其他应收款

9. 对账工作的主要内容有（　　　）。

　　A. 账证核对　　　　　　　　　　　　B. 账账核对

　　C. 账实核对　　　　　　　　　　　　D. 账表核对

　　E. 账单核对

10. 年终结账后，应当更换新账的有（　　　）。

　　A. 现金日记账　　　　　　　　　　　B. 银行存款日记账

　　C. 固定资产明细账　　　　　　　　　D. 固定资产总账

　　E. 管理费用明细账

11. 关于实地盘存制，下列各观点中正确的是（　　　）

　　A. 可以简化存货的日常核算工作

　　B. 不利于对存货加强实物日常管理

　　C. 期末通过实地盘点实物来确定发出存货数量

　　D. 不能够随时反映存货的发出和结存动态

12. 财产清查中的实地盘点方法适用于清查（　　　）。

　　A. 库存现金　　　　　　　　　　　　B. 材料物资

C. 银行存款   D. 固定资产

E. 在产品

13. 在（   ）情况下，应进行不定期清查。

    A. 发生非常损失   B. 更换出纳员

    C. 会计主体发生改变   D. 清点库存库存现金

    E. 与开户银行对账

14. 财产物资的盘存制度有（   ）。

    A. 实地盘点法   B. 技术推算盘点

    C. 永续盘存制   D. 实地盘存制

15. 下列情况下，需要进行全面清查的是（   ）。

    A. 年终决算前   B. 单位撤销、合并或改变隶属关系

    C. 开展清产核资   D. 仓库保管员调离岗位

16. 全面财产清查，一般是在（   ）时进行。

    A. 每月月初   B. 平时

    C. 年终   D. 单位撤销、合并或改变隶属关系

17. 导致企业的账面存款余额小于银行对账单的存款余额的未达账项是（   ）。

    A. 企业已收款入账，而银行尚未入账的款项

    B. 企业已付款入账，而银行尚未入账的款项

    C. 银行已收款入账，而企业尚未入账的款项

    D. 银行已付款入账，而企业尚未入账的款项

18. 财产清查按清查对象和范围分为（   ）。

    A. 全面清查   B. 定期清查

    C. 不定期清查   D. 实地清查

    E. 局部清查

19. 下列说法中正确的有（   ）。

    A. 会计部门的账簿记录与财产物资保管部门账簿记录之间的核对属于账账核对

    B. 试算平衡表平衡并不意味着账簿记录没有错误

    C. 账存实存对比表属于会计凭证

    D. 持续经营是会计分期的前提，而会计主体是持续经营的前提

20. 下列各项目中，属于账账核对的是（   ）

    A. 总分类账与所属明细分类账核对

    B. 本单位应收、应付款项明细账与债权债务单位相关账项核对

    C. 银行存款口记账余额与银行存款总账余额的核对

    D. 会计部门财产物资明细分类账与保管部门财产物资明细分类账之间的核对

（三）判断题

1. 全面清查可以定期进行，也可以不定期进行。   （   ）

2. 通过银行存款余额调节表可以检查账簿记录上存在的差错。   （   ）

3. 对于银行存款的未达账项应编制银行存款余额调节表进行调节,同时将未达账项编成记账凭证登记入账。 （　　）

4. 在债权债务往来款项中,也存在未达账项。 （　　）

5. 存货的盘亏、毁损和报废,在报经批准后均应记入"管理费用"科目。 （　　）

6. 进行财产清查,如发现账面数小于实存数,即为盘亏。 （　　）

7. 某企业仓库被盗,为查明损失决定立即进行盘点,按照财产清查的范围应属于全面清查,按照清查的时间应属于不定期清查。（　　）

8. 实物清查和现金清查均应背对背进行,因此,实物保管人员和出纳人员不能在场。 （　　）

9. 银行存款日记账余额与银行对账单余额不相等,肯定都是由未达账项造成的。 （　　）

10. 财产清查是对企业的有形资产进行的清查,对企业的无形资产和负债则可以不予考虑。 （　　）

11. 对银行存款的清查若出现未达账项,可编制银行存款余额调节表来调整,并根据银行存款余额调节表编制记账凭证,登记账簿。 （　　）

12. 造成未达账项的原因是由于凭证传递过程的时间差异导致的。 （　　）

13. 财产清查中发现的存货盘亏和毁损,一律扣除保险公司赔款和残值后记入营业外支出。 （　　）

14. 为加强对库存现金的管理,企业的库存现金清查小组应在出纳人员不在场的情况下对企业库存现金进行定期或不定期清查。 （　　）

15. 对银行存款进行清查时,如果存在账实不符现象,肯定是由于企业记账错误引起的。 （　　）

16. 因自然灾害造成的存货净损失应当记入"营业外支出"账户的借方,而不是"管理费用"账户的借方。 （　　）

17. 不论采用何种财产盘存制度,账面上都能反映存货金额的增减变动和结存情况。 （　　）

18. 全面清查可以定期进行,也可以不定期进行。 （　　）

（四）名词解释

1. 对账　　2. 结账　　3. 财产清查　　4. 全面清查　　5. 局部清查
6. 定期清查　7. 不定期清查　8. 实地盘点法　　9. 未达账项　10. 工作底稿

（五）填空题

1. 财产清查按其清查范围的大小,可分为＿＿＿＿＿＿＿和＿＿＿＿＿＿＿。

2. 固定资产盘亏时,应将其净值记入＿＿＿＿＿＿＿账户的借方。

3. 银行存款的清查是采用与银行定期送来的＿＿＿＿＿＿＿核对的方法。

4. 为了调整企业与银行之间的未达账项,需要编制＿＿＿＿＿＿＿＿＿＿。

5. 适用于实地盘点法的财产有＿＿＿＿＿＿＿、＿＿＿＿＿、＿＿＿＿＿。

6. 对账的内容包括＿＿＿＿＿＿＿、＿＿＿＿＿＿＿和＿＿＿＿＿。

7. 年末结账需要本年合计栏下划_____。

8. 全面清查范围广、工作量大一般在_____前进行一次。

9. 账实核对是指将各种财产物资的_____和_____相核对。

10. 对存量较大、不宜逐一点数的财产物资进行清查时应采用_____法进行。

11. 库存现金的清查一般采用_____，为了明确责任，_____必须在场。

12. 财产清查的方法有_____、_____、_____、_____几种。

（六）业务题

1. 资料：德兴公司 2011 年 08 月银行存款日记账与银行对账单的记录如下。

（1）银行存款日记账的记录如下：

8 月 7 日：开出转账支票 A601，支付办公费 300 元。

8 月 8 日：开出转账支票 A602，购买库存商品 9 360 元。

8 月 15 日：存入收到的转账支票一张，计 40 000 元。

8 月 25 日：开出转账支票 A603，支付广告费 16 800 元。

8 月 28 日：转账支票 1 张，存入银行 28 000 元。

8 月 30 日：开出转账支票 A604，支付水电费 376 元。

8 月 31 日：银行存款日记账结存余额 42 594 元。

（2）银行对账单记录如下：

8 月 9 日：付转账支票 A602，购买库存商品款 9 360 元。

8 月 10 日：转账收入款 40 000 元。

8 月 11 日：代付电费 3 210 元。

8 月 12 日：转账支票 A601，办公费用款 300 元。

8 月 30 日：存款利息计 488 元。

8 月 30 日：收到原赊欠货款，计 11 880 元。

8 月 30 日：付转账支票 A603，计 16 800 元。

8 月 31 日：银行对账单结存余额 24 218 元。

要求：

（1）根据上述资料查明银行存款日记账对银行对账单余额不符的原因。

（2）根据未达账项编制银行存款余额调节表。银行存款余额调节表格式如表 8 - 1 所示。

表 8 - 1　　　　　　　　　银行存款余额调节表

年　月　日　　　　　　　　　　　　　　单位：元

项目	金额	项目	金额
企业银行存款日记账余额 　加：银行已收，企业未收款 　减：银行已付，企业未付款		银行对账单余额 　加：企业已收，银行未收款 　减：企业已付，银行未付款	
调节后的存款余额		调节后的存款余额	

2. 资料：德兴公司 2011 年终进行财产清查，在清查中发现下列事项：

（1）被盗窃丢失机器一台，原价 20 000 元，账面已提折旧 6 000 元。由保险公司承担 10 000 元损失，其余转销。

（2）库存现金短少 100 元，属出纳小王的过失造成。

（3）甲材料账面余额 300 公斤，价值 12 000 元，盘存实际存量 295 公斤。经查明其中 2 公斤为定额损耗，2 公斤为日常收发计量差错，1 公斤为保管员保管不慎损毁。

（4）A 产品账面余额为 100 件，单价 200 元，实际存量为 99 件，缺少数为保管人员失职造成的损失。

（5）乙材料盘盈 30 公斤，每公斤 30 元，经查明其中 25 公斤为代其他工厂加工剩余材料未及时提走，其余属于日常收发计量差错。

要求：根据上述资料，编制相关会计分录。

3. 资料：

（1）某企业于 2011 年 10 月 25 日进行财产清查，实盘数如下：

甲材料库存　　1 200 千克

乙材料库存　　500 千克

丙材料库存　　850 千克

（2）10 月 25 日至 31 日之间，仓库保管员根据出入库单记录的各种材料的收发数为：

甲材料收入　　600 千克，发出 500 千克

乙材料收入　　1 000 千克，发出 800 千克

丙材料发出　　300 千克

10 月 31 日原材料明细账中各材料的账面记录为：

甲材料 1 450 千克，单价 5 元

乙材料 500 千克，单位 8 元

丙材料 650 千克，单价 12 元

要求：根据以上资料编制该企业 2011 年 10 月 31 日的"实存账存对比表"。实存账存对比表如表 8－2 所示。

表 8－2　　　　　　　　　　　实存账存对比表

单位名称：　　　　　　　　　　年　月　日

编号	名称规格	计量单位	单价	实存		账存		对比结果				备注
								盘盈		盘亏		
				数量	金额	数量	金额	数量	金额	数量	金额	

复核人：　　　　　　　　　　　　编制人：

（七）案例分析题

1. 刚毕业的小王在某企业获得一个出纳的工作岗位。任职期间，发生了以下事项：

（1）2012 年 03 月 10 日，小王在下班前进行例行的现金清查，发现现金短缺 50 元，小王反复查账也未找到短缺的原因，因怕被公司经理认为没有工作能力，觉得金额又不大，小王用自己的钱把短缺的钱补上了。

（2）2012 年 04 月 6 日，小王在下班前进行例行现金清查时，发现现金溢余 20 元。考虑到不愿意让公司经理认为自己工作总是出错，小王不想声张此事，他决定将这 20 元收为己有。

（3）公司经理发现出纳员小王报过来的公司银行存款的实有额总是和银行记录有出入，甚至有时会影响到公司日常业务的结算。公司经理因此指派有关人员检查一下出纳的工作，结果发现出纳小王每次编制银行存款余额调节表时，只根据公司银行存款日记账的余额加或减对账单中企业的未入账项来确定公司银行存款的实有数，而且每次做完此项工作以后，出纳小王就立即将这些未入账的款项登记入账。

问题思考：

（1）小王用自己的钱将短缺的现金补上，是否符合规定？应该怎样处理？

（2）小王将公司溢余的现金据为己有，是否符合规定？应该如何处理？

（3）小王编制银行存款余额调节表的方法以及对未达账项进行记账处理的行为是否正确？应该如何进行处理？

2. 甲公司年终进行财产清查时，发现存在以下问题：清查人员在年底盘点时发现盘亏了一台设备，原值为 15 万元，已提折旧 3 万元，净值为 12 万元。经查，是生产车间主任刘某将企业一台机器借给其朋友使用，未办理任何手续。公司派人向借方追索，但借方声称该设备已损坏不能使用。该企业将该机器按正常报废处理。

问题思考：

（1）盘亏的设备按正常报废处理是否符合会计制度要求？

（2）企业应怎样正确处理盘亏的固定资产？

第九章　财务会计报告

一、教学案例

资料：艾迪·安达先生是一个在美国零售行业享有盛名的家用电器零售商。他少年得志，年仅21岁时就因声称"任何东西都可以买卖"而声名鹊起，更有不少人将其视为"上钩调包"诱售法的鼻祖。进入20世纪80年代，他又加入了电视直销的行列。

在当时，如果你身处美国东海岸附近的任何地方，肯定看过这样一则电视促销广告："我是疯狂的艾迪"，一个瞪大眼睛的男子在电视里怪叫"我产品的价格同样令人疯狂"。这则广告通过电波传遍了纽约、新泽西和康涅狄格三州，同样也使"疯狂的艾迪"先生本人迅速成为家用电器零售业的霸主。事实上，电视上的面孔并非艾迪·安达先生本人。他根本没有时间去拍广告，他和他的家族成员都忙于策划并实施诈骗。事实证明，艾迪·安达——20世纪最臭名昭著的会计报表舞弊案的首脑——并不疯狂，却是一个心术不正的骗子。他想尽各种方法来诈取钱财，并且将以不正当手段获得的赃款全部转移到海外，存到秘密的银行账户上去。短短几年光阴，他共骗取了1亿2千万美元。面对如此巨额的舞弊，审计人员在审计中竟未发现，最后还是一位对艾迪不满的亲戚向美国证券交易委员会揭发，才揭开了这令人震惊的舞弊丑闻。

那么，艾迪先生究竟用了什么高明的手段进行舞弊，进而逃过了审计人员的"法眼"呢？首先，安达先生吩咐下属开具虚假发票，记录虚假销售，同时虚增资产和利润，而虚假销售的对象则选择平时深受艾迪关照的三大主要供应商。当审计人员需要确证这些应收账款，那些供应商会配合艾迪，做出符合艾迪要求的虚假陈述。显然，这种内外勾结的舞弊，审计人员通常是很难发现的。其次，安达先生和他的同谋者向上述供应商"借"商品，以虚增年底的存货数量；并将一家商店的存货转运到另一家商店，以便达到重复计数的目的；但最为卑鄙的是，他们趁审计人员离开之时，篡改审计人员的电脑工作底稿中存货盘点表的数据，从而达到虚增存货价值的目的。再次，艾迪先生一贯秉持"期末不结账"原则，以便将下一会计期间的销售收入提前到上一会计期间确认。相反地，对于负债和费用，他却让公司的财务经理，他的侄子山姆将未付的账单藏在办公桌内，尽量拖延其入账的时间，甚至干脆就不记账。这样，连艾迪他自己也不知道是否欠债以及欠多少债，更遑论审计人员了。最后，曾任注册会计师的财务经理山姆·安达还对会计报表的披露动了手脚。在第一年会计报表的附注中，公司披露的收入确认基础为现金制；待到第二年，山姆悄悄地将收入确认基础中的"现金"两字换成"应计"两字，不知不觉中就虚增了大量利润。最可笑的是，如此简单的伎俩，审计人员在与以前年度会计报表复核时竟然没有发现，在本案中竟成了相当有效的舞弊手段。

东窗事发后，由于审计人员没能发现"疯狂艾迪"的大规模舞弊而招致长时间的诉讼。受害者控告审计人员玩忽职守，控告主要案犯舞弊欺诈，有些官司甚至持续了十年之久。最终，"艾迪"们被民事判决判处赔偿数百万美元；艾迪本人还被判处有期徒刑8年，与他共谋的其他亲戚也都被判了刑。

问题思考：

1. 分析利用会计报表进行舞弊的方式有哪些？

2. 作为注册会计师，应如何吸取反舞弊的基本审计策略？

二、作业与思考题

（一）单项选择题

1. 下列因素的变动不影响营业利润而影响利润总额的是（　　）。
   A. 管理费用　　　　　　　　　　B. 投资收益
   C. 营业外支出　　　　　　　　　D. 财务费用

2. 按照经济业务内容分类，利润表属于（　　）。
   A. 财务状况报表　　　　　　　　B. 财务成果报表
   C. 汇总报表　　　　　　　　　　D. 对外报表

3. 资产负债表的下列项目中，只需要根据一个总账账户就能填列的项目是（　　）。
   A. "货币资金"项目　　　　　　　B. "短期借款"项目
   C. "未分配利润"项目　　　　　　D. "预收款项"项目

4. 资产负债表中，需根据有关总分类账余额加减计算后填列的项目有（　　）。
   A. 盈余公积　　　　　　　　　　B. 应交税费
   C. 存货　　　　　　　　　　　　D. 应付职工薪酬

5. 资产负债表所依据的基本原理是（　　）。
   A. 资产＝负债＋所有者权益　　　B. 收入－费用＝利润
   C. 权责发生制原则　　　　　　　D. 历史成本计价原则

6. 编制会计报表时，以"收入－费用＝利润"这一会计等式作为编制依据的会计报表是（　　）。
   A. 利润表　　　　　　　　　　　B. 所有者权益变动表
   C. 资产负债表　　　　　　　　　D. 现金流量表

7. 资产负债表表头的日期应填列（　　）。
   A. 一定期间，如2011年10月1日到10月15日
   B. 任何一个年度，如2011年
   C. 一个会计期间，如2011年10月
   D. 某一个会计期间的期末，如2011年10月31日

8. 某企业"应收账款"科目月末借方余额4 500元，其中："应收甲公司账款"明细科目借方余额7 500元，"应收乙公司账款"明细科目贷方余额3 000元；"预收账

款"科目月末贷方余额 2 500 元，其中："预收 A 厂账款"明细科目贷方余额 3 500 元，"预收 B 厂账款"明细科目借方余额 1 000 元，该企业月末资产负债表中"应收账款"项目的金额为（　　　）。

    A. 4 500 元   B. 8 500 元   C. 2 000 元   D. 3 500 元

9. 利润表的主要项目不包括（　　　）。

    A. 投资收益   B. 营业利润   C. 流动资产   D. 净利润

10. 会计报表中报表项目的数字，其直接来源是（　　　）。

    A. 原始凭证   B. 记账凭证   C. 日记账   D. 账簿记录

11. 反映资产营运能力的指标是（　　　）。

    A. 资产负债率   B. 流动比率

    C. 速动比率   D. 应收账款周转率

12 存货周转率是（　　　）和平均存货成本之间的比率。

    A. 主营业务收入   B. 主营业务成本

    C. 费用合计   D. 利润总额

13. 如果企业月末资产负债表中，"固定资产原价"为 100 万元，"累计折旧"为 40 万元，"固定资产净值"为 60 万元，则企业"固定资产合计"数应填列（　　　）。

    A. 100 万元   B. 60 万元   C. 140 万元   D. 160 万元

14. 在资产负债表中，资产和负债项目的排列顺序是按照（　　　）排列。

    A. 重要性   B. 流动性   C. 实用性   D. 灵活性

15. 不能通过资产负债表了解的会计信息是（　　　）。

    A. 企业固定资产的新旧程度

    B. 企业资金的来源渠道和构成

    C. 企业所掌握的经济资源及其分布情况

    D. 企业在一定期间内现金的流入和流出的信息及现金增减变动的原因

16. 下列项目中不应列入资产负债表中"存货"项目的是（　　　）。

    A. 委托代销商品   B. 分期收款发出商品

    C. 工程物资   D. 受托代销商品

17. 企业年度终了资产负债表中"未分配利润"项目的数额等于（　　　）。

    A. 企业当年的留存收益

    B. 企业当年实现的税后利润（或亏损）

    C. 企业当年实现的税后利润（或亏损）加上以前年度未分配利润（或亏损）

    D. 企业当年实现的税后利润（或亏损）加上年初未分配利润（或亏损），减去当年提取的盈余公积及分配给股东的利润之后的余额

18. 以下各账户的期末余额，不能列入资产负债表中"存货"项目的有（　　　）。

    A. "生产成本"账户期末余额

    B. "物资采购（或材料采购）"账户期末余额

    C. "固定资产"账户期末余额

    D. "库存商品"账户期末余额

19. 资产负债表是反映企业在（　　　）财务状况的会计报表。

    A. 某一特定时间　　　　　　　　　B. 某一特定会计期间

    C. 一定时间　　　　　　　　　　　D. 某一特定日期

20. 下列资产负债表项目中，不可以直接根据总分类账户期末余额填列的项目是（　　　）

    A. 资本公积　　　B. 短期借款　　　C. 长期借款　　　D. 应付股利

21. 关于资产负债表，下列说法错误的是（　　　）。

    A. 是根据"资产 = 负债 + 所有者权益"的会计平衡公式设计的；

    B. 报表格式分为单步式和多步式两种；

    C. 其"期末数"一栏是依据有关账户的期末余额填列的；

    D. 反映企业某一特定日期全部资产、负债和所有者权益的情况；

22. 资产负债表中资产项目的排列次序是（　　　）。

    A. 金额的大小　　　　　　　　　　B. 重要性的大小

    C. 损耗程度的大小　　　　　　　　D. 流动性的大小

（二）多项选择题

1. 会计报表的使用者一般包括（　　　）。

    A. 企业管理人员　　　　　　　　　B. 政府有关部门

    C. 银行及其他商业债权人　　　　　D. 债权人

    E. 社会公众

2. 会计报表的表头部分包括以下几个要素（　　　）。

    A. 表名　　　　　　　　　　　　　B. 制表人

    C. 编表单位　　　　　　　　　　　D. 编表时间

    E. 货币计量单位

3. （　　　）属于资产负债表的项目。

    A. 管理费用　　　　　　　　　　　B. 应交税费

    C. 未分配利润　　　　　　　　　　D. 所得税

    E. 固定资产原价

4. 资产负债表的项目中，需要根据明细账户的期末余额计算分析填列的有（　　　）。

    A. 存货　　　　　　　　　　　　　B. 货币资金

    C. 应收账款　　　　　　　　　　　D. 应付账款

    E. 预收账款

5. 资产负债表的格式有（　　　）。

    A. 多步式　　　B. 分步式　　　C. 报告式　　　D. 账户式

6. 有关利润表说法正确的是（　　　）。

    A. 是总括反映企业在一定时期经营过程与结果的会计报表

    B. 是动态报表，是年报

C. 表体形式为单步式和多步式

D. 报表右边的金额数字包括本月数和本年累计数

E. 投资损失和利润总额为亏损均以"—"号填列

7. 编制资产负债表中的"预收账款"项目，应依据（　　）账户分析填列。

    A. 预收账款   B. 应付账款

    C. 预付账款   D. 应收账款

    E. 其他应收款

8. 编制会计报表的基本要求是（　　）。

    A. 内容完整   B. 数据真实

    C. 前后一致   D. 说明清楚

    E. 编报及时

9. 填列资产负债表期末数，可以采用的具体方法有（　　）。

    A. 直接根据有关总账科目期末余额填列

    B. 根据总账科目和明细科目余额分析计算填列

    C. 根据有关总账科目期末余额分析计算填列

    D. 根据明细科目余额分析计算填列

10. 下列各项中，应在资产负债表中"应收账款"项目中反映的有（　　）。

    A. "应收账款"科目的借方余额

    B. "应收账款"科目的贷方余额

    C. "预收账款"科目的借方余额

    D. "预收账款"科目的贷方余额

11. 直接根据总分类账户余额填列的资产负债表项目有（　　）

    A. 短期投资   B. 固定资产原价

    C. 实收资本   D. 短期借款

12. 资产负债表中项目的"期末数"需要根据几个总分类账户或明细分类账户的记录分析计算填列的有（　　）。

    A. "应收账款"项目   B. "预付账款"项目

    C. "存货"项目   D. "货币资金"项目

    E. "实收资本"项目

13. 利润表反映的会计要素的内容有（　　）。

    A. 资产   B. 负债

    C. 收入   D. 费用

    E. 利润

14. 利润表可以提供的信息有（　　）。

    A. 企业一定时期内取得的全部收入

    B. 企业一定时期内发生的全部费用和支出

    C. 利润分配情况和年末未分配利润结余情况

    D. 企业一定时期内实现的利润（或亏损）总额

15. 资产负债表中的"货币资金"项目，应根据（　　　）科目期末余额的合计数填列。

A. 备用金
B. 库存现金
C. 银行存款
D. 其他货币资金
E. 交易性金融资产

（三）判断题

1. 总资产增长率是评价企业经营增长状况的财务指标。（　　　）

2. 在编制年度利润表时，如果上年度利润表与本年度利润表的项目名称和内容不一致时，为了前后各期可比，应将本年度报表项目的名称和数字按上年度的规定进行调整。（　　　）

3. 对外会计报表是向外部有关方面提供的会计报表。因此，企业管理人员一般不利用它为内部管理服务。（　　　）

4. 资产负债表中的"未分配利润"项目的数额应当与利润表中的"净利润"项目相一致。（　　　）

5. "长期借款"、"应付债券"等资产负债表长期负债项目均应根据有关科目期末余额扣除将于一年内到期的长期负债额后的余额填列。（　　　）

6. 目前国际上比较普遍的利润表的格式主要有多步式利润表和单步式利润表两种。为简便明晰起见，我国企业采用的是单步式利润表格式。（　　　）

7. 资产负债表中，"应付职工薪酬"项目要根据"应付职工薪酬"总账科目余额直接填列。（　　　）

8. 会计等式"收入－费用＝利润"是编制利润表的基础。（　　　）

9. 资产负债表中，"持有至到期投资"项目，应根据"持有至到期投资"的总账余额直接填列。（　　　）

10. 利润表中的"本期数"即本月实际发生数，不包括上月发生数。（　　　）

11. 会计报表是用来总括反映一定时期企业经济活动及其成果的报告文件，其各项数据都是根据报告期有关账户的期末余额分析、计算填列的。（　　　）

12. 编制定期会计报表是以会计分期假设为前提的。（　　　）

13. 编制会计报表的主要目的就是为会计报表使用者决策提供信息。（　　　）

14. 企业编制对外会计报表可根据企业自身情况确定报表的格式。（　　　）

15. 资产负债表和利润表都属静态会计报表。（　　　）

（四）名词解释

1. 财务会计报告
2. 资产负债表
3. 利润表
4. 速动比率
5. 净资产报酬率
6. 应收账款周转率

（五）填空题

1. 内部报表是为适应企业＿＿＿＿＿＿的需要而编制的报表。

2. 企业对外报送的会计报表主要包括 _____、_____、_____、_____、_____。

3. 利润表是反映编报单位一定时期内经营成果的_____态报表。

4. 在我国，编制会计报表的程序和质量上的基本要求是_____、_____、_____、_____。

5. 资产负债表以_____的会计公式为基础编制的，揭示编报单位特定日期_____态财务状况的报表。

6. 企业的资产负债表的格式有两种类型：_____、_____；利润表的格式则有_____、_____两种。

7. 某企业 8 月底"预收账款"总账户期末借方余额为 2 000 元，其明细账户情况为："预收账款——甲"期末借方余额 10 000 元，"预收账款——乙"期末贷方余额 8 000元；应收账款明细账户无贷方余额。则"预收账款"项目在资产负债表应填列_____元。

8. 某企业 8 月份的利润表从经济内容角度看，它是_____报表；从报表编制时间看，它是_____报表；从编制单位编报范围看，它是_____报表；从反映资金运动的状况看，它是_____报表。

9. 会计报表按编制单位可分为_____和_____。

10. 企业财务会计报告是由_____及_____和其他应当在会计报表中披露的相关信息和资料构成的。其主体和核心是_____。

（六）业务题

1. 某企业 2011 年 1 月 1 日至 12 月 31 日损益类科目累计发生额如下：

主营业务收入 3 750 万元（贷方）　　　　主营业务成本 1 375 万元（借方）

营业税金及附加 425 万元（借方）　　　　销售费用 500 万元（借方）

管理费用 250 万元（借方）　　　　财务费用 250 万元（借方）

投资收益 500 万元（贷方）　　　　营业外收入 250 万元（贷方）

营业外支出 200 万元（借方）　　　　其他业务收入 750 万元（贷方）

其他业务成本 450 万元（借方）

要求：计算该企业 2011 年的营业利润、利润总额和净利润。所得税率为 25%。

2. 德兴公司 2011 年 10 月末，有关科目如下：

（1）"应收账款"总账科目的借方余额为 6 000 元，其所属明细科目余额及其借贷方为：

A 企业借方余额 3 300 元；

B 企业借方余额 4 000 元；

C 企业贷方余额 1 300 元；

（2）"应付账款"总账科目的贷方余额为 4 400 元。其所属明细科目余额及其借贷方为：

甲公司贷方余额 3 200 元；

乙公司贷方余额 2 300 元；

丙公司借方余额 600 元；

丁公司借方余额 500 元；

（3）"预收账款"科目、"预付账款"科目无账面余额。

要求：计算该月末资产负债表中"应收账款"、"预付账款"、"应付账款"和"预收账款"项目的金额。

3. 蔚来公司 2011 年 1 月至 11 月各损益类账户的累计发生额和 12 月发生额如表 9 - 1 所示。

表 9 - 1　　　　　　　　　　损益类账户发生额及累计发生额表　　　　　　　　　单位：元

账户名称	12 月份发生数		1 月至 11 月累计发生数	
	借方	贷方	借方	贷方
主营业务收入		35 250		500 000
其他业务收入		950		4 500
主营业务成本	25 250		300 000	
其他业务成本	750		3 250	
营业税金及附加	100		2 900	
销售费用	200		1 000	
财务费用	110		3 000	
管理费用	440		5 000	
投资收益		200		1 500
营业外收入		300		500
营业外支出	200		1 100	

要求：计算蔚来公司 2011 年年度利润表中以下项目的金额（所得税税率是 25%）。

（1）营业收入；（2）营业成本；（3）营业利润；（4）利润总额；（5）所得税费用；（6）净利润。

4. 德兴公司 2011 年 7 月的余额试算平衡表如表 9 - 2 所示。

表 9 - 2　　　　　　　　　　　　余额试算平衡表　　　　　　　　　　　　单位：元

2011 年 7 月 31 日

会计科目	期末余额	
	借方	贷方
库存现金	740	
银行存款	168 300	
应收账款	85 460	
坏账准备		6 500
原材料	66 500	

表9-2(续)

会计科目	期末余额	
	借方	贷方
库存商品	101 200	
存货跌价准备		1 200
持有至到期投资	14 500	
固定资产	468 900	
累计折旧		8 950
应付账款		93 000
预收账款		10 000
长期借款		250 000
实收资本		500 000
盈余公积		4 500
利润分配		19 300
本年利润		12 150
合计	905 600	905 600

相关资料:

(1) 应收账款有关明细账期末余额情况为:

应收账款——甲公司　　借方余额　　98 000

应收账款——乙公司　　贷方余额　　12 540

(2) 持有至到期投资中含将于一年内到期的金额8 000元。

(3) 应付账款有关明细账期末余额情况为:

应付账款——A公司　　借方余额　　5 000

应付账款——B公司　　贷方余额　　98 000

(4) 预收账款有关明细账期末余额情况为:

预收账款——X公司　　借方余额　　2 000

预收账款——Z公司　　贷方余额　　12 000

(5) 长期借款期末余额中将于一年内到期归还的长期借款数为100 000元。

要求:编制德兴公司2011年的资产负债表。资产负债表格式如表9-3所示。

表9-3　　　　　　　　　资产负债表

编制单位：　　　　　　　　年　月　日　　　　　　　　单位：元

资产	行次	期末数	年初数	负债和所有者权益	行次	期末数	年初数
流动资产：				流动负债：			
货币资金	1			短期借款	34		
交易性金融资产	2			交易性金融负债	35		
应收票据	3			应付票据	36		
应收账款	4			应付账款	37		
预付账款	5			预收账款	38		
应收股利	6			应付职工薪酬	39		
应收利息	7			应交税费	40		
其他应收款	8			应付利息	41		
存货	9			应付股利	42		
其中：消耗性生物资产	10			其他应付款	43		
待摊费用	11			预提费用	44		
一年内到期的非流动资产	12			预计负债	45		
其他流动资产	13			一年内到期的非流动负债	46		
流动资产合计	14			其他流动负债	47		
非流动资产				流动负债合计	48		
可供出售金融资产	15			非流动负债：			
持有至到期投资	16			长期借款	49		
投资性房地产	17			应付债券	50		
长期股权投资	18			长期应付款	51		
长期应收款	19			专项应付款	52		
固定资产	20			递延所得税负债	53		
在建工程	21			其他非流动负债	54		
工程物资	22			非流动负债合计	55		
固定资产清理	23			负债合计	56		
生产性生物资产	24			所有者权益（股东权益）			
油气资产	25			实收资本（股本）	57		

表9-3(续)

资产	行次	期末数	年初数	负债和所有者权益	行次	期末数	年初数
无形资产	26			资本公积	58		
开发支出	27			盈余公积	59		
商誉	28			未分配利润	60		
长期待摊费用	29			减：库存股	61		
递延所得税资产	30			所有者权益（股东权益）合计	62		
其他非流动资产	31						
非流动资产合计	32						

5. 资料：美达公司2011年9月份账户期末余额如表9-4所示，损益类账户发生额如表9-5所示。

表9-4　　　　　　　　　　2011年9月份账户期末余额表　　　　　　　单位：元

序号	账户名称	期末余额	
		借方	贷方
1	库存现金	3 380	
2	银行存款	36 640	
3	应收账款	10 000	
6	原材料	27 000	
7	库存商品	86 664.50	
	固定资产	230 000	
	累计折旧		41 080
	短期借款		10 000
	应付账款		8 800
	其他应付款		4 096
	应付职工薪酬		8 200
	应交税费		17 360.61
	应付股利		7 300
	实收资本		200 000
	资本公积		30 000
	盈余公积		50 077.18
	本年利润		13 847.89
	利润分配		2 922.82
	合计	394 284.50	394 284.50

表9-5　　　　　　　　　　2011年9月份损益类账户发生额表　　　　　　　单位：元

序号	账户名称	本期发生额	
		借方	贷方
	主营业务收入	70 000	70 000
	主营业务成本	40 000	40 000
	营业税金及附加	3 000	3 000
	其他业务收入	15 000	15 000
	其他业务成本	9 000	9 000
	销售费用	2 400	2 400
	管理费用	4 000	7 720
	财务费用	1 500	1 500
	投资收益	5 000	5 000
	营业外收入	900	900
	营业外支出	3 000	3 000

其中，

（1）"应收账款"总账借方余额10 000元，由以下各明细科目组成：

甲公司借方余额　　8 000元

乙公司借方余额　　9 000元

丙公司贷方余额　　4 000元

丁公司贷方余额　　3 000元

（2）"应付账款"总账贷方余额8 800元，由以下各明细科目组成：

A企业借方余额　　14 200元

B企业贷方余额　　16 000元

C企业贷方余额　　7 000元

（3）"预付账款"总账持平。原因如下：

D供应商借方余额　　5 000元

E供应商贷方余额　　5 000元

（4）"预收账款"总账持平。原因如下：

客户1借方余额　　8 000元

客户2贷方余额　　8 000元

要求：

（1）编制美达工厂2011年9月份利润表。利润表格式如表9-6所示。

（2）编制美达工厂2011年9月份资产负债表。资产负债表格式如表9-7所示。

表 9－6 利润表

会企 02 表

编制单位：　　　　　　　　　　　年　月　　　　　　　　　　单位：元

项目	行次	本月数	本年累计数
一、营业收入	1		
减：营业成本	2		
营业税费及附加	3		
销售费用	4		
管理费用	5		
财务费用	6		
资产减值损失	7		
加：公允价值变动净收益（损失以"－"号填列）	8		
投资净收益（损失以"－"号填列）	9		
二、营业利润（亏损以"－"号填列）	10		
加：营业外收入	11		
减：营业外支出	12		
其中：非流动资产处置净损失（收益以"－"号填列）	13		
三、利润总额（亏损总额以"－"号填列）	14		
减：所得税	15		
四、净利润（净亏损以"－"号填列）	16		
五、每股收益	17		
（一）基本每股收益	18		
（二）稀释每股收益	19		

表 9－7 资产负债表

会企 01 表

编制单位：　　　　　　　　　　　年　月　日　　　　　　　　　　单位：元

资产	行次	期末数	年初数	负债和所有者权益	行次	期末数	年初数
流动资产：				流动负债：			
货币资金	1			短期借款	34		
交易性金融资产	2			交易性金融负债	35		
应收票据	3			应付票据	36		
应收账款	4			应付账款	37		
预付账款	5			预收账款	38		

表9-7(续)

资产	行次	期末数	年初数	负债和所有者权益	行次	期末数	年初数
应收股利	6			应付职工薪酬	39		
应收利息	7			应交税费	40		
其他应收款	8			应付利息	41		
存货	9			应付股利	42		
其中：消耗性生物资产	10			其他应付款	43		
待摊费用	11			预提费用	44		
一年内到期的非流动资产	12			预计负债	45		
其他流动资产	13			一年内到期的非流动负债	46		
流动资产合计	14			其他流动负债	47		
非流动资产				流动负债合计	48		
可供出售金融资产	15			非流动负债：			
持有至到期投资	16			长期借款	49		
投资性房地产	17			应付债券	50		
长期股权投资	18			长期应付款	51		
长期应收款	19			专项应付款	52		
固定资产	20			递延所得税负债	53		
在建工程	21			其他非流动负债	54		
工程物资	22			非流动负债合计	55		
固定资产清理	23			负债合计	56		
生产性生物资产	24			所有者权益（股东权益）			
油气资产	25			实收资本（股本）	57		
无形资产	26			资本公积	58		
开发支出	27			盈余公积	59		
商誉	28			未分配利润	60		
长期待摊费用	29			减：库存股	61		
递延所得税资产	30			所有者权益（股东权益）合计	62		
其他非流动资产	31						
非流动资产合计	32						

（七）案例分析题

1. 2011 年 11 月 3 日，上市公司裕达公司董事会研究决定，公司以后对外报送的财务会计报告由财务科长签字、盖章后报出。

问题思考：该公司董事会做出的关于对外报送财务会计报告的决定是否符合法律规定？为什么？

2. 德宇公司是一家国有大型工业企业，2011 年 12 月，公司产品滞销状况无法根本改变，亏损已成定局。公司董事长李某指使会计人员在会计报表上作一些"技术处理"，确保"实现"年初定下的盈利 100 万元的目标。

问题思考：

该公司董事长李某指使会计科人员在会计报表上做一些"技术处理"、致使公司由亏损变为盈利的行为属于何种违法行为？应承担哪些法律责任？

第十章　会计核算组织程序

一、教学案例

资料：李林大学毕业后应聘到一家刚刚成立的制造厂任会计，单位负责人要求李林为该企业建立一套账簿体系。

该企业的相关资料：

企业名称：德州市新兴制造厂

法人代表：李光明

企业概况：德州市新兴制造厂是一个有职工 30 人、国有的小型产品制造企业，总资产约 100 万元，其中固定资产 40 万元，注册资本 80 万元，有银行借款。该厂设有一个基本生产车间，采用甲、乙两种材料生产 001、002 两种产品。该厂现与 A 公司、B 公司发生了应收款业务往来，与 C 公司、D 公司发生了应付款业务往来。该厂会计核算健全，能提供准确的税务资料，经主管税务机关批准为一般纳税人，纳税登记号 123456789。

该厂设有管理部门、原材料仓库、产成品仓库、生产车间、销售部门、财务部门、采购部门等。

问题思考：

你认为李林在建账过程中应遵循哪些原则，应设置哪些基本会计科目？应设置哪些账簿？

二、作业与思考题

（一）单项选择题

1. 科目汇总表的主要缺点是不能反映出（　　　）。

    A. 借方发生额　　　　　　　　　　B. 贷方发生额

    C. 借方和贷方发生额　　　　　　　D. 科目对应关系

2. 各种账务处理程序的主要区别是（　　　）。

    A. 填制会计凭证的依据和方法不同　　B. 登记总账的依据和方法不同

    C. 登记明细账的依据和方法不同　　　D. 设置日记账的格式不同

3. 在汇总记账凭证核算组织程序下，填制的汇总转账凭证时，科目的对应关系一般是以下的哪一种（　　　）。

    A. 一个借方科目同一个贷方科目相对应

    B. 一个借方科目同几个贷方科目相对应

C. 一个贷方科目同几个借方科目相对应

D. 几个借方科目同几个贷方科目相对应

4. 编制科目汇总表的直接依据是（　　　）。

A. 原始凭证   B. 记账凭证

C. 原始凭证汇总表   D. 汇总记账凭证

5. 记账凭证核算组织程序的主要缺点是（　　　）。

A. 登记总账的工作量较大   B. 不便于会计合理分工

C. 不能体现账户的对应关系   D. 方法不易掌握

6. 直接根据记账凭证逐笔登记总分类账的账务处理程序是（　　　）。

A. 日记总账账务处理程序   B. 多栏式日记账账务处理程序

C. 记账凭证账务处理程序   D. 通用日记账账务处理程序

7. 日记总账核算组织程序的主要特点是（　　　）。

A. 设置多栏式特种日记账

B. 记账凭证需要汇总

C. 设置日记账和总分类账相结合的联合账簿——日记总账

D. 编制科目汇总表

8. 由于现金与银行存款之间相互收付的业务只填付款凭证，不填收款凭证，因而银行存款汇总收款凭证所汇总的银行存款收入金额不全。其中，将现金存入银行的业务，应在下列哪种凭证中汇总（　　　）。

A. 现金付款汇总凭证   B. 银行存款付款汇总凭证

C. 银行存款收款汇总凭证   D. 现金收款汇总凭证

9. 最基本的会计核算程序是（　　　）。

A. 记账凭证核算程序   B. 科目汇总表核算程序

C. 多栏式日记账核算程序   D. 汇总记账凭证核算程序

10. 规模小、业务简单、使用会计科目少的单位一般采用（　　　）。

A. 记账凭证账务处理程序   B. 汇总记账凭证账务处理程序

C. 科目汇总表账务处理程序   D. 日记总账账务处理程序

（二）多项选择题

1. 记账凭证不需要汇总且直接登记总账的会计核算组织程序有（　　　）。

A. 科目汇总表核算组织程序   B. 汇总记账凭证核算组织程序

C. 日记总账核算组织程序   D. 记账凭证核算组织程序

E. 记账凭证汇总表核算组织程序

2. 科目汇总表的作用有（　　　）。

A. 减少总分类账的登记工作   B. 进行总账登记前的试算平衡

C. 反映经济业务的来龙去脉   D. 反映账户的对应关系

3. 在汇总记账凭证账务处理程序下，登记明细账的依据是（　　　）。

A. 汇总记账凭证   B. 记账凭证

  C. 原始凭证　　　　　　　　　　D. 汇总原始凭证

4. 登记总分类账的依据可以是（　　　）。

  A. 记账凭证　　　　　　　　　　B. 汇总记账凭证

  C. 科目汇总表　　　　　　　　　D. 明细分类账

  E. 原始凭证

5. 会计核算组织程序规定了（　　　）。

  A. 账簿组织及登记方法　　　　　B. 会计报表的编制步骤和方法

  C. 记账程序和方法　　　　　　　D. 凭证组织及填制方法

6. 记账凭证核算组织程序需要设置的凭证有（　　　）。

  A. 收款凭证　　　　　　　　　　B. 科目汇总表

  C. 付款凭证　　　　　　　　　　D. 转账凭证

  E. 汇总转账凭证

7. 各种核算组织程序虽有不同，但他们也有许多共同之处（　　　）。

  A. 根据原始凭证编制记账凭证

  B. 根据记账凭证或原始凭证登记明细账

  C. 根据总账、明细账和有关资料编制会计报表

  D. 根据收、付款凭证登记现金、银行存款日记账

  E. 根据账簿记录编制会计报表

8. 以下说法不正确的是（　　　）。

  A. 科目汇总表应每半月编制一次

  B. 总分类账簿是根据科目汇总表定期登记

  C. 根据记账凭证编制科目汇总表

  D. 根据明细分类账编制科目汇总表

  E. 会计报表有时需要根据记账凭证编制

9. 汇总记账凭证核算组织程序需要设置的凭证有（　　　）。

  A. 收款凭证、汇总收款凭证　　　B. 科目汇总表

  C. 付款凭证、汇总付款凭证　　　D. 转账凭证、汇总转账凭证

  E. 日记账

10. 选择会计核算组织程序时，应满足的要求有（　　　）。

  A. 与单位规模大小、业务繁简程度相适应

  B. 保证能正确、全面、及时、系统地提供会计使用者所需要的信息

  C. 保证账务处理各个环节紧密衔接

  D. 手续力求简便，有利于节约记账时间

  E. 既要符合国家的统一规定，又要结合本单位实际情况

11. 可以简化登记总账工作量的账务处理程序有（　　　）。

  A. 记账凭证账务处理程序　　　　B. 科目汇总表账务处理程序

  C. 汇总记账凭证账务处理程序　　D. 多栏式日记账账务处理程序

12. 记账凭证账务处理程序的缺点在于（　　　）。

A. 工作量大 　　　　　　　　B. 不易反映账户对应关系

C. 不便于分工 　　　　　　　　D. 不适用业务简单的企业

E. 不便于试算平衡

（三）判断题

1. 汇总记账凭证核算组织程序下，汇总转账凭证一般应按每一借方科目分别设置，并按贷方科目归类。　　　　　　　　　　　　　　　　　　　　　　　　　（　　）

2. 科目汇总表核算组织程序下，最好采用单式记账凭证，以便按不同科目进行分类、汇总。　　　　　　　　　　　　　　　　　　　　　　　　　　　　　　（　　）

3. 账簿体系是指从审核、整理原始凭证开始，到记账凭证的填制，登记各种账簿，以及编制会计报表等一系列工作的顺序和方法。　　　　　　　　　　　　　（　　）

4. 记账凭证账务处理程序是其他账务处理程序的基础。　　　　　　　（　　）

5. 日记总账核算组织程序的优点是记账凭证不需要汇总，而且可以全面反映账户的对应关系。　　　　　　　　　　　　　　　　　　　　　　　　　　　　　（　　）

6. 记账凭证核算组织程序只适用于业务简单、数量较少的小型企业或其他单位。　　　　　　　　　　　　　　　　　　　　　　　　　　　　　　　　　　　（　　）

7. 各种账簿都要直接根据记账凭证登记。　　　　　　　　　　　　　（　　）

8. 无论何种会计核算组织程序，都需要将日记账、明细账分别与总账定期核对。　　　　　　　　　　　　　　　　　　　　　　　　　　　　　　　　　　　（　　）

9. 会计核算组织程序不同，现金日记账、银行存款日记账登记的依据不同。　　　　　　　　　　　　　　　　　　　　　　　　　　　　　　　　　　　　（　　）

10. 各种会计核算组织程序之间的主要区别在于编制会计报表的依据和方法不同。　　　　　　　　　　　　　　　　　　　　　　　　　　　　　　　　　　（　　）

11. 所有的账务处理程序，第一步都是必须将全部原始凭证汇总编制为汇总原始凭证。　　　　　　　　　　　　　　　　　　　　　　　　　　　　　　　　　（　　）

12. 记账凭证账务处理程序是最基本的账务处理程序。　　　　　　　（　　）

13. 采用科目汇总表账务处理程序，总分类账和明细分类账以及日记账都应该根据科目汇总表登记。　　　　　　　　　　　　　　　　　　　　　　　　　（　　）

14. 为便于科目汇总表的编制，采用该账务处理程序的企业平时填制记账凭证时，应尽可能使账户之间的对应关系保持"一借一贷"，避免"一借多贷"、"一贷多借"和"多借多贷"。　　　　　　　　　　　　　　　　　　　　　　　　　　　　（　　）

15. 编制科目汇总表，不仅可以起到试算平衡的作用，而且可以反映账户之间的对应关系。　　　　　　　　　　　　　　　　　　　　　　　　　　　　　　（　　）

16. 各种账务处理程序的主要区别在于登记明细分类账的依据不同。　（　　）

（四）名词解释

1. 会计核算组织程序 　　　　　　3. 科目汇总表核算组织程序

2. 记账凭证核算组织程序 　　　　4. 汇总记账凭证核算组织程序

（五）填空题

1. 日记总账核算组织程序适用于规模_____、业务_____、使用会计科目_____的单位。

2. 在汇总记账凭证核算组织程序下，应设置汇总收款凭证、汇总付款凭证和汇总转账凭证。其中，汇总收款凭证和汇总付款凭证应按_____科目和_____科目分别填制。

3. 科目汇总表汇总的时间，应根据_____的多少而定，可以在每_____、_____、_____、_____天汇总一次。

4. 目前我国各企业、机关和事业单位大多采用的会计核算组织程序主要有_____、_____、．_____和_____等。

5. 企业选用适合本单位的会计核算组织程序，应考虑以下几个方面的因素：跟基本单位_____、_____、_____等实际情况，选用会计核算组织程序。

6. 分录日记账会计核算组织程序只适合于采用_____的企事业单位。

7. 科目汇总表核算组织程序下，要先根据_____定期编制_____，根据_____登记总账。

8. 汇总记账凭证核算组织程序一般适用于_____、_____的大型企业和其他单位。

（六）业务题

1. 资料：某企业 2011 年 11 月 1－10 日发生了以下经济业务

（1）1 日，采购甲材料 1 吨，计 1 800 元，货款未付。

（2）2 日，采购乙材料 2 吨，计 1 900 元，用存款支付。

（3）3 日，采购丙材料 1 吨，计 2 600 元，用存款支付。

（4）4 日，甲材料验收入库。

（5）5 日，乙材料验收入库。

（6）6 日，用银行存款支付前欠货款 1 800 元。

（7）7 日，从银行提取现金 2 000 元。

（8）7 日，销售产品一批，计 20 000 元，款项存入银行。

（9）8 日，办公室购办公用品，开出转账支票支付 300 元。

（10）8 日，销售产品一批，计 8 000 元，款项存入银行。

（11）9 日，销售产品一批，计 9 000 元，货款尚未收回。

（12）9 日，用现金支付管理部门人员差旅费 260 元。

（13）10 日，生产部门领用甲材料，计 1 400 元。

（14）10 日，管理部门领用乙材料，计 300 元

（15）10 日，用现金支付管理部门的电话费 180 元。

要求：

（1）根据以上业务编制会计分录。（不考虑增值税）

（2）根据会计分录编制该月 1 - 10 日"银行存款"科目的汇总付款凭证和"原材料"科目的汇总转账凭证。汇总付款凭证如表 10 - 1 所示，汇总转账凭证如表 10 - 2 所示。

（3）编制该月 1 - 10 日科目汇总表。科目汇总表如表 10 - 3 所示。

表 10 - 1 　　　　　　　　　　汇总付款凭证

贷方科目：银行存款

借方科目	金额				总账页数	
	（1）	（2）	（3）	合计	借方	贷方

表 10 - 2 　　　　　　　　　　汇总转账凭证

贷方科目：原材料

借方科目	金额				总账页数	
	（1）	（2）	（3）	合计	借方	贷方

表 10 - 3 　　　　　　　　　　科目汇总表

年　　月　　日

会计科目	借方金额	贷方金额	总账页数	
			借方	贷方
合计				

2. 资料：

大华公司 2011 年 12 月发生的部分经济业务如下：假设均无期初余额。

（1）1 日，销售 A 产品收入 30 000 元，增值税销项税金 5 100 元，款项已收到并存入银行。

（2）2 日，用存款支付本月财产保险费 700 元。

（3）5 日，提现备用 500 元。

（4）6 日，领用价值 2 100 元的甲材料，用于生产 A 产品。

（5）10 日，管理部门领用材料 600 元用于维修。

（6）31 日，结转销售成本 18 000 元。

（7）31 日，以存款支付销售运费 100 元。

（8）31 日，预提借款利息 1 500 元。

（9）31 日，一笔 920 元的无法收回的应收账款，作为坏账处理。

（10）31 日，结转损益至"本年利润"账户。

要求：采用记账凭证账务处理程序进行相关账务处理。

（1）根据上述资料编制收款凭证、付款凭证和转账凭证并进行编号。

（2）根据收、付款凭证登记现金、银行存款日记账。

（3）根据记账凭证，登记原材料、管理费用明细账。

（4）开设总账，根据记账凭证逐笔登记总账。

3. 资料：某企业 2011 年 10 月 1 口会计科月余额如下：

材料采购（借方）80 000 元

银行存款（借方）52 000 元

原材料（借方）30 000 元

该企业 2011 年 10 月份的经济业务如下：

（1）10 月 5 日，上月采购的 A 材料 1 000 公斤已验收入库，单价为 80 元。

（2）10 月 10 日，购买 B 材料 2 000 公斤，单价 30 元；C 材料 3 000 公斤，单价 25 元，货款已用存款支付。

（3）10 月 15 日，支付 B、C 材料的运输费 3 000 元，用存款支付。采用重量作为分配标准。

（4）10 月 19 日，B 材料、C 材料验收入库。

（5）10 月 25 日，采购 C 材料 1 000 公斤，单价 25 元，货款已用存款支付。

（6）10 月 31 日，采购甲材料 200 公斤，单位成本 80 元，货款已用存款支付。

要求：

（1）据以上业务编制记账凭证，并进行编号（不考虑增值税）。

（2）根据会计分录登记日记总账，并进行月末结账（假定本月无其他业务）。日记总账如表 10 - 4 所示。

表 10 - 4 日记总账

年		凭证		摘要	发生额	材料采购		银行存款		材料	
月	日	字	号			借方	贷方	借方	贷方	借方	贷方

4. 资料：某企业采用科目汇总表核算组织程序。2012 年 6 月 30 日会计编制了科目汇总表，科目汇总表如表 10 -5 所示。

表 10 - 5 科目汇总表

2012 年 6 月 30 日

会计科目	借 方	贷 方
库存现金	508	
银行存款	4 600	
应收账款	700	
原材料	12 000	
固定资产	50 000	
管理费用	3 000	
应付账款		2 000
实收资本		60 000
预收账款		2 068
应付职工薪酬		2 600
合计	70 808	66 668

经与有关账簿记录相核对，发现在记账和过账过程中存在以下错误：

1. 本月"库存现金"账户借方发生额应为 2 840 元，贷方发生额应为 2 372 元；

2. 企业用银行存款 4 000 元偿还一笔欠款，已经正确记入"应付账款"账户，但未记入"银行存款"账户；

3. 企业提取现金 500 元零用，已经正确记入"现金"账户，但未记入"银行存款"账户；

4. 用现金 850 元购买当月厂部办公用品，已正确记入"现金"账户，但未记入"管理费用"账户；

5. 用现金 50 元支付零星费用，过账时误记为：借：管理费用 500　贷：现金 50。

要求：

（1）针对以上每一个错误，提出解决方法并进行更正；

（2）根据更正后的资料，编制正确的科目汇总表。

5. 资料：蓝建公司是一生产企业，主要生产经营 A、B 两种产品。2011 年 11 月 30 日全部账户余额资料如表 10 - 6 所示：

表 10 - 6　　　　　　　　　　总账账户余额表

会计科目	借方	贷方
库存现金	5 000.00	
银行存款	300 000.00	
应收账款	180 000.00	
其他应收款	6 600.00	
原材料	320 000.00	
生产成本	40 000.00	
库存商品	480 000.00	
固定资产	600 000.00	
累计折旧		56 000.00
短期借款		400 000.00
应付账款		120 000.00
应付职工薪酬		14 600.00
应交税费		5 800.00
其他应付款		2 000.00
应付利息		10 000.00
实收资本		1 000 000.00
盈余公积		78 200.00
本年利润		140 000.00
利润分配		105 000.00
	1 931 600.00	1 931 600.00

有关明细账户余额如下：

①"原材料"余额 320 000 元，其中：甲材料 200 吨，单价 1 200 元；乙材料 100 吨，单价 800 元。

②"生产成本"余额 40 000 元，其中：A 产品 25 000 元（直接材料 12 000 元、直接人工 6 000 元、制造费用 7 000 元）；B 产品 15 000 元（直接材料 8 000 元、直接人工 3 000 元、制造费用 4 000 元）。

③"库存商品"余额 480 000 元，其中：A 产品 100 吨，单位成本 2 000 元；B 产品 175 吨，单位成本 1 600 元。

④"应收账款"余额 180 000 元，其中：应收 T 公司账款 120 000 元，应收 S 公司 60 000 元。

⑤"其他应收款"余额 6 600 元，其中：职工刘强的借款 1 600 元，应收 M 公司包装物押金 5 000 元。

⑥"应付账款"余额 120 000 元，其中：应付 X 公司 20 000 元，应付 Y 公司 100 000 元。

2011 年 12 月份发生的各项经济业务如下：

（1）1 日，收回 S 公司前欠购货款 360 000 元存入银行。

（2）1 日，以存款从 Y 公司购入甲材料 60 吨，单价 1 190 元，计 71 400 元，增值税 12 138 元，支付运杂费 300 元（不考虑增值税），材料已验收入库。

（3）4 日，从 X 公司购入乙材料 20 吨，单价 900 元，计 18 000 元，增值税 3 060 元，材料已验收入库，货款尚未支付。

（4）4 日，以银行存款购买设备一台，价款 20 000 元，增值税 3 400 元，运输费 1 000 元，该设备已投入使用。

（5）6 日，以银行存款支付办公费 4 000 元，其中生产车间 2 600 元，管理部门 1 400 元。

（6）6 日，从银行提取现金 5 000 元，以备零星开支。

（7）6 日，通过银行代发发放职工工资 80 000 元。

（8）6 日，销售员李伟报销差旅费 1 700 元（出差前未向公司借款），以现金支付。

（9）8 日，收到投资者投资 150 000 元，已存入银行。

（10）8 日，行政人员刘强报销差旅费 1 720 元（出差前向公司借款 1 600 元，参见其他应收款明细账期初余额），以现金支付 120 元。

（11）9 日，以银行存款上交 11 月份应交的城建税 2 100 元，教育费附加 900 元。

（12）16 日，销售 B 产品 25 吨，单价 3 000 元，计 75 000 元，增值税 12 750 元，货款已存入银行。

（13）18 日，接到银行通知，收回 T 公司货款 100 000 元。

（14）18 日，向 S 公司销售 A 产品 50 吨，单价 3 200 元，计 160 000 元，增值税 27 200 元，货款尚未收回。

（15）22 日，以银行存款支付电视广告费用 50 000 元。

（16）22 日，以银行存款支付照明用电费 3 600 元（其中生产车间 3 000 元，管理部门 600 元），增值税 646 元。

（17）24 日，以现金支付办公用品费 500 元。

（18）24 日，以银行存款向地震灾区捐赠 50 000 元。

（19）30 日，本月领用材料如表 10 - 7 所示：

表 10 - 7　　　　　　　　　　　领用材料汇总表

材料名称	单价	A产品领用	B产品领用	车间一般耗用	管理部门耗用
甲材料	1 200 元	75 吨	——	2 吨	3 吨
乙材料	800 元	——	60 吨		

（20）30 日，结转本月应付职工工资 80 000 元，其中 A 产品工人工资 30 000 元，B 产品工人工资 20 000 元，生产车间管理人员工资 4 000 元，企业管理人员工资 15 000 元，销售人员工资 11 000。

（21）31 日，计算本月应负担的借款利息 1 000 元。

（22）31 日，计提本月的固定资产折旧费 10 000 元，其中生产车间 8 000 元，管理部门 2 000 元。

（23）31 日，按生产工人工资比例分配并结转本月制造费用。

（24）31 日，A 产品 66 吨全部完工（无月末在产品），B 产品完工 50 吨，结转本月完工产品生产成本。

（25）31 日，结转本月已售产品成本（A 产品单位成本为 2 000 元，B 单位成本为 1 600 元）。

（26）31 日，计算本月应交城市维护建设税 1 610 元，教育费附加 690 元。

（27）31 日，结转本月收入类各账户。

（28）31 日，结转本月费用类各账户。

（29）31 日，按本年利润总额的 25% 计算所得税费用并转入本年利润。

（30）31 日，结转本月净利润。

要求：

（1）根据资料所列示的经济业务，编制会计分录并填制记账凭证。

（2）根据账户期初余额，建立账簿或用"T"型账户代替。

（3）根据记账凭证登记银行存款日记账、现金日记账。

（4）根据记账凭证登记"原材料明细账（材料明细账或数量金额式明细账）"、"制造费用明细账（多栏式）"、"生产成本明细账（生产成本明细账或多栏式）"、"管理费用明细账（多栏式）"、"库存商品明细账（库存商品明细账或数量金额式）"、"应收账款明细账（三栏式）"、"其他应收款明细账（三栏式）"、"应付账款明细账（三栏式）"。

（5）根据记账凭证编制科目汇总表。

（6）根据科目汇总表登记总账。

（7）结出各账户的本期发生额及期末余额。

（8）编制总分类账户试算平衡表。

（9）编制 2011 年 12 月 31 日资产负债表和利润表。

（七）案例分析题

老李 2011 年 6 月 1 日投资 500 000 元（全部为银行存款）创办了蓝天公司，主要经营汽车配件的批发和零售，其经营场地是以每月 3 000 元的价格租入的。到了月末，老李发现公司的银行存款从 500 000 元减少到了 476 700 元，手中还有现金 881 元，另外客户尚未支付的货款有 15 000 元，蓝天公司尚未支付的进货款 13 300 元，除此之外，库房还有库存的汽车配件 15 400 元。由于老李不懂会计，因此他对于公司发生的业务没有作任何账务处理，只保留了所有的发票等单据，汇总一个月的资料具体情况如下：

1. 开业时投资 500 000 元，存入工商银行。

2. 宣传开业，印发传单共花费 300 元，现金支付。

3. 购买空调、电脑、打印机等设备共 20 000 元，均已用支票支付。（假设不考虑增值税）

4. 购入汽车配件价税合计 58 500 元，其中有 15 000 元尚未支付，其余已转账支付。

5. 本月销售共取得销售收入 60 000 元，增值税 10 200 元，其中赊销 20 000 元，其余收到并存入银行。

6. 本月从银行提取现金 10 000 元。

7. 用现金 5 000 元支付职工工资。

8. 用现金支付水电费 600，支付电话费 200。

9. 本月销售的汽车配件的成本为 48 500 元。

10. 用转账支票支付公司办公用房租金 2 000 元。

手里握着一堆票据凭证，老李不知道自己这一个月到底是赚了还是赔了，心里很着急。

如果老李来请教你，请你根据蓝天公司的具体经济业务情况，替老李设计一套合适的会计组织核算程序，帮助他进行会计处理（编制会计分录即可），并评述其经营业绩。

第十一章 会计工作组织

一、教学案例

资料：2012 年 5 月，德州市财政局派出检查组对市属某企业的会计工作进行检查。检查组在检查中了解到以下情况：

1. 2011 年 6 月，新厂长贾明达上任后，在未报主管单位同意的情况下决定将原会计科科长赵凯调到计划科为科长，提拔会计董卓为科长，并将厂长战友的女儿李然调入该厂会计科任出纳，兼管会计档案保管工作，李然没有会计证。

2. 2011 年 7 月，会计王林欣申请调离该厂，厂人事部门在其没有办清会计工作交接手续的情况下，即为其办理了调动手续。

3. 由于 W 企业经营管理不善，已经倒闭，企业原欠 W 公司的款项 10 000 元已无法支付。记账员王某与出纳员李某串通，开出一张金额为 10 000 元的转账支票转入个人账户，取回现金后两人私分，并用支票存根在账上作了如下会计处理：

借：应付账款　　　　　　　　　　　　　　　　　　　　　10 000

　　贷：银行存款　　　　　　　　　　　　　　　　　　　　　10 000

问题思考：上述几种行为是否符合国家规定，并说明理由。

二、作业与思考题

（一）单项选择题

1. 会计监督，即通过会计工作，对本单位的各项经济业务和会计手续的（　　　）。

　　A. 准确性、完整性进行监督　　　　　B. 业务计划、考核分析预算的监督

　　C. 合法性、合理性进行监督　　　　　D. 会计法规、制度进行监督

2. 我国会计工作在管理体制上具有（　　　）的特点。

　　A. 统一领导，统一管理　　　　　　　B. 分级领导，分级管理

　　C. 统一领导、分级管理　　　　　　　D. 统一领导、分散经营

　　E. 由单位领导人领导，管理

3. 原始凭证的保存期限（　　　）。

　　A. 15 年　　　　　　B. 5 年　　　　　　C. 25 年　　　　　　D. 永久

4. 会计法（　　　）会计准则。

　　A. 从属于　　　　　B. 受监督于　　　　C. 统驭　　　　　　C. 受控制于

5. 集中核算方式是把（　　　）的主要会计核算工作都集中在企业一级的会计部门进行。

A. 各生产经营单位   B. 某些重要单位

C. 整个企业单位   D. 各职能管理部门

6. 小型企业要指定一名（   ）行使总会计师的职权。

A. 厂长   B. 副厂长

C. 会计主管人员   D. 会计人员

7. 会计人员对不真实、不合法的原始凭证，（   ）。

A. 不予受理   B. 予以退回

C. 更正补充   D. 无权自行处理

8. 会计准则规定了（   ）。

A. 会计凭证的填制和审核   B. 会计科目的设置及其核算内容

C. 账簿组织   D. 会计核算的基本前提

（二）多项选择题

1. 会计人员的主要职责有以下几方面（   ）。

A. 进行会计核算   B. 实行会计监督

C. 拟定本单位办理会计事务的具体方法 D. 办理其他会计事项

2. 会计人员有权参与本单位的（   ）。

A. 经营决策   B. 编制计划

C. 制定定额   D. 签订经济合同

3. 《中华人民共和国会计法》规定，出纳人员不得兼管的工作有（   ）。

A. 稽核   B. 会计档案保管

C. 备查簿的登记   D. 收入费用账目登记

E. 债务债权账目的登记

4. 会计人员的专业职务根据《会计专业职务试行条例》可分为（   ）。

A. 会计师   B. 高级会计师

C. 助理会计师   D. 会计员

5. 关于会计机构设置，下列说法中正确的是（   ）。

A. 各个企业和行政、事业单位都要单独设置专职的会计工作机构

B. 各个企业和行政、事业单位原则上都要单独设置专职的会计工作机构

C. 不具备单独设置会计机构的单位，应在有关机构中配置专职会计人员

D. 没有配备会计人员的单位，可委托会计师事务所代理记账

E. 没有设置会计机构和配备会计人员的单位，可由其他有资格的业务人员代理记账

6. 根据《会计基础工作规范》的规定，会计人员职业道德的基本内容包括（   ）。

A. 爱岗敬业   B. 熟悉法规   C. 依法办事   D. 客观公正

7. 会计法规是国家管理会计工作的各种法律、法规（   ）等的总称。

A. 准则   B. 制度   C. 纪律   D. 条例

8. 我国会计法规体系由以下层次构成（　　　）。

    A. 会计法律　　　　　　　　　　　B. 会计行政法规

    C. 会计部门规章　　　　　　　　　D. 地方性会计法规

9. 会计内部控制的方法主要包括（　　　）。

    A. 不相容职务相互分离控制　　　　B. 授权批准控制

    C. 会计系统控制　　　　　　　　　D. 风险控制

10. 会计档案的定期保管期限为（　　　）。

    A. 20 年　　　　　　B. 15 年　　　　　　C. 5 年　　　　　　D. 25 年

（三）判断题

1. 财政部门对各单位从事会计工作的人员是否具有会计学历证书实施监督。

（　　）

2. 会计人员的职责就是记账、算账和报账。（　　）

3. 独立核算企业的会计工作组织方式有集中核算与非集中核算两种。（　　）

4. 各个企业和行政、事业单位原则上都要单独设置专职的会计工作机构。（　　）

5. 我国《会计法》规定：国有的和国有资产占控股地位的大、中型企业必须设置总会计师。（　　）

6. 总会计师是单位行政领导成员，协助单位主要行政领导人工作，直接对单位主要行政领导人负责。（　　）

7. 企业的全部会计档案均应永久保存，以便查阅。（　　）

8. 各企业、事业和行政机关等单位一般都应单独设置会计机构。但一些规模小，会计业务简单的单位，也可不单独设置会计机构。（　　）

9. 会计人员对于弄虚作假、营私舞弊、欺骗上级等违法乱纪行为，应拒绝执行，并向本单位领导人或上级机关、财政部门报告。（　　）

10. 会计人员对于违反国家统一财政制度、财务制度规定的收支，可以根据具体情况，酌情办理。（　　）

（四）名词解释

1. 会计人员　　　　　　　　　　4. 非集中核算

2. 会计机构　　　　　　　　　　5. 会计法规

3. 集中核算　　　　　　　　　　6. 会计档案

（五）填空题

1. 会计人员的职责主要有_____、_____、_____、_____。

2. 目前会计人员专业职务包括_____、_____和_____。

3. 大学本科或专科毕业担任助理会计师职务_____年以上，掌握一门外语，并且通过_____专业技术职称资格考试，可以担任中级会计师职务。

4. 总会计师是一个_____职务，而不是_____。

5. 担任单位会计机构负责人的，除了取得会计从业资格证书外，还应具备

_____以上专业技术职称资格或者从事会计工作_____年以上的经历。

6. 在一些规模小、业务简单的单位，可以不单独设置会计机构，但应在有关机构中设置会计人员并指定人员。

7. 会计工作的组织形式一般分为_____和_____两种。

8. 出纳人员不得兼管_____、_____及_____、_____、_____账目的登记工作。

9. 社会会计监督通过_____进行，国家会计监督以_____为主。

10. 我国会计法规的第一层次是基本法，即_____它是指定其他会计法规的依据。

11. 会计档案保管期限分为_____和定期两类。其中定期保管分为 3 年、5年、_____年、_____年、_____年 5 类。

12. _____是全国会计机构的最高领导，主管全国会计工作。

（六）案例分析题

1. 资料：利达机械制造厂为国有企业，下设办公室、行政科、会计科、档案科等职能科室。

2011 年 7 月，经上级主管单位任命，会计科长李平的丈夫杨新担任该厂厂长。同月，李平的侄女杨方调到该厂会计科担任出纳工作，杨方已取得会计从业资格。

8 月，厂长杨新对厂行政机构和人员进行了调整和精简。撤销档案科，原由档案科保管的会计档案移交会计科保管。档案科移交会计档案前，会同会计科对保管期已满的会计档案进行销毁。档案科长与会计科长李平共同在会计档案销毁清册上签字，并进行了监销。因厂长杨新在外地出差，故未将此事报告厂长杨新。之后，会计科长李平指定出纳杨方兼管会计档案保管工作。

9 月，后来杨方调到另一家公司财务部工作，调离前与接任的丁丽自行办理了会计工作交接手续。杨方未办理会计从业资格调转手续。

10 月，李平办理退休手续。李平与新任会计科长吴刚办理交接手续，上级主管单位派人与厂长杨新会同监交。后吴刚发现李平移交的会计资料存在问题，遂找李平询问。李平认为，会计资料已移交，自己不应再承担责任。

要求：根据上述情况和会计法律制度的有关规定，回答下列问题：

（1）按照回避制度的规定，会计科长李平与其丈夫厂长杨新是否应当回避？并说明理由。

（2）杨方担任出纳工作是否符合法律规定？并说明理由。

（3）档案科与会计科在销毁会计档案过程中有哪些不符合法律规定之处？

（4）会计科长李平指定出纳杨方兼管会计档案保管工作是否符合法律规定？并说明理由。

（5）杨方自行与丁丽办理会计工作交接手续是否符合法律规定？并说明理由。

（6）杨方的工作调动是否应当办理会计从业资格调转手续？并说明理由。

（7）李平认为会计资料已移交吴刚，自己不应再承担责任的观点是否符合法律规定？并说明理由。

2. 资料：小丁刚刚大学毕业，在一家刚刚开张的食品公司找了一份会计工作。由于这家食品公司刚开张，需要首先做建账的工作。虽然小丁在大学期间学了四年会计，可做会计实务还是头一次。他按照会计书中的知识从财会用品商店买回来四种账簿，即总账、明细账、银行存款日记账和现金日记账。翻开空白的账本，小丁脑袋里出现了一个疑问：开设什么账户？

这时经理派人送来一张单子，上边列示的有关情况如下：

该公司 2002 年 4 月 1 日正式开业，该公司的营业活动包括生产、销售食品。食品公司雇有 4 名办公人员，即 1 名经理、1 名主管销售的经理、1 名主管生产的经理、1 名会计员小丁。公司雇有 10 名工人。

（1）该食品公司有两名投资人：张三出资 300 000，李四出资 200 000 元。

（2）公司向银行贷款 50 000 元，贷款期限 9 个月，每季度末付息一次，月利率 0.5%。

（3）公司花 200 000 元购买机器设备一套，以银行存款支付。

（4）该食品公司购买某知名食品商标使用权支付 80 000 元，以银行存款支付。

（5）租有一处生产和办公用房，交押金 10 000 元，支付本月租金 1 000 元，均现金支付。

（6）购买办公用电脑 1 台，价值 5 000 元，以银行存款支付。

（7）装修办公室花了 5 000 元，现金支付。

（8）该食品公司办理各种手续共花去 4 000 元，现金支付。

（9）由于公司规模小，短期内不考虑对外投资。

（10）公司已购进的原材料分别为：A 材料 60 000 元；B 材料 55 000 元；C 材料 24 000 元；D 材料 11 000 元。其中支付银行存款 140 000 元，10 000 元货款赊欠。

（11）公司以购入食品包装用具 100 套，每套 100 元，以银行存款支付。

（12）开业初原始资金如下：账户存款 478 000 元；库存现金 22 000 元。

问题思考：

（1）如果你是小丁，你应该为该公司开设哪些会计科目与账户？

（2）如何进行建账工作？

（3）如果相关会计资料取自开业初的原始状态，应该如何设置期初余额？

（4）假设老板要求按照现有企业资产、负债、权益状况来开设新账，应该如何设置期初余额？开业期间发生的费用应如何处理？

3. 资料：银广夏上市公司财务舞弊案例：1994 年 6 月上市的银广夏公司，曾因其骄人的业绩和诱人的前景而被称为"中国第一蓝筹股"，其股价从 3.98 元/股一度攀升到 37.99 元/股。但在 2001 年 8 月，《财经》封面文章《银广夏陷阱》揭露其业绩完全是通过财务造假虚构的，银广夏瞬间从天堂打入了地狱，成为了中国的"安然"。在短期利益的驱使下以及董事会监视不足的条件下，银广夏在财务舞弊过程中已经形成了一条造假流水线。1999 银广夏虚构了北京瑞杰商贸有限公司、北京市京通商贸有限公司、北京市东风实用技术研究所等单位，从原始材料的购入开始造假，伪造了这几家单位的销售发票和银行汇款单。为掩饰造假过程，天津广夏职工伪造了萃取产品虚假原料入库单、班组生产记录、产品出库单等。1999 年度，银广夏公司向社会发布的虚假净利润高达 12 778.66 万元。2000 年，银广夏继续造假活动，向社会发布虚假净利润 41 764.643 1 万元。该公司从原料购进到生产、销售、出口等环节，伪造了全部单据，包括销售合同和发票、银行票据、海关出口报关单和所得税免税文件。其舞弊工程不仅涉及公然造假而且涉及大量的违规操作。

问题思考：

（1）我国上市公司财务舞弊成因分析；

（2）财务舞弊的治理措施。

第二部分　实训

第二部分 实顺

第一章 总论

一、实训资料

（1）山东中大空调设备有限公司 2011 年 3 月 1 日，资产、负债及所有者权益状况如表 1-1 所示。

表 1-1   资产负债表   单位：元

资产	金额	负债及所有者权益	金额
库存现金	2 000	短期借款	32 000
银行存款	35 000	应付账款	58 000
应收账款	26 000	实收资本	190 000
原材料	52 000		
固定资产	165 000		
合计	280 000	合计	280 000

（2）该企业 3 月份发生下列经济业务：

2 日，以银行存款购入材料款 16 000 元；

3 日，国家投入货币资金 20 000 元，直接偿还短期借款；

4 日，收到外单位投入设备一台，价值 80 000 元；

5 日，以银行存款偿还应付账款 11 000 元。

二、实训要求

（1）根据上述资料，分析 3 月份经济业务的变动影响到了哪些会计要素；

（2）在确定所涉及的会计要素的基础上，进一步分析影响了哪些会计科目的变动，最后分析这些会计科目的增加变动状况及金额。

三、实训用表

资产负债表（简表）4 张，如表 1-2、表 1-3、表 1-4、表 1-5 所示。

表1-2

资产负债表

2011 年 3 月 2 日　　　　　　　　　　　单位：元

资产	金额	负债及所有者权益	金额
库存现金		短期借款	
银行存款		应付账款	
应收账款		实收资本	
原材料			
固定资产			
合计		合计	

表1-3

资产负债表

2011 年 3 月 3 日　　　　　　　　　　　单位：元

资产	金额	负债及所有者权益	金额
库存现金		短期借款	
银行存款		应付账款	
应收账款		实收资本	
原材料			
固定资产			
合计		合计	

表1-4

资产负债表

2011 年 3 月 4 日　　　　　　　　　　　单位：元

资产	金额	负债及所有者权益	金额
库存现金		短期借款	
银行存款		应付账款	
应收账款		实收资本	
原材料			
固定资产			
合计		合计	

表1-5

资产负债表

2011 年 3 月 5 日　　　　　　　　　　　单位：元

资产	金额	负债及所有者权益	金额
库存现金		短期借款	

资产	金额	负债及所有者权益	金额
银行存款		应付账款	
应收账款		实收资本	
原材料			
固定资产			
合计		合计	

四、实训组织

（1）根据3月份已发生的经济业务，判断其经济业务类型；

（2）根据上述资料，为中大公司分别编制2－5日的资产负债表；

（3）通过已发生的经济业务，判断相关的经济业务对资产、权益总额的影响。

第三章 会计科目与账户

一、实训资料

山东中大空调设备有限公司 2011 年 4 月份有关账户的期初余额如下：

（1）总分类账户余额：原材料：179 000 元；应付账款：90 000 元。

（2）明细分类账户余额如表 3-1、表 3-2 所示。

表 3-1　　　　　　　　　　　　原材料明细账　　　　　　　　　　单位：元

原材料名称	计量单位	数量	单价	金额
甲材料	千克	10 000	5.60	56 000
乙材料	吨	20	2 400.00	48 000
丙材料	件	2 500	30.00	75 000
合计				179 000

表 3-2　　　　　　　　　　　　应付账款明细账　　　　　　　　　　单位：元

供应单位名称	余额
亚太公司	40 000
晶峰公司	30 000
恒源公司	20 000
合计	90 000

（3）该公司 4 月份发生的经济业务如下：

2 日，以银行存款偿还上月欠亚太公司货款 40 000 元以及晶峰公司 30 000 元。

7 日，从亚太公司购入甲材料 30 000 千克，每千克 5.60 元，共计 168 000 元；乙材料 30 吨，每吨 2 400 元，共计 72 000 元；上述材料已验收入库，货款以银行存款付讫。

15 日，以银行存款归还前欠恒源公司货款 20 000 元。

22 日，从亚太公司购入甲材料 20 000 千克，每千克 5.60 元，共计 112 000 元，材料已验收入库，货款尚未支付。

25 日，从恒源公司购入丙材料 7 500 件，每件 30 元，共计 225 000 元，材料已验收入库，货款尚未支付。

31 日，材料仓库本月发出用于生产的材料汇总表如表 3-3 所示。

表 3 - 3　　　　　　　　　　　发出材料汇总表　　　　　　　　　　　单位：元

原材料名称	数量	单价	金额
甲材料	40 000	5.60	224 000
乙材料	40	2 400.00	96 000
丙材料	8 000	30.00	240 000
合计			560 000

二、实训要求

（1）根据本月已发生的经济业务，编制相应的会计分录。

（2）依据平行登记原理，开设和登记原材料、应付账款账户总账和明细账的期初余额，并逐笔登记相应账户的总账和明细账。各种账簿的开设和登记应完整、正确、规范。

三、实训用表

（1）总账账页 2 张（原材料总账 1 张、应付账款总账 1 张）。总账账页格式如表 3 - 4 所示。

表 3 - 4　　　　　　　　　　　　总分类账户

账户名称：　　　　　　　　　　　　　　　　　　　　　　　　　单位：元

年		凭证号数	摘要	借方	贷方	借或贷	余额
月	日						
			月初余额				

（2）明细账账页 6 张（数量金额式 3 张、三栏式 3 张）。明细账账页格式如表 3 - 5、表 3 - 6 所示。

表3-5　　　　　　　　　　　　　　明细分类账户

账户名称：　　　　　　　　　　　　　　　　　　　　　数量单位：千克

年		凭证号数	摘要	收入			发出			结余		
月	日			数量	单价	金额	数量	单价	金额	数量	单价	金额

表3-6　　　　　　　　　　　　　　明细分类账户

账户名称：　　　　　　　　　　　　　　　　　　　　　　　　单位：元

年		凭证号数	摘要	借方	贷方	借或贷	余额
月	日						

四、实训组织

（1）开设原材料、应付账款总账和明细账，并登记期初余额。

（2）练习总账和明细账的平行登记，将发生的经济业务，逐笔登记总账和明细账。

（3）计算出各账户的本期发生额和期末余额，将总账和所属的明细账进行核对。

第四章 复式记账原理及其应用

一、实训资料

（1）山东中大空调设备有限公司 2011 年 6 月初有关账户的余额如表 4 - 1 所示。

表 4 - 1　　　　　　　　　　中大公司有关账户余额表

2011 年 6 月 1 日　　　　　　　　　　　　　单位：元

资产类	借方余额	权益类	贷方余额
库存现金	5 000	短期借款	72 000
银行存款	320 000	应付账款	185 000
应收账款	80 000	应交税费	60 000
其他应收款	2 000	长期借款	525 000
原材料	430 000	实收资本	3 900 000
库存商品	660 000	资本公积	270 000
固定资产	3 725 000	累计折旧	300 000
生产成本	90 000		
合计	5 312 000	合计	5 312 000

（2）该公司 6 月份发生下列经济业务：（假设不考虑增值税）

1 日，向银行取得期限 3 个月的短期借款 150 000 元，存入银行。

5 日，从甲公司购入 A 材料 170 000 元，已验收入库，货款未付。

6 日，以银行存款归还前欠乙公司材料款 60 000 元。

8 日，以银行存款缴纳上月所得税 30 000 元。

12 日，将多余的现金 3 000 元存入银行。

15 日，从丙公司购入 B 材料 100 000 元，已验收入库，货款未付。

18 日，以银行存款偿还长期借款 525 000 元。

19 日，采购员李新出差预借差旅费 1 000 元，支付现金。

20 日，生产产品领用 A 材料 70 000 元。

21 日，收到某企业投资 1 600 000 元，其中设备 600 000 元，银行存款 1 000 000 元。

22 日，李新出差回来，报销差旅费 850 元，其余退回现金。

24 日，收到丁公司前欠货款 50 000 元，存入银行。

25 日，购入一台设备，价值 250 000 元，以银行存款支付。

26 日，以银行存款 72 000 元偿还短期借款。

28 日，以银行存款 170 000 元偿还甲公司材料款。

二、实训要求

（1）开设"T"形账户，并登记期初余额。

（2）逐笔编制本月已发生经济业务的会计分录。

（3）根据会计分录逐笔登记"T"形账户，并结出期末余额。

（4）编制本期发生额及余额试算平衡表。

三、实训用表

（1）"T"形账户多个（涉及的每一个会计科目都要开设一个"T"形账户）；"T"形账户格式如图 4-1 所示。

单位：元

账户名称（会计科目）

图 4-1　"T"形账户

（2）本期发生额及余额试算平衡表 1 张。试算平衡表格式如表 4-2 所示。

表 4-2　　　　　　　　本期发生额及余额试算平衡表　　　　　　　　单位：元

账户名称	期初余额		本期发生额		期末余额	
	借方	贷方	借方	贷方	借方	贷方
合计						

四、实训组织

（1）根据实验资料，开设各账户的"T"形账户，并登记期初余额，注意期初余额的方向。

（2）根据已发生经济业务的会计分录逐笔登记"T"形账户，并结出期末余额。

（3）登记本期发生额及余额试算平衡表，验证试算平衡原理。

第五章 会计凭证

一、实训资料

新宇电脑公司为一家股份制企业，企业地址在德兴路 16 号，纳税人登记号为 416872665447186；开户行为工商银行三八路支行，账号为 72569841。该公司人员情况如下：出纳员李平，记账员李新，财务主管刘玲，销售员秦刚，销售经理王林，车间成本核算员宋祁，车间主管董凌，仓库管理员肖新，仓库主管齐玉，总经理张志。该公司 2011 年 9 月份发生如下业务：

1. 9 月 6 日，新宇公司销售电脑 50 台给光华电脑学校（账号为 76845732、开户行为工行湖滨北路支行、纳税人登记号为 589311335846183、地址在北园路 566 号）型号 E－29，单价 2 000 元，增值税率 17%，收到转账支票一张。原始凭证如表 5－1、表 5－2 所示。

表 5－1 增值税专用发票

开票日期： 年 月 日 No.

购货单位	名称												纳税人登记号									
	地址、电话												开户银行及账号									
商品或劳务名		计量单位	数量	单价	金额								税率%	税额								
					拾	万	千	百	拾	元	角	分		拾	万	千	百	拾	元	角	分
合计																					
价税合计（大写）																					
销货单位	名称												纳税人登记号									
	地址、电话												开户银行及账号									
备注																					

销货单位（章）： 收款人： 复核： 开票人：

第二联 发票联 购货方记账

表 5-2 　　　　　　　　　中国工商银行进账单（回单）

年　月　日　　　　　　　　　　　　　　　第 019 号

出票人	全称		收款人	全称											
	账号			账号											
	开户银行			开户银行											
人民币（大写）					千	百	十	万	千	百	十	元	角	分	
票据种类：															
票据张数：			收款人开户行盖章												
单位主管　会计　复核　记账															

2. 9 月 8 日，经销售经理批准，销售 1 部主管刘帅因产品展览会去北京出差，预计出差 6 天，预借差旅费 2 000 元。原始凭证如表 5-3 所示。

表 5-3 　　　　　　　　　　借款单（记账）

年　月　日　　　　　　　　　　　　　　顺序第 0018 号

借款单位		姓名		级别		出差地点	
						天数	5
事由			借款金额	人民币（大写）		￥_____	
部门负责人签署		借款人签章		注意事项	一、有×者由借款人填写		
					二、第三联为正式由借款人和单位负责人签署		
					三、出差返回后三日内结算		
单位负责人批示		审核意见		现金付讫			

3. 9 月 10 日，从新海电子制造厂公司购进原材料 CPU100 个，单价 500 元，增值税率 17%，款项用支票支付，已验收入库。库存保管员填制收料单 1 张，出纳员开转账支票 1 张，支票号码 ZZ3026。原始凭证如图 5-1、表 5-4 所示。

中国工商银行转账支票存根

支票号码：
签发日期：

| 收款人： |
| 金额： |
| 用途： |

单位主管：　　会计：

中国工商银行转账支票　　支票号码：

签发日期（大写）：　　年 月 日　　开户行名称：
收款人：　　　　　　　　　　　签发人账号：

人民币 （大写）		千	百	十	万	千	百	十	元	角	分

用途_____　　　　　　　　　复核
上列款项请从　　　　　　　　　记账
我账户内支付　　　　　　　　　验印
签发人盖章

图 5-1　转账支票

表 5-4　　　　　　　　　　　　　收料单

供货单位：

发票号码：　　　　　　　　年 月 日　　　　　　　　单位：元

材料 编号	材料名称 及规格	计量 单位	数量		价格		第二联
			应收	实收	单价	金额	记
							账
							联

仓库负责人：　　　　　　　记账：　　　　　　　　收料：

4. 9 月 12 日，出纳员将现金 15 000 元送存银行（面额 100 元 100 张，面额 50 元 10 张）。出纳员填制现金存款单 1 张。原始凭证如表 5-5 所示。

表 5-5　　　　　中国工商银行现金存款单（回单）

年 月 日

收款 单位	全称			款项来源								第一联
	账号		开户银行	交款单位								银
					万	千	百	拾	元	角	分	行
人民币（大写）												盖
辅币	券别	五角	贰角	壹角	五分	贰分	壹分	收款员 收讫 复核员				章
	张数											退
主币	券别	一百元		五十元		拾元		五元		贰元	壹元	回
	张数											

5. 9 月 15 日，刘帅出差回来，填写差旅费报销单，其中火车票 2 张，共 500 元；住宿费 1 张，4 天，800 元；会议费发票 1 张，300 元；在途 5 天，出差伙食补贴每天 40 元。报销 1 800 元，退回余款 200 元。出纳员填制收据 1 张。原始凭证如表 5-6、

表 5 - 7 所示。

表 5 - 6　　　　　　　　　　差旅费报销单（代支出凭单）

年　月　日

出差人		共 人	职务		部门		审批人	
出差事由				出差日期	自 年 月 日至 年 月 日共 天			
到达地点								
项目金额	交通工具				其他	旅馆费	伙食补助	

项目金额	火车	汽车	轮船	飞机		住天	在途 天	住勤 天

总计人民币（大写）		￥				
原借款金额		报销金额		交结余或超支金额 ￥		
				人民币（大写）　　　　整		

会计主管：关军　　　　　会计　　　　　出纳员：李娜

表 5 - 7　　　　　　　　　　收款收据

年　月　日　　　　　　　　　No.

付款单位＿＿＿＿＿＿＿＿＿＿＿＿＿＿＿＿＿收款方式＿＿＿＿＿＿

人民币（大写）＿＿＿＿＿＿＿＿＿＿＿＿￥＿＿＿＿＿＿＿

收款事由：

第二联 记账凭证

收款单位：　　　　　财务主管：　　　　　出纳：

6. 9 月 18 日，一车间生产完工家用电脑 50 套，单位成本 3 000 元，商用电脑 100 套，单价 2 600 元，两种产品均已验收并入 1 号仓库。原始凭证如表 5 - 8 所示。

表 5 - 8　　　　　　　　　　产成品入库单

编号：

生产车间：　　　　　　　　年　月　日　　　　　　　　仓库：

产品名称	计量单位	入库数量	单位成本	金额（元）
合计				

第二联 记账联

记账：　　　　　　经手人：　　　　　　保管人：

7.9 月 25 日，提取现金 50 000 元，准备发工资。原始凭证如图 5 - 1 所示。

中国工商银行
现金支票存根
ⅣⅤ931000
科　目：＿＿＿＿＿
对方科目：＿＿＿＿
出票日期　年 月 日

收款人：

金额：

用途：

单位主管　　会计

本支票付款期限十天

中国工商银行现金支票　　ⅣⅤ931000
出票日期（大写）　年 月 日　付款行名称：
收款人：　　　　　　　出票人账号：
人民币
（大写）　　　　　千百十万千百十元角分

用途＿＿＿＿
上列款项请从
我账户内支付
出票人签章

科目（借）
对方科目（贷）
转账日期　年 月 日
出纳　复核　记账

贴对号单处　　ⅣⅤ931001

图 5 - 1　现金支票

二、实训要求

1. 原始凭证填写完整、正确、规范，填制人、业务人员、审核人员等签名或盖章。
2. 记账凭证编制全面、正确、规范，与所依据的原始凭证相符。制证、审核等有关人员签名或盖章。

三、实训用表

（1）通用记账凭证 8 张（或付款凭证 4 张，收款凭证 2 张，转账凭证 2 张）。收款凭证格式如表 5 - 9 所示，付款凭证如表 5 - 10 所示，转账凭证如表 5 - 11 所示。

（2）记账凭证汇总表 1 张。

（3）凭证封皮、封底各一张。

表 5 - 9　　　　　　　　　　　收款凭证

总号：

借方科目：　　　　　　　　年 月 日　　　　　分号：

摘要	贷方科目		√	金额								
	总账科目	二级或明细科目		百	十	万	千	百	十	元	角	分
合　计												

附件　张

会计主管：　　　记账：　　　　出纳：　　　　复核：　　　　制单：

表 5-10   **付款凭证**

总号：

贷方科目：   年　月　日   分号：

摘要	借方科目		√	金额									附件 张
	总账科目	二级或明细科目		百	十	万	千	百	十	元	角	分	
合　　计				¥	3	5	1	0	0	0	0	0	

会计主管：   记账：   出纳：   复核：   制单：

表 5-11   **转账凭证**

总号：

年　月　日   分号：

摘要	总账科目	明细科目	√	借方金额									贷方金额									附件 张
				百	十	万	千	百	十	元	角	分	百	十	万	千	百	十	元	角	分	
合计																						

会计主管：   记账：   复核：   制单：

四、实训组织

1. 根据以上经济业务填制每笔业务相关原始凭证。

2. 对各项经济业务原始凭证进行审核。

3. 根据审核无误的原始凭证填制记账凭证并将依据的原始凭证附于记账凭证之后。

4. 依据现行企业会计准则、企业会计制度的有关规定，对所编制的记账凭证进行认真审核并签字或盖章。

5. 根据记账凭证编制记账凭证汇总表。

6. 将本月凭证装订成册，并填写封面。

第六章　会计账簿

【实训一】

一、实训资料

德州星域有限公司 2011 年 11 月 1 日库存现金日记账期初余额 7 000 元，银行存款日记账期初余额 80 000 元。2011 年 11 月德州星域有限公司发生下列有关货币资金的经济业务，会计人员填制记账凭证如表 6 - 1 至表 6 - 22 所示。

表 6 - 1　　　　　　　　　　　　付款凭证
贷方科目：银行存款　　　　2011 年 11 月 1 日　　　　银付字第 1 号　　　单位：元

摘要	借方科目		金额	过账
	一级科目	二级科目		
提现金	库存现金		3 400.00	
合计			￥3 400.00	

表 6 - 2　　　　　　　　　　　　收款凭证
借方科目：银行存款　　　　2011 年 11 月 1 日　　　　银收字第 1 号　　　单位：元

摘要	贷方科目		金额	过账
	一级科目	二级科目		
收回甲公司欠货款	应收账款	甲公司	58 500.00	
合计			￥58 500.00	

表 6 - 3　　　　　　　　　　　　付款凭证
贷方科目：银行存款　　　　2011 年 11 月 2 日　　　　银付字第 2 号　　　单位：元

摘要	借方科目		金额	过账
	一级科目	二级科目		
支付车间电话费	制造费用		600.00	
合计			￥600.00	

表6-4 收款凭证

借方科目：银行存款　　　2011年11月3日　　　银收字第2号　　　单位：元

摘要	贷方科目		金额	过账
	一级科目	二级科目		
从银行借款	短期借款		80 000.00	
合计			￥80 000.00	

表6-5 付款凭证

贷方科目：库存现金　　　2011年11月3日　　　现付字第1号　　　单位：元

摘要	借方科目		金额	过账
	一级科目	二级科目		
销售科李新预借差旅费	其他应收款	李新	3 000.00	
合计			￥3 000.00	

表6-6 付款凭证

贷方科目：银行存款　　　2011年11月7日　　　银付字第3号　　　单位：元

摘要	借方科目		金额	过账
	一级科目	二级科目		
购入电脑一台	固定资产		5 000.00	
合计			￥5 000.00	

表6-7 付款凭证

贷方科目：银行存款　　　2011年11月8日　　　银付字第4号　　　单位：元

摘要	借方科目		金额	过账
	一级科目	二级科目		
支付办公楼维修费	管理费用	维修费	3 000.00	
合计			￥3 000.00	

表6-8 付款凭证

贷方科目：现金　　　2011年11月8日　　　现付字第2号　　　单位：元

摘要	借方科目		金额	过账
	一级科目	二级科目		
购买办公用品	管理费用	办公费	200.00	
合计			￥200.00	

表 6-9 付款凭证

贷方科目：库存现金　　　　　　2011 年 11 月 9 日　　　　　现付字第 3 号　　单位：元

摘要	借方科目		金额	过账
	一级科目	二级科目		
支付刘林困难补助	应付职工薪酬		1 000.00	
合计			¥1 000.00	

表 6-10 付款凭证

贷方科目：银行存款　　　　　　2011 年 11 月 10 日　　　　银付字第 5 号　　单位：元

摘要	借方科目		金额	过账
	一级科目	二级科目		
以存款偿还乙公司账款	应付账款	乙公司	10 000.00	
合计			¥10 000.00	

表 6-11 收款凭证

借方科目：银行存款　　　　　　2011 年 11 月 11 日　　　　银收字第 3 号　　单位：元

摘要	贷方科目		金额	过账
	级科目	一级科目		
向 A 公司销售甲产品	主营业务收入 应交税费	甲产品 应交增值税	100 000.00 17 000.00	
合计			¥117 000.00	

表 6-12 收款凭证

借方科目：银行存款　　　　　　2011 年 11 月 11 日　　　　银收字第 4 号　　单位：元

摘要	贷方科目		金额	过账
	一级科目	二级科目		
向 B 公司销售乙产品	主营业务收入 应交税费	乙产品 应交增值税	20 000.00 3 400.00	
合计			¥23 400.00	

表 6-13 收款凭证

借方科目：银行存款　　　　　　2011 年 11 月 13 日　　　　银收字第 5 号　　单位：元

摘要	贷方科目		金额	过账
	一级科目	二级科目		
收回前欠账款	应收账款	A 公司	10 000.00	
合计			¥10 000.00	

表6-14   **付款凭证**
贷方科目：库存现金   2011 年 11 月 14 日   现付字第 4 号 单位：元

摘要	借方科目		金额	过账
	一级科目	二级科目		
支付产品展览费	销售费用		2 000.00	
合计			￥2 000.00	

表6-15   **付款凭证**
贷方科目：银行存款   2011 年 11 月 15 日   银付字第 6 号 单位：元

摘要	借方科目		金额	过账
	一级科目	二级科目		
提现金	库存现金		5 000.00	
合计			￥5 000.00	

表6-16   **付款凭证**
贷方科目：银行存款   2011 年 11 月 15 日   银付字第 7 号 单位：元

摘要	借方科目		金额	过账
	一级科目	二级科目		
支付借款利息	财务费用		600.00	
合计			￥600.00	

表6-17   **收款凭证**
借方科目：银行存款   2011 年 11 月 16 日   银收字第 6 号 单位：元

摘要	贷方科目		金额	过账
	一级科目	二级科目		
销售乙产品	主营业务收入 应交税费	乙产品 应交增值税	50 000.00 8 500.00	
合计			￥58 500.00	

表6-18   **付款凭证**
贷方科目：银行存款   2011 年 11 月 17 日   银付字第 8 号 单位：元

摘要	借方科目		金额	过账
	一级科目	二级科目		
支付车间办公费用	制造费用		1 000.00	
合计			￥1 000.00	

表 6-19　　　　　　　　　　　　　　　付款凭证

贷方科目：银行存款　　　　　　2011 年 10 月 17 日　　　　银付字第 9 号　　　单位：元

摘要	借方科目		金额	过账
	一级科目	二级科目		
偿还前欠账款	应付账款	乙公司	8 000.00	
合计			￥8 000.00	

表 6-20　　　　　　　　　　　　　　　收款凭证

借方科目：银行存款　　　　　　2011 年 10 月 18 日　　　　银收字第 7 号　　　单位：元

摘要	贷方科目		金额	过账
	一级科目	二级科目		
销售甲产品	主营业务收入 应交税费	甲产品 应交增值税	30 000.00 5 100.00	
合计			￥35 100.00	

表 6-21　　　　　　　　　　　　　　　付款凭证

贷方科目：银行存款　　　　　　2011 年 11 月 21 日　　　　银付字第 10 号　　　单位：元

摘要	借方科目		金额	过账
	一级科目	二级科目		
支付电费	生产成本 制造费用 管理费用	甲产品 乙产品	4 000.00 2 000.00 500.00 1 000.00	
合计			￥7 500.00	

表 6-22　　　　　　　　　　　　　　　付款凭证

贷方科目：银行存款　　　　　　2011 年 11 月 23 日　　　　银付字第 11 号　　　单位：元

摘要	借方科目		金额	过账
	一级科目	二级科目		
支付押金	其他应收款		2 000.00	
合计			￥2 000.00	

二、实训要求

1. 各种账簿的设置与登记完整、正确、规范。
2. 格式正确，数字计算准确。

三、实训用表

1. 库存现金日记账账页 1 页，格式如表 6-23 所示。

表 6-23 现金日记账 单位：元

年		凭证		摘要	对方科目	借方	贷方	余额
月	日	字	号					

2. 银行存款日记账账页 1 页，格式如表 6-24 所示。

表 6-24 银行存款日记账 单位：元

年		凭证		摘要	对方科目	借方	贷方	余额
月	日	字	号					

四、实训组织

1. 根据实训资料，登记库存现金日记账、银行存款日记账期初余额。
2. 根据记账凭证，逐日逐笔登记库存现金日记账和银行存款日记账。
3. 进行账证核对，进行月结。

【实训二】

一、实训资料

世达公司 2012 年 3 月发生下列经济业务：

（1）1 日，用银行存款支付行政管理部门的办公费 900 元；

借：管理费用	900
贷：银行存款	900

（2）4 日，用现金支付行政管理人员工资 5 000 元；

借：管理费用	450
贷：库存现金	450

（3）7 日，用现金支付业务招待费 800 元；

借：管理费用	800
贷：库存现金	800

（4）15 日，用现金购买行政部门办公用品 150 元；

借：管理费用	150
贷：库存现金	150

（5）19 日，报销行政管理人员差旅费 3 000 元（原已预支，无余款）；

借：管理费用	3 000
贷：其他应收款	3 000

（6）31 日，经批准将原已计盘亏的材料损失款 600 元转入管理费用；

借：管理费用	600
贷：待处理财产损益	600

（7）31 日，计提本月行政管理部门使用的固定资产折旧 320 元；

借：管理费用	320
贷：累计折旧	320

（8）月末，结转本月发生的管理费用。

借：本年利润	6 220
贷：管理费用	6 220

二、实训要求

1. 记账凭证编制全面、正确、规范，制证、审核等有关人员签名或盖章。

2. 各种账簿的设置与登记完整、正确、规范。

3. 格式正确，数字计算准确。

4. 掌握平行登记的要点及核对公式运用。

三、实训用表

1. 付款凭证 4 张。付款凭证格式如表 6-25 所示。

表 6-25　　　　　　　　　　　　　　付款凭证

总号：

贷方科目：　　　　　　　　　　　　　　年　月　日　　　　　　　　分号：

摘要	借方科目		√	金额								
	总账科目	二级或明细科目		百	十	万	千	百	十	元	角	分
合计												

附件　张

会计主管：　　　　　记账：　　　　　出纳：　　　　　复核：　　　　　制单：

2. 转账凭证 4 张。转账凭证格式如表 6-26 所示。

表 6-26　　　　　　　　　　　　　　转账凭证

总号：

年　月　日　　　　　　　　分号：

摘要	总账科目	明细科目	√	借方金额									贷方金额								
				百	十	万	千	百	十	元	角	分	百	十	万	千	百	十	元	角	分
合计																					

附件　张

会计主管：　　　　　记账：　　　　　复核：　　　　　制单：

3. 总账账页 1 张。总账账页格式如 6-27 所示。

表 6 – 27 总分类账

账户名称： 单位：元

年		凭证	摘要	借方	贷方	借或贷	余额
月	日						

4. 多栏式账页 1 张。多栏式账页格式如 6 – 28 所示。

表 6 – 28 _____多栏式明细分类账

单位：元

年		凭证号数	摘要	借方金额	贷方金额	方向	余额	借方金额分析				合计
月	日											

四、实训组织

1. 根据每一项经济业务内容，编制相应的记账凭证。

2. 根据记账凭证，登记"管理费用"多栏式明细账并结出余额。

3. 根据记账凭证，登记"管理费用"三栏式总账并结出余额。

4. 核对"管理费用"总账和"管理费用"明细账的发生额与余额。

第七章　成本计算

一、实训资料

山东中大空调设备有限公司 2011 年 7 月初"生产成本——甲产品"账户余额如表 7-1 所示,"原材料——A 材料"账户余额如表 7-2 所示,"原材料——B 材料"账户余额如表 7-3 所示,"原材料——C 材料"账户余额如表 7-4 所示,"原材料——D 材料"账户余额如表 7-5 所示。

表 7-1　　　　　　　　　　生产成本明细分类账户

账户名称:甲产品　　　　　　　　　　　　　　　　　　　　　　单位:元

2011 年		凭证号数	摘要	成本项目			
月	日			直接材料	直接人工	制造费用	合计
7	1		月初余额	15 000	7 200	8 000	30 200

表 7-2　　　　　　　　　　原材料明细分类账户

账户名称:A 材料　　　　　　　　　　　　　　　　　　　　数量单位:千克

2011 年		凭证号数	摘要	收入			发出			结余		
月	日			数量	单价	金额	数量	单价	金额	数量	单价	金额
7	1		月初余额							500	50	25 000

表 7-3　　　　　　　　　　原材料明细分类账户

账户名称:B 材料　　　　　　　　　　　　　　　　　　　　数量单位:千克

2011 年		凭证号数	摘要	收入			发出			结余		
月	日			数量	单价	金额	数量	单价	金额	数量	单价	金额
7	1		月初余额							300	20	6 000

表7-4 原材料明细分类账户

账户名称：C材料   数量单位：千克

2011年		凭证号数	摘要	收入			发出			结余		
月	日			数量	单价	金额	数量	单价	金额	数量	单价	金额
7	1		月初余额							400	25	10 000

表7-5 原材料明细分类账户

账户名称：D材料   数量单位：千克

2011年		凭证号数	摘要	收入			发出			结余		
月	日			数量	单价	金额	数量	单价	金额	数量	单价	金额
7	1		月初余额							250	30	7 500

2011年7月该公司发生下列经济业务：

（1）3日，从华光工厂购入A材料600千克，买价29 400元，增值税进项额为4 998元；B材料400千克，买价7 600元，增值税进项额为1 292元，共发生运杂费1 000元，由华光工厂垫支，所有款项均通过银行存款支付，材料尚未到达（运杂费按材料重量分配）。原始凭证如图7-1、表7-6、表7-7、图7-2所示。

山东省增值税专用发票

3700025617

发票联

NO：001627005

开票日期：2011年7月3日

购货单位	名称：德州市中大空调公司 纳税人识别号：372401367850007 地址、电话：德州市大学东路300号 2657621 开户行及账号：建设银行德城支行 2201025130681689	密码区	141493589/>+<1375<·< 加密版本：01 *+- 552-</492<- 22-13 3700031116 - 3- 63>8717268 2670<7+0 1785001 9/9 2/4 4>>0 9- >9 8>><1

货物或应税劳务名称	规格型号	单位	数量	单价	金 额	税率	税 额
A材料		千克	600	49.00	29 400.00	17%	4 998.00
B材料		千克	400	19.00	7 600.00	17%	1 292.00
合计					¥37 000.00		¥6 290.00

价税合计（大写）肆万叁仟贰佰玖拾元整			（小写）¥43 290.00

销售单位	名称：济南市华光工厂 纳税人识别号：370105186900965 地址、电话：济南市工业南路1001号 88920699 开户银行账号：工商银行历城支行 26500005667	备注	济南市华光工厂 37010533339999 发票专用章

收款人：   复核：   开票人：张刚   销货单位（盖章）：

图7-1 增值税专用发票

表 7-6
运费结算单

2011 年 7 月 3 日   NO. 7628

托运单位	济南市华光工厂	接收单位或起讫地点	德州市中大空调公司
运输货物	材料 1 000 千克		
运费金额	人民币（大写）壹仟元整		（小写）￥1 000.00
验收情况	货物如数收到		验收人：刘平
	承运单位：渤海汽车运输公司		经手人：李辉

表 7-7
材料采购运费分配表

2011 年 7 月 3 日

发货单位	济南市华光工厂			
材料名称	分配标准（千克）	分配率	分配金额（元）	备注
A 材料	600		600	
B 材料	400		400	
合计	1 000	1	1 000	

中国建设银行转账支票存根

支票号码　　　03374987

科　　目　　　银行存款

对方科目　　　材料采购

出票日期　　　2011 年 7 月 3 日

收款人：济南市华光工厂
金　额：￥44 290.00
用　途：购买材料

单位主管：　　　　会计：王毅

图 7-2　转账支票存根

（2）5 日，从华光工厂购入的 A 和 B 材料运抵企业，经验收合格后入库。原始凭证如表 7-8 所示。

A 材料实际单价 =（29 400 + 600）/600 = 50（元）

B 材料实际单价 =（7 600 + 400）/400 = 20（元）

表7-8 中大公司材料入库验收单（收料单）

供应单位：济南市华光工厂 收料仓库：1号仓库

发票号码：001627005 2011年7月5日 第 1 号

材料编号	材料名称	规格	单位	数量		金额			
				应收	实收	单价	买价	运费	成本
1	A材料		千克	600	600	49.00	29 400	600	30 000
2	B材料		千克	400	400	19.00	7 600	400	8 000
合计				1 000	1 000		37 000	1 000	38 000

仓库负责人： 经办人： 收料人：李芳

（3）6日，从明远工厂购入C材料2 000千克，买价46 800元，增值税进项额为7 956元；D材料1 000千克，买价28 400元，增值税进项额为4 828元，共发生运杂费4 800元，由明远工厂垫支。款项通过银行存款支付，材料已验收入库（运杂费按材料重量分配）。原始凭证如图7-3、表7-9、表7-10、图7-4、表7-11所示。

山东省增值税专用发票

3700041658 NO：006153277

发票联

开票日期：2011年7月6日

| 购货单位 | 名称：德州市中大空调公司 纳税人识别号：372401367850007 地址、电话：德州市大学东路300号 2657621 开户行及账号：建设银行德城支行 2201025130681689 | 密码区 | 1 4 1 4 9 3 5 8 9/>+<1 3 7 5<-< 加密版本：01 *+--5 5 2-</4 9 2<-2 2-1 3 3700031116 -3-6 3>8 7 1 7 2 6 8 2 6 7 0<7+0 1785001 9/9 2/4 4>>0 9-> 9 8>>1 |

货物或应税劳务名称	规格型号	单位	数量	单价	金 额	税率	税 额
C材料		千克	2 000	23.40	46 800.00	17%	7 956.00
D材料		千克	1 000	28.40	28 400.00	17%	4 828.00
合计					¥75 200.00		¥12 784.00

价税合计（大写）捌万柒仟玖佰捌拾肆元整 （小写）¥87 984.00

| 销售单位 | 名称：泰安市明远工厂 纳税人识别号：370801186900567 地址、电话：泰安市东岳大街296号 6250682 开户银行账号：农业银行泰山支行 5560000111 | 备注 | 370801111116666 发票专用章 |

收款人： 复核： 开票人：华洁 销货单位（盖章）：

第二联 发票联 购货方记账凭证

图7-3 增值税专用发票

表 7 - 9　　　　　　　　　　　　运费结算单

2011 年 7 月 6 日　　　　　　　　　　　　　NO. 3612

托运单位	泰安市明远工厂	接收单位或起讫地点	德州市中大空调公司
运输货物	材料 3 000 千克		
运费金额	人民币（大写）肆仟捌佰元整		（小写）￥4 800.00
验收情况	货物如数收到		验收人：刘平
	承运单位：东岳汽车运输公司		经手人：王彤

表 7 - 10　　　　　　　　　　材料采购运费分配表

2011 年 7 月 6 日

发货单位	济南市华光工厂			
材料名称	分配标准（千克）	分配率	分配金额（元）	备注
C 材料	2 000		3 200	
D 材料	1 000		1 600	
合计	3 000	1.6	4 800	

中国建设银行转账支票存根

支票号码　　　2010626

科　　目　　　银行存款

对方科目　　　材料采购

出票日期　　　2011 年 7 月 6 日

收款人：泰安市明远工厂
金　额：￥92 784.00
用　途：购买材料

单位主管：　　　会计：王毅

图 7 - 4　转账支票存根

表 7 - 11　　　　　　　　　　**中大公司材料入库验收单（收料单）**

供应单位：泰安市明远工厂　　　　　　　　　　　　　　收料仓库：1号仓库

发票号码：006153277　　　　　2011 年 7 月 6 日　　　　　　　第　2　号

材料编号	材料名称	规格	单位	数量		金额			
				应收	实收	单价	买价	运费	成本
1	C 材料		千克	2 000	2 000	23.40	46 800	3 200	50 000
2	D 材料		千克	1 000	1 000	28.40	28 400	1 600	30 000
合计				3 000	3 000		75 200	4 800	80 000

仓库负责人：　　　　　　经办人：　　　　　　收料人：李芳

（4）6 日，用现金支付生产车间办公用品费 320 元。原始凭证如表 7 - 12、表 7 - 13 所示。

表 7 - 12　　　　　　　　　　**山东省德州市商品销售统一发票**

开户银行　　　　　　　　　　发票联　　　　发票代码

账号　　　　　　　　　　　　　　　　　　　发票号码　　325067

客户名称及地址　德州市中大公司　　　　　　　　　　2010 年 7 月 6 日填制

品名	规格	单位	数量	单价		金额						备注	
					满万元无效	千	百	十	元	角	分		第二联发票联
制图版		块	2	120.00			2	4	0	0	0		
圆规尺		套	1	80.00				8	0	0	0		
合计人民币金额（大写）叁佰贰拾零元零角零分						¥	3	2	0	0	0		

填票人：　　　　　　收款人：张平　　　　　业户名称（盖章）：德百商厦

表 7 - 13　　　　　　　　　　**办公用品发放表**

2011 年 7 月 6 日

	厂部	生产车间	机修车间	供气车间	合计
领用金额		320.00			320.00
领用人签名		何娟			

（5）7 日，生产甲产品领用 A 材料 800 千克，单价 50 元，生产乙产品领用 B 材料 300 千克，单价 20 元；管理部门领用 B 材料 50 千克，单价 20 元。原始凭证如表 7 - 14 所示。

表 7-14　　　　　　　　发料凭证分配汇总表

2011 年 7 月 7 日

总账科目	明细科目	A 材料			B 材料			金额合计
		数量	单价	金额	数量	单价	金额	
生产成本	甲产品	800	50	40 000				40 000
	乙产品				300	20	6 000	6 000
管理费用					50	20	1 000	1 000
合计		800	—	40 000	350	—		47 000

制表：　　　　　　　　　　复核：

（6）8 日，用现金支付管理部门修理费 120 元。原始凭证如表 7-15 所示。

表 7-15　　　　　　　　山东省德州市服务业统一发票

开户银行　　　　　　　　　　发票联　　　　发票代码

账号　　　　　　　　　　　　　　　　发票号码　　　687265

客户名称及地址　德州市中大公司　　　　　　　2011 年 7 月 8 日填制

项目	规格	单位	数量	单价	满万元无效	金额						备注
						千	百	十	元	角	分	
维修费				120.00			1	2	0	0	0	
金额合计：人民币（大写）壹佰贰拾零元零角零分						¥	1	2	0	0	0	

填票人：　　　　收款人：王刚　　　业户名称（盖章）：新华设备维修公司

第二联 发票联

（7）8 日，从银行提取现金 50 000 元，并发放工资。原始凭证如图 7-5 所示。

中国建设银行
现金支票存根（鲁）
Ⅹ Ⅱ 20111615
附加信息＿＿＿＿＿

出票日期 2011 年 07 月 08 日

收款人：中大公司
金额：¥50 000.00
用途：备用

单位主管　　会计：王毅

本支票付款期限十天

中国建设银行现金支票（鲁）　　　Ⅹ Ⅱ 20111615
出票日期（大写）贰零壹壹年零柒月零捌日　　付款行名称：建行
收款人：中大公司　　　　　　　出票人账号：

人民币（大写）	伍万元整	千	百	十	万	千	百	十	元	角	分
				¥	5	0	0	0	0	0	0

用途　备用
上列款项请从
我账户内支付
出票人签章

图 7-5　现金支票

（8）8 日，用现金购买办公用品，价值 460 元，其中车间管理部门用 160 元，厂部管理部门用 300 元。原始凭证如表 7-16、表 7-17 所示。

表7-16   **山东省德州市商品销售统一发票**

开户银行   发票联   发票代码

账号   发票号码   361278

客户名称及地址   德州市中大公司   2011年7月8日填制

品名	规格	单位	数量	单价	满万元无效	金额						备注
						千	百	十	元	角	分	
钢笔		支	75	400			3	0	0	0	0	
计算器		台	2	80.00			1	6	0	0	0	
合计人民币金额（大写）肆佰陆拾零元零角零分						¥	4	6	0	0	0	

填票人：   收款人：张平   业户名称（盖章）：德百商厦

（第二联发票联）

表7-17   **办公用品发放表**

2011年7月8日

	厂部	生产车间	机修车间	供气车间	合计
	厂部	生产车间	机修车间	供气车间	合计
领用金额	300.00	160.00			460.00
领用人签名	汪峰	何娟			

（9）9日，生产甲产品领用A材料200千克，单价50元，领用C材料300千克，单价25元；生产车间领用C材料100千克，单价25元。原始凭证如表7-18所示。

表7-18   **发料凭证分配汇总表**

2011年7月9日

总账科目	明细科目	A材料			C材料			金额合计
		数量	单价	金额	数量	单价	金额	
生产成本	甲产品	200	50	10 000	300	25	7 500	17 500
制造费用					100	25	2 500	2 500
合计		800	—	10 000	450	—	10 000	20 000

制表：   复核：

（10）11日，采购员张晓出差，预借差旅费600元，以现金支付。原始凭证如表7-19所示。

表 7-19

借款单

2011 年 7 月 10 日

借款人	张晓	部门	供应科	职务	采购员
借款事由	到上海采购原材料				
借款金额	人民币（大写）陆佰元整		￥600.00		
出纳		徐艳艳	经手		

（11）15 日，采购员张晓出差回来，报销差旅费 500 元，退回余款 100 元。原始凭证如表 7-20、图 7-6 所示。

表 7-20

差旅费报销单

2011 年 7 月 15 日

姓名		张晓		共 1 人	事由			泰安公差						报销日期	2011 年 7 月 15 日
出发地		到达地			车船费		途中补贴		住勤补贴		旅馆费		其他费用	
启程 月日时	到达 月日时	摘要	千百十元角分	百十元角分	天数	百十元角分	百十元角分	摘要	百十元角分
德州 7 12 8	泰安 7 14 12		1 0 0 0 0		2	2 0 0 0 0	2 0 0 0 0		
		合计	1 0 0 0 0			2 0 0 0 0	2 0 0 0 0		
合计（人民币大写金额）伍佰元整									￥500.00
预领数 600.00				签章 负责人	孙浩			签章 报销人	张晓
结余退还数 100.00									
超出应补数									

财务主管：　　　　记账：　　　　审核：　　　　出纳：

收款收据　No.0039218

2011 年 7 月 15 日

今收到　张晓

交　来　出差报销退回余款

人民币（大写）壹佰元整　　　　￥100.00

收款单位　　　　　　　　　　　　收款人：徐艳艳

（公章）　　　　　　　　　　　　（签字）

图 7-6　收款收据

（12）16 日，用银行存款支付本月电费 6 000 元，其中生产车间 4 000 元，管理部门 2 000 元。原始凭证如图 7-7、图 7-8、表 7-21 所示。

委托收款 凭证（回单）

1

委托号码：

付款期限 2011 年 7 月 16 日

付款人	全　称	中大公司	收款人	全　称	德州市供电公司			
	账号或地址	22022850		账　号	78652139			
	开户银行	建行德城支行		开户银行	建行东风路分理处		行号	

委收金额	人民币（大写）陆仟零百零拾零元零角零分	千百十万千百十元角分
		￥600000

款项内容	电费	委托收款凭据名称		附寄单证张数	

备注：	上列款项 1. 已全部划回收入你方账户。 2. 已收回部分款项收入你方账户。 3. 全部未收到。	收款人开户行盖章

单位主管　会计　复核　记账　付款人开户银行收到日期　　支付日期 2011 年 7 月 16 日

山东省增值税专用发票

3700067528

发票联

NO：106254523

开票日期：　2011年7月16日

购货单位	名称：德州市中大空调公司	密码区	141493589/>+<1375<-< 加密版本：01
	纳税人识别号：372401367850007		*+-552-</492<-22-13　3700031116
	地址、电话：德州市大学东路300号 2657621		-3-63>87172682670<7+0　1785001
	开户行及账号：建设银行德城支行 2201025130681689		9/9 2/4 4>>09->9 8>><1

货物或应税劳务名称	规格型号	单位	数量	单价	金　额	税率	税　额
电		瓦时	10 000	0.60	6 000.00	17%	1 020.00
合计					￥6 000.00		￥1 020.00

价税合计（大写）柒仟零佰贰拾元整	（小写）￥7 020.00

销售单位	名称：德州市供电公司	备注	德州市供电公司
	纳税人识别号：371401186900567		37140155557777
	地址、电话：德州市东风路268号 2642682		发票专用章
	开户银行账号：建设银行东风路分理处 78652139		

收款人：　　　复核：　　　开票人：于佳佳　　　销货单位（盖章）：

图 7-8　增值税专用发票

表 7 - 21   外购动力费分配表

2011 年 7 月 16 日

部门	生产用电				照明用电			金额合计
	单位	数量	单价	金额	数量	单价	金额	
制造费用	度	15 000	0.1	1 500	5 000	0.5	2 500	4 000
管理费用	度				4 000	0.5	2 000	2 000
合计	度	15 000	0.1	1 500	9 000	0.5	4 500	6 000

制表：   复核：

（13）19 日，生产乙产品领用 B 材料 200 千克，单价 20 元，领用 D 材料 100 千克，单价 30 元；生产车间领用 D 材料 50 千克，管理部门领用 D 材料 30 千克，单价 30 元。原始凭证如表 7 - 22 所示。

表 7 - 22   发料凭证分配汇总表

2011 年 7 月 19 日

总账科目	明细科目	B 材料			D 材料			金额合计
		数量	单价	金额	数量	单价	金额	
生产成本	乙产品	200	20	4 000	100	30	3 000	7 000
制造费用					50	30	1 500	1 500
管理费用					30	30	900	900
合计		800	—	4 000	180	—	5 400	9 400

制表：   复核：

（14）20 日，用银行存款支付本月水费 15 000 元，其中生产车间 10 000 元，管理部门 5 000 元。原始凭证如图 7 - 9、图 7 - 10、表 7 - 23、表 7 - 24 所示。

山东省增值税专用发票

3700056952

发票联
全国统一定票监制章
国家税务总局监制

NO：206427586

开票日期：2011年7月20日

购货单位	名称：德州市中大空调公司
	纳税人识别号：372401367850007
	地址、电话：德州市大学东路300号 2657621
	开户行及账号：建设银行德城支行 2201025130681689

密码区

141493589/>+<1375<< 加密版本：01
*+-552-</492<-22-13 3700031116
-3-63>87172682670<7+0 1785001
9/9 2/4 4>>09->98>><1

货物或应税劳务名称	规格型号	单位	数量	单价	金 额	税率	税 额
水		立方米	15 000	1.00	15 000.00	13%	1 950.00
合计					¥15 000.00		¥1 950.00

价税合计（大写）壹万陆仟玖佰伍拾元整　　　　　　　　（小写）¥16 950.00

销售单位	名称：德州市供电公司
	纳税人识别号：371401256300534
	地址、电话：德州市东地北路586号 2651732
	开户银行账号：工商银行天衢路分理处 16285677

备注

德州市自来水公司
37140122225555
发票专用章

收款人：　　　　复核：　　　　开票人：姜彤　　　　销货单位（盖章）：

第二联 发票联 购货方记账凭证

图7-9 增值税专用发票

中国建设银行
转账支票存根（鲁）
XⅡ 20111627
附加信息_____

出票日期 2011 年 07 月 20 日

收款人：市自来水公司
金额：¥16 950.00
用途：支付水费

单位主管　　会计：王毅
复核　　　　记账

本支票付款期限十天

中国建设银行现金支票（鲁）　XⅡ 20111627

出票日期（大写）贰零壹壹年零柒月零贰拾日　　付款行名称：建行
收款人：市自来水公司　　　　　　　　　　　出票人账号：

人民币（大写）	壹万陆仟玖佰伍拾元整	千	百	十	万	千	百	十	元	角	分
				¥	1	6	9	5	0	0	0

用途　支付水费
上列款项请从
我账户内支付
出票人签章

图7-10 转行支票

表7-23

市自来水公司水费结算单

2011 年 7 月 20 日

单位	德州市中大公司		计费月份	7月份
水表起讫数码	用水量（立方米）	单价	金额	备注
326875 - 341875	15 000	1.00	15 000	不含税
金额合计：人民币（大写）壹万伍仟元整			小写：¥15 000.00	

主管：　　　　　复核：　　　　　经办：陈丽华

表 7 - 24

水费分配表

2011 年 7 月 20 日

部门	单位	数量	单价	金额
生产车间	立方米	10 000	1.00	10 000
管理部门	立方米	5 000	1.00	5 000
合计	立方米	15 000	1.00	15 000

制表：　　　　　　　　　　　　　　复核：

（15）21 日，用银行存款支付生产车间设备租赁费 1 300 元。原始凭证如图 7 - 11、表 7 - 25 所示。

中国建设银行转账支票存根

支票号码　　20111628

科　　目　　<u>银行存款</u>

对方科目　　<u>制造费用</u>

出票日期　　2011 年 7 月 21 日

收款人：泰达设备租赁公司
金　额：¥1 300.00
用　途：支付车间设备租赁费

单位主管：　　　会计：王毅

图 7 - 11　转账支票存根

表 7 - 25　　　　　　　　**山东省德州市服务业统一发票**

开户银行　　　　　　　　　　　发票联　　　　发票代码

账号　　　　　　　　　　　　　　　　　发票号码　　　856216

客户名称及地址　德州市中大公司　　　　　　　　2011 年 7 月 21 日填制

项目	规格	单位	数量	单价	满万元无效	金额						备注
						千	百	十	元	角	分	
维修费				1300.00		1	3	0	0	0	0	
金额合计：人民币（大写）壹仟叁佰零拾零元零角零分						1	3	0	0	0	0	

填票人：　　　　收款人：杨宁　　　业户名称（盖章）：泰达设备租赁公司

（16）31 日，计算本月应付职工工资 50 000 元，其中生产甲产品工人工资 20 000 元，生产乙产品工人工资 15 000 元，车间管理人员工资 6 000 元，厂部管理人员工资 9 000 元。原始凭证如表 7 - 26 所示。

表 7-26　　　　　　　　　　**工资费用分配表**

2011 年 7 月 31 日　　　　　　　　　　单位：元

应借账户	应贷账户：应付职工薪酬——工资				
	甲产品	乙产品	车间	厂部	合计
生产成本—甲产品	20 000				20 000
生产成本—乙产品		15 000			15 000
制造费用			6 000		6 000
管理费用				9 000	9 000
合计	20 000	15 000	6 000	9 000	50 000

财务主管：　　　　　　审核：　　　　　　制单：

（17）31 日，按工资总额的 14%提取职工福利费 7 000 元，其中生产甲产品工人福利费 2 800 元，生产乙产品工人福利费 2 100 元，车间管理人员福利费 840 元，厂部管理人员福利费 1 260 元。原始凭证如表 7-27 所示。

表 7-27　　　　　　　　**职工福利费用计算表**

2011 年 7 月 31 日　　　　　　　　　　单位：元

应借账户	计提基数（工资总额）	提取比例	职工福利费
生产成本—甲产品	20 000	14%	2 800
生产成本—乙产品	15 000	14%	2 100
制造费用	6 000	14%	840
管理费用	9 000	14%	1 260
合计	50 000		7 000

财务主管：　　　　　　审核：　　　　　　制单：

（18）31 日，计提本月固定资产折旧 3 800 元，其中生产车间 2 300 元，管理部门 1 500 元（车间固定资产原值 23 000 元，厂部固定资产原值 15 000 元，月折旧率 1%）。原始凭证如表 7-28 所示。

表 7-28　　　　　　　　**固定资产折旧计算表**

2011 年 7 月 31 日　　　　　　　　　　单位：元

项目	应计折旧原价	月折旧率	本月折旧额
制造费用	23 000	1%	2 300
管理费用	15 000	1%	1 500
合计	38 000		3 800

财务主管：　　　　　　审核：　　　　　　制单：

（19）31 日，按甲乙两种产品生产工人工资比例分配并结转本月制造费用。原始凭证如表7-29所示。

表7-29 　　　　　　　　　　**制造费用分配表**

2011年7月31日　　　　　　　　　　　　　单位：元

名称	生产工人工资	分配率	分配额
生产成本—甲产品			
生产成本—乙产品			
合计			

财务主管：　　　　　　　审核：　　　　　　　制单：

（20）31日，本月生产的甲产品800件，其中完工入库500件，月末在产品300件，在产品成本按单位定额成本80元计算确定，其中直接材料费35元，直接人工费20元，制造费用25元。生产的乙产品400件全部完工入库（月初月末均没有在产品）。原始凭证如表7-30、表7-31所示。

表7-30 　　　　　　　　　**库存商品成本汇总计算表**

2011年7月31日　　　　　　　　　　　　　单位：元

成本项目	甲产品（500件）		乙产品（300件）	
	总成本	单位成本	总成本	单位成本
直接材料				
直接人工				
制造费用				
产品生产成本				

财务主管：　　　　　　　审核：　　　　　　　制单：

表7-31 　　　　　　　　　　　**产品入库单**

2011年7月31日

产品名称	规格	计量单位	数量	单位成本	总成本
甲产品		件	500		
乙产品		件	300		
合计	—	—	—	—	

记账：　　　　　　验收：　　　　　　缴库：　　　　　　制单：

二、实训要求

（1）记账凭证编制全面、正确、规范，与所依据的原始凭证相符。材料采购成本及单价要计算正确、制造费用归集及分配计算要正确、完工产品成本计算要正确。制证、审核等有关人员签名或盖章。

（2）各种账簿的设置与登记完整、正确、规范。

三、实训用表

（1）通用记账凭证21张。通用记账凭证格式如图7-12所示。

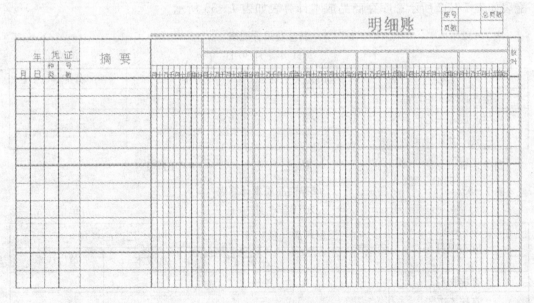

图7-12　通用记账凭证

（2）多栏式明细账账页3张。多栏式明细账账页如图7-13所示。

图7-13　多栏式明细账

（3）数量金额式明细账账页 4 张。数量金额式明细账账页如图 7-14 所示。

图 7-14 数量金额式明细账

（4）编制"制造费用分配表"和"库存商品成本计算单"（各 1 张）。制造费用分配表如表 7-32 所示；库存商品成本计算表如表 7-33 所示。

表 7-32

制造费用分配表

2011 年 7 月 30 日

单位：元

名称	生产工人工资	分配率	分配额
生产成本—甲产品			
生产成本—乙产品			
合计			

财务主管：　　　　　　　　　审核：　　　　　　　　　制单：

表 7-33

库存商品成本计算表

2011 年 7 月 30 日

单位：元

成本项目	甲产品（件）		乙产品（件）	
	总成本	单位成本	总成本	单位成本
直接材料				
直接人工				
制造费用				
产品生产成本				

财务主管：　　　　　　　　　审核：　　　　　　　　　制单：

四、实训组织

（1）根据实训资料，开设"原材料"、"生产成本"、"制造费用"账户的明细账。

（2）根据实训资料编制记账凭证，并将依据的原始凭证附于记账凭证之后。

（3）依据现行企业会计准则、企业会计制度的有关规定，对所编制的记账凭证进行认真审核并签字或盖章。

（4）根据审核无误的记账凭证并参考原始凭证或原始凭证汇总表，登记"原材料"、"生产成本"、"制造费用"账户的明细账。

（5）全部经济业务入账后，结算"原材料"、"生产成本"、"制造费用"明细账户的本期发生额和期末余额。

（6）正确编制"制造费用分配表"和"库存商品成本计算单"。

第八章 编制报表前的准备工作

一、实训资料

新宇公司为一家股份制企业，企业地址在德兴路 16 号，纳税人登记号为416872665447186，开户行为工商银行三八路支行，账号为72569841。该公司人员情况如下：材料采购员刘力，1 号仓库管理员肖新，仓库主管齐玉，总经理张志，车间材料员杜云。该公司原材料采用实际成本法核算，不考虑税金。

1. 2012 年 4 月初甲材料结存数量为 1 000 千克，单价为 10 元。

2. 2012 年 4 月份甲材料（编号 A01）收发情况如下：

（1）8 日，采购员刘力从甲企业购进甲材料 200 千克，实际采购成本 2 000 元。发票号码 301，实收 200 千克，1 号仓库验收入库。

（2）10 日，第一车间生产 A 产品领用甲材料 300 千克，实际成本 3 000 元，领用人杜云。

（3）15 日，第一车间生产 A 产品领用甲材料 420 千克，实际成本 4 200 元，领用人杜云。

（4）17 日，采购员刘力从甲企业购进入库甲材料 250 千克，实际采购成本 2 600元。发票号码 302，实收 250 千克，1 号仓库验收入库。

（5）20 日，第一车间生产 A 产品领用甲材料 550 千克，实际成本 5 800 元，领用人杜云。

（6）月末盘点发现甲材料实存 210 千克，经查短缺部分为管理人员失职损坏。

二、实训要求

（1）原始凭证填写完整、正确、规范，填制人、业务人员、审核人员等签名或盖章。

（2）记账凭证编制全面、正确、规范，与所依据的原始凭证相符。材料采购成本及单价要计算正确、制造费用归集及分配计算要正确、完工产品成本计算要正确。制证、审核等有关人员签名或盖章。

（3）各种账簿的设置与登记完整、正确、规范。

三、实训用表

（1）收料单 2 张。收料单格式如表 8 - 1 所示。

表8-1   收料单

供应单位：   收料仓库：

发票号码：   年 月 日   第   号

材料编号	材料名称	规格	单位	数量		金额	
				应收	实收	单位成木	总成本
合计							

仓库负责人：   经办人：   收料人：

（2）领料单3张。领料单格式如表8-2所示。

表8-2   领料单

领料单位：   凭证编号：

用   途：   年 月 日   发料仓库：

材料类别	材料编号	材料名称	规格	计量单位	数量		单价	金额	第二联
					请领	实领			
									记账
备注				合计					

发料人：   领料人：   记账：

（3）盘盈盈亏报告表1张，盘盈盈亏报告表如表8-3所示。

表8-3   盘盈盈亏报告表

经管部门	物品类别	物品名称	单位	单价	账面数量	盘点数量	盘盈		盘亏		差异原因	
							数量	金额	数量	金额	说明	对策

制表人/日期：   复核人/日期：   批准人/日期

（4）通用记账凭证6张。通用记账凭证格式如表8-4所示。

表 8 – 4   **记账凭证**

总号：

年　月　日   分号：

摘要	总账科目	明细科目	√	借方金额									贷方金额								
				百	十	万	千	百	十	元	角	分	百	十	万	千	百	十	元	角	分
合计																					

附件　　张

会计主管：　　　　记账：　　　　复核：　　　　制单：

（5）原材料明细账账页 2 页。明细账账页格式如表 8 – 5、表 8 – 6 所示。

表 8 – 5   **甲材料明细账（实地盘存制）**

年		凭证		摘要	收入			发出			结存		
月	日	种类	号数		数量	单价	金额	数量	单价	金额	数量	单价	金额

表 8 – 6   **甲材料明细账（永续盘存制）**

年		凭证		摘要	收入			发出			结存		
月	日	种类	号数		数量	单价	金额	数量	单价	金额	数量	单价	金额

四、实训组织

1. 根据每笔业务填制收料单、领料单或盘盈盘亏报告表，并对原始凭证进行审核。
2. 根据审核无误的原始凭证作出会计分录，编制记账凭证并签字或盖章。
3. 根据审核无误的记账凭证，按照永续盘存制登记甲材料明细账并进行月结。
4. 根据审核无误的记账凭证，按照实地盘存制登记甲材料明细账并进行月结。

第九章 财务会计报告

一、实训资料

德州同达公司是一家商业流通企业，公司为增值税一般纳税人，增值税税率为17%。

1. 公司2011年11月1日各账户的期初余额如表9-1所示。

表9-1 总账账户期初余额表

单位：元

账户名称	借方余额	账户名称	贷方余额
库存现金	7 500.00	坏账准备	500.00
银行存款	308 965.00	存货跌价准备	20 000.00
其他货币资金	20 000.00	累计折旧	100 674.00
交易性金融资产	210 000.00	短期借款	200 000.00
应收票据	368 580.00	应付票据	85 438.00
应收账款	122 500.00	应付账款	94 913.00
预付账款	108 233.00	其他应付款	16 700.00
其他应收款	2 500.00	应交税费	450.00
周转材料	30 400.00	应付职工薪酬	3 500.00
库存商品	698 000.00	长期借款	304 800.00
长期股权投资	302 532.00	股本	2 000 000.00
固定资产	853 647.00	资本公积	85 700.00
在建工程	102 348.00	盈余公积	185 230.00
无形资产	175 000.00	利润分配	251 800.00
长期待摊费用	29 000.00		
本年利润	10 500.00		
合计	3 349 705.00	合计	3 349 705.00

补充：长期借款中有100 000元1年内到期。

2. 11月份业务如下：

（1）2日，从银行提取现金。原始凭证如图9-1所示。

中国建设银行现金支票存根

支票号码　　　001203

科　　目　＿＿＿＿＿＿

对方科目　＿＿＿＿＿＿

签发日期　　2011 年 11 月 02 日

收款人：德州同达公司

金　额：￥3 000.00

用　途：备用金

单位主管：　　会计：

复　核　　记账

图9-1　现金支票

（2）5日，从济南华兴公司采购甲商品，开出转账支票1张，金额70 200 元。原始凭证如图9-2、图9-3所示。

中国建设银行转账支票存根

支票号码　　　003203

科　　目　＿＿＿＿＿＿

对方科目　＿＿＿＿＿＿

签发日期　　2011 年 11 月 05 日

收款人：德州同达公司

金　额：￥70 200.00

用　途：购货款

备　注：

单位主管：　　会计：

复　核　　记账

图9-2　转账支票

山东省增值税专用发票

发票联 全国统一发票监制4005030

开票日期： 2011 年 11 月 05 日 山东 鲁国税（2011A）

购货单位	名称	德州同达公司		税务登记号							2110019870204267										
	地址电话	2347896 德州市共青团路 2 号		开户银行及账号							共青团路营业所 333312345										

商品或劳务名称	计量单位	数量	单价	金　额									税率 %	税　额								
				百	十	万	千	百	十	元	角	分		百	十	万	千	百	十	元	角	分
甲商品	件	200	300			6	0	0	0	0	0	0	17			1	0	2	0	0	0	0
合计				¥		6	0	0	0	0	0	0	17	¥		1	0	2	0		0	0

价税合计（大写）	╳ 零 ╳ 柒 万零仟贰佰零拾零元 零 角 零 分　　¥：70200.00

销货单位	名称	德州华兴公司	纳税人登记号	111001686457
	地址电话	854712368 德州解放路 6 号	开户银行及账号	解放路支行 800736

销货单位：德州华兴公司（公章）　　　收款人： 刘梅　　　复核：　　　开票人： 李倩

图 9-3　增值税专用发票

（3）5 日，用现金支付购买甲商品的运费 600 元。原始凭证如表 9-2 所示。

表 9-2

德州市联运公司发票联

N0：05106

单位名称：德州同达公司　　　　2011 年 11 月 05 日　　　　托运单编号：1109

货物名称	计费重量	费用项目	单价	金额						
				万	千	百	十	元	角	分
甲商品	200 件	商品运输费	3			6	0	0	0	0
合　　计					¥	6	0	0	0	0
	人民币（大写）：陆佰元整									

复核：　　　　　制单：张利　　　　盖章： 德州市联运公司财务专用章

（4）6 日，甲商品验收入库，原始凭证见下表。原始凭证如表 9-3、表 9-4 所示。

表9-3   **入库单**

供应单位：德州华兴公司   收料仓库：1号仓库

发票号码：110036   2011年11月06日   第1108号

商品编号	材料名称	规格	单位	数量		金额	
				应收	实收	单位成本	总成本
001	甲商品		件	200	200	302.79	60 558.00
合计							￥60 558.00

仓库负责人：刘立   经办人：祁宏   收料人：乔伟

表9-4   **商品采购成本计算表**   第1108号

2011年11月06日   单位：元

项目		买价	采购费用	采购成本
甲商品	入库数量	200件		
	总成本	60 000.00	558.00	60 558.00
	单位成本	300.00	2.79	302.79

会计主管：孟飞   制单：洪晓

（5）8日，购入电脑一台用于办公，买价5 000元，增值税进项税额850元，预计使用5年，开出转账支票一张，管理部门领用。原始凭证如图9-4、表9-5所示。

山东省增值税专用发票

发票联   全国统一发票监制 山东NO 4006042   国家税务总局监制

开票日期： 2011 年 11 月 08 日   鲁国税（2011A）

购货单位	名称	德州同达公司				税务登记号						2110019870204267								
	地址电话	2347896 德州市共青团路2号				开户银行及账号						共青团路营业所 333312345								

商品或劳务名称	计量单位	数量	单价	金额								税率%	税额							
				百	十	万	千	百	十	元	角	分		百	十	万	千	百	十	元	角	分
电脑	台	1	5000			5	0	0	0	0	0	17					8	5	0	0	0
合计				￥	5	0	0	0	0	0	17				￥	8	5	0	0	0

价税合计（大写）	✕ 零✕零万伍仟 捌佰伍拾 元 零 角 零 分 ￥:5850.00

销货单位	名称	德州科海公司	纳税人登记号	111001686987
	地址电话	854712368 德州解放路9号	开户银行及账号	解放路支行 800378

销货单位：德州科海公司（公章）   收款人：乔雨   复核：   开票人：王娟

第三联 发票联 购货方记账

图9-4 增值税专用发票

表 9-5   固定资产验收单

2011 年 11 月 08 日

名称	单位	数量	价格	预计使用年限	使用部门
电脑	台	1	5 000	5 年	管理部门
备注					

制单：刘娜   审核：孟飞

（6）10 日，用现金支付业务招待费 300 元。原始凭证如图 9-5 所示。

德州市餐饮企业统一发票

德州市税务局
发票专用章

发 票 联

客户名称：德州市同达公司   2011 年 11 月 10 日   *No：1200810*

项 目	服务内容	单 位	数 量	单 价	超十万元无效	金 额						
						万	千	百	十	元	角	分
业务招待	餐饮	桌	1	300.00		¥	3	0	0	0	0	2 报销凭证
	现金付讫											
合计金额（大写）	人民币 零万零仟叁佰零拾零元零角零分					¥	3	0	0	0	0	
付款方式	现金		开户银行及账号	工行中心路办账号 732001260004619								

收款企业（盖章有效）   收款人：李乐   开票人：张娟

德州市顺风酒店
财务专用章

图 9-5　普通发票

（7）15 日，销售甲商品 100 件，单价 400 元，增值税 6 800 元，收到转账支票一张，存入银行。原始凭证如图 9-6、图 9-7 所示。

中国建设银行进账单（回单或收账通知）

2010 年 11 月 15 日

收款人	全　　称	德州市同达公司	付款人	全　　称	海纳电脑公司
	账号或地址	333312345		账号或地址	0033788
	开户银行	共青团路营业所		开户银行	工行德州市支行

人民币（大写）：肆万陆仟捌佰元整	千	百	十	万	千	百	十	元	角	分
			¥	4	6	8	0	0	0	0

票据种类	转账支票	收款人开户银行盖章：
票据张数	1	中国建设银行 共青团路营业所 转讫
单位主管　　会计　　复核　　记账		

图 9 - 6　银行进账单

山东省增值税专用发票

发票联　国统一发票监制　4006042
山东
国家税务总局监制

开票日期： 2011 年 11 月 日　　　　　　　鲁国税（2011A）

购货单位	名称	德州汽贸公司			税务登记号						2110019870367457										
	地址电话	德州市东风路 72 号 2607996			开户银行及账号						东风路路营业所 347891115										

商品或劳务名称	计量单位	数量	单价	金　额									税率%	税　额							
				百	十	万	千	百	十	元	角	分		百	十	万	千	百	十	元	角	分
甲商品	台	100	400		4	0	0	0	0	0	0		17			6	8	0	0	0	0
合计				¥	4	0	0	0	0	0	0		17		¥	6	8	0	0	0	0
价税合计 （大写）	⊗ 零⊗肆万陆仟捌佰零拾零元 零 角 零 分　　　　¥：46800.00																				

销货单位	名称	德州同达公司	纳税人登记号	2110019870204267
	地址电话	2347896 德州市共青团路 2 号	开户银行及账号	共青团路营业所 333312345

销货单位：德州同达公司（公章）　　收款人：乔雨　　　　复核：　　　　开票人：王娟

图 9 - 7　增值税专用发票

（8）16 日，用现金购买办公用品，财务科使用，原始凭证见下表。原始凭证如表 9 - 6 所示。

表9-6   **山东省德州市商业零售统一发票**

发票联   NO：0000067

客户名称：德州同达公司   2011 年 11 月 16 日   鲁国税（2011）

货号	品名及规格	单位	数量	单价		金额					
						千	百	十	元	角	分
003	稿纸	本	100	2.00	满万元无效		2	0	0	0	0
005	墨水	瓶	10	2.00				2	0	0	0
合计金额（大写）	人民币零仟贰佰贰拾元零角零分					¥	2	2	0	0	0
结算方式	现金收讫	开户银行及账号				新华分行 66543						

收款企业（盖章有效）：德州天衢超市 | 现金收讫 | 收款人：刘东   开票人：萧霖

第二联发票联

（9）18 日，用现金支付广告费 600 元。原始凭证如表9-7所示。

表9-7   **山东省德州市广告业统一发票**

发票联   NO   0000036

客户姓名：德州同达公司   2011 年 11 月 18 日   鲁国税（2011）

项目	单位	数量	单价		金额					
				万	千	百	十	元	角	分
德州电视报广告	字	500	1.20			6	0	0	0	0
合计金额（大写）	×万×仟陆佰零拾零元零角零分				¥	6	0	0	0	0

收款单位（盖章有效）：德州电视报社   收款人：辛迪   开票人：范斌

（10）30 日，结转已销产品的生产成本。原始凭证如表9-8所示。

表9-8   **商品销售成本计算表**   第11号

2011 年 11 月 30 日   金额单位：元

产品名称	单位	销售数量	单位生产成本	销售成本总额
甲商品	件	100	302.79	30 279.00
合　计	—	—	—	¥30 279.00

会计主管：张平   制表：刘霞

（11）30 日，结转损益类账户余额（根据账簿记录编制）。原始凭证如表9-9所示。

表9-9 损益类账户发生额汇总表

年 月

收入类账户	本月发生额	支出类账户	本月发生额

二、实训要求

（1）记账凭证编制全面、正确、规范，与所依据的原始凭证相符。制证、审核等有关人员签名或盖章。

（2）各种账簿的设置与登记完整、正确、规范。

（3）报表编制及时，数字准确。

三、实训用表（用具）

（1）通用记账凭证12张（或收款凭证1张，付款凭证7张，转账凭证4张）。通用记账凭证格式如表9-10所示。

表9-10 记账凭证

总号：

年 月 日

分号：

摘要	总账科目	明细科目	√	借方金额									贷方金额									
				百	十	万	千	百	十	元	角	分	百	十	万	千	百	十	元	角	分
	合计																				

附件 张

会计主管： 记账： 复核： 制单：

（2）现金日记账、银行存款日记账账页各1页。现金日记账账页如表9-11所示，银行存款日记账如表9-12所示。

表9-11 现金日记账 单位：元

年		凭证		摘要	对应科目	收入	付出	结存
月	日	种类	号数					

表9-12 银行存款日记账 单位：元

年		凭证		摘要	对应科目	收入	付出	结存
月	日	种类	号数					

（3）明细账略。

（4）总账账页36页。总账账页格式如表9-13所示。

表 9 - 13　　　　　　　　　　　　总分类账

账户名称：　　　　　　　　　　　　　　　　　　　　　单位：元

年		凭证	摘要	借方	贷方	借或贷	余额
月	日						

（5）资产负债表 1 张。资产负债表格式如表 9 - 14 所示。

表 9 - 14　　　　　　　　　　　　资产负债表

会企 01 表

编制单位：　　　　　　　　　年　月　日　　　　　　　　单位：元

资产	行次	期末数	年初数	负债和所有者权益	行次	期末数	年初数
流动资产：				流动负债：			
货币资金	1			短期借款	34		
交易性金融资产	2			交易性金融负债	35		
应收票据	3			应付票据	36		
应收账款	4			应付账款	37		
预付账款	5			预收账款	38		
应收股利	6			应付职工薪酬	39		
应收利息	7			应交税费	40		
其他应收款	8			应付利息	41		
存货	9			应付股利	42		
其中：消耗性生物资产	10			其他应付款	43		
待摊费用	11			预提费用	44		
一年内到期的非流动资产	12			预计负债	45		

表9－14(续)

资产	行次	期末数	年初数	负债和所有者权益	行次	期末数	年初数
其他流动资产	13			一年内到期的非流动负债	46		
流动资产合计	14			其他流动负债	47		
非流动资产				流动负债合计	48		
可供出售金融资产	15			非流动负债:			
持有至到期投资	16			长期借款	49		
投资性房地产	17			应付债券	50		
长期股权投资	18			长期应付款	51		
长期应收款	19			专项应付款	52		
固定资产	20			递延所得税负债	53		
在建工程	21			其他非流动负债	54		
工程物资	22			非流动负债合计	55		
固定资产清理	23			负债合计	56		
生产性生物资产	24			所有者权益（股东权益）			
油气资产	25			实收资本（股本）	57		
无形资产	26			资本公积	58		
开发支出	27			盈余公积	59		
商誉	28			未分配利润	60		
长期待摊费用	29			减：库存股	61		
递延所得税资产	30			所有者权益（股东权益）合计	62		
其他非流动资产	31						
非流动资产合计	32						

(6) 利润表1张。利润表格式如表9－15所示。

表9－15   利润表

会企02表

编制单位：   年   月   单位：元

项目	行次	本月数	本年累计数
一、营业收入	1		
减：营业成本	2		
营业税费及附加	3		

项目	行次	本月数	本年累计数
销售费用	4		
管理费用	5		
财务费用	6		
资产减值损失	7		
加：公允价值变动净收益（损失以"-"号填列）	8		
投资净收益（损失以"-"号填列）	9		
二、营业利润（亏损以"　"号填列）	10		
加：营业外收入	11		
减：营业外支出	12		
其中：非流动资产处置净损失（收益以"-"号填列）	13		
三、利润总额（亏损总额以"-"号填列）	14		
减：所得税	15		
四、净利润（净亏损以"-"号填列）	16		
五、每股收益	17		
（一）基本每股收益	18		
（二）稀释每股收益	19		

四、实训组织

1. 根据该企业期初余额，开设该企业总账并登记期初余额。（或建立简化"T"型账户，并登记期初余额）

2. 根据原始凭证，填制每笔业务的记账凭证。

3. 根据审核无误的记账凭证，登记现金日记账和银行存款日记账。

4. 明细账登记略。

5. 根据记账凭证登记"T"型账户或登记总账，并结出本期发生额和期末余额。

6. 根据账簿记录编制资产负债表、利润表。

第十章 会计核算组织程序

一、实训资料

德州海纳公司是一家工业企业，公司为增值税一般纳税人，增值税税率为17%。存货发出计价方法采用先进先出法。

（一）期初余额及发生额

1. 2011年11月30日总分类账户余额，如表10-1所示。

表10-1　　　　　　　　　11月30日总分类账户余额表　　　　　　　　单位：元

总账科目	借方余额	总账科目	贷方余额
库存现金	600.00	短期借款	50 000.00
银行存款	72 000.00	应付账款	76 000.00
其他应收款	4 000.00	应交税费	6 100.00
应收账款	64 000.00	应付职工薪酬	21 600.00
原材料	120 000.00	应付利息	6 000.00
库存商品	114 000.00	实收资本	400 000.00
固定资产	290 000.00	资本公积	12 000.00
累计折旧	-24 000.00	盈余公积	23 100.00
生产成本	11 000.00	本年利润	68 800.00
利润分配	-12 000.00		
合计	651 600.00		651 600.00

2. 2011年1-11月损益类账户发生额，如表10-2所示。

表10-2　　　　　　　　损益类账户1—11月累计发生额表　　　　　　　单位：元

主营业务收入	7 790 000
其他业务收入	98 000
营业外收入	50 000
主营业务成本	6 700 000
营业税金及附加	747 000

表10-2(续)

主营业务收入		7 790 000
其他业务成本		50 000
管理费用		80 000
财务费用		30 000
销售费用		200 000
营业外支出		62 200

3. 2011 年 11 月 30 日部分明细账户余额,如表 10-3、表 10-4 所示。

表10-3 明细分类账户11月30日余额表 单位:元

总账科目	明细科目	借或贷	数量	单价	金额
原材料	甲材料	借	2 000.00	10.00	20 000.00
	乙材料	借	2 500.00	40.00	100 000.00
库存商品	A产品	借	750.00	120.00	90 000.00
	B产品	借	600.00	40.00	24 000.00
应收账款	德百集团	借			28 000.00
	银座商城	借			36 000.00
	济南贵和商场				
	澳德乐广场				
应付账款	Z公司	贷			45 000.00
	L公司	贷			31 000.00

表10-4 11月30日生产成本账户余额表 单位:元

总账科目	明细科目	成本项目			合计
		直接材料	直接人工	制造费用	
生产成本	A产品	8 000.00	2 000.00	1 000.00	11 000.00
	B产品				

(二) 2011 年 12 月份发生下列经济业务:

1. 12 月 2 日,销售给德百集团 A 产品 300 件给德百集团,单价 180 元,增值税税率为 17%,货款尚未收到。原始凭证如图 10-1 所示。

2. 12 月 2 日,出售 D 机器一台给 S 厂,机器原值 50 000.00 元,已提折旧 20 000.00元,双方协议价 28 000.00 元,收到转账支票,存入银行。原始凭证如表 10-5、表 10-6 所示。

山东省增值税专用发票

发票联　全国统一发票监制　山东NO 第006094　国际税务总局监制

开票日期：　2011 年 12 月 02 日　　　　　　　　　鲁国税（2011A）

购货单位	名称	德百集团公司	税务登记号					2110019870367457										
	地址电话	德州市东风路72号 2607996	开户银行及账号					东风路营业所 347891115										

商品或劳务名称	计量单位	数量	单价	金　额								税率%	税　额								
				百	十	万	千	百	十	元	角	分		百	十	万	千	百	十	元	角	分
A 产品	件	300	180		5	4	0	0	0	0	0	17			9	1	8	0	0	0
合计				￥	5	4	0	0	0	0	17		￥	9	1	8	0	0	0

价税合计（大写）　╳ 零 ╳ 陆仟壹佰捌拾 元 零 角 零 分　　￥：63180.00

销货单位	名称	德州海纳公司	纳税人登记号	2110019870204267
	地址电话	2347896 德州市共青团路2号	开户银行及账号	共青团路营业所 333312345

销货单位：**德州海纳公司**（公章）　收款人：乔雨　复核：　　开票人：王娟

图 10-1　增值税专用发票

表 10-5　　　　　山东省普通销售发票
发票联

开票日期：　　　　　　2012 年 12 月 02 日　　　　　　N o00123

单位名称				税务登记代码							
品名	规格	单位	数量	单价	金额						备注
					万	千	百	十	元	角	分	
D 机器		台	1	20 000	2	8	0	0	0	0	0	
金额合计（大写）	人民币贰万捌仟元整				2	8	0	0	0	0	0	
销售单位	（加盖财务专用章或发票专用章）	开户银行	德州海纳公司		结算方式						
		账号	共青团路营业所 333312345		电话		2347896				

销货单位：德州海纳公司（公章）收款人：乔雨　　　　复核：　　　　开票人：王娟

表 10-6　　　　　　　　中国建设银行进账单（回单或收账通知）

2010 年 12 月 02 日

收款人	全　　称	德州市海纳公司	付款人	全　　称	S 厂
	账号或地址	333312345		账号或地址	0033784448
	开户银行	共青团路营业所		开户银行	工行德州市支行

人民币（大写）：贰万捌仟元整	千	百	十	万	千	百	十	元	角	分
			¥	2	8	0	0	0	0	0

票据种类	转账支票	收款人开户银行盖章：
票据张数	1	中国建设银行 共青团路营业所 转讫
单位主管　会计　复核　记账		

　　3.12 月 3 日，出售 A 产品 100 件给德百集团，单价 180 元，增值税税率 17%，货款转账收讫。原始凭证如图 10-2、表 10-7 所示。

山 东 省 增 值 税 专 用 发 票

发票联　全国统一发票监制　山东NO 4006095　国家税务总局监制

开票日期：　2011 年 12 月 02 日　　　　　　　　　　　　　　鲁国税（2011A）

第二联　记账联　销货方记账

购货单位	名称	德百集团公司		税务登记号					2110019870367457										
	地址电话	德州市东风路 72 号 2607996		开户银行及账号					东风路营业所 347891115										
商品或劳务名称	计量单位	数量	单价	金　额										税率 %	税　额								
				百	十	万	千	百	十	元	角	分		百	十	万	千	百	十	元	角	分
A 产品	件	300	180		1	8	0	0	0	0	0	0	17				3	2	4	0	0	0
合计				¥	1	8	0	0	0	0	0	0	17			¥	3	2	4	0	0	0
价税合计（大写）	╳ 零 ╳ 贰万壹仟贰佰肆拾 元 零 角 零 分　　　¥：21240.00																					
销货单位	名称	德州海纳公司		纳税人登记号					2110019870204267										
	地址电话	2347896 德州市共青团路 2 号		开户银行及账号					共青团路营业所 333312345										

销货单位：德州海纳公司（公章）　　　收款人：乔雨　　　复核：　　　开票人：王娟

图 10-2　增值税专用发票

表 10-7 **中国建设银行进账单（回单或收账通知）**

2010 年 12 月 02 日

收款人	全　称	德州市海纳公司	付款人	全　称	S 厂
	账号或地址	333312345		账号或地址	0033784448
	开户银行	共青团路营业所		开户银行	工行德州市支行

| 人民币（大写）：贰万元整 | 千 | 百 | 十 | 万 | 千 | 百 | 十 | 元 | 角 | 分 |
| | | | | ¥ | 2 | 0 | 0 | 0 | 0 | 0 |

| 票据种类 | 汇票 646565 | 收款人开户银行盖章： |
| 票据张数 | 1 | 中国建设银行
共青团路营业所
转讫 |

| 单位主管　　会计　　复核　　记账 |

4. 12 月 6 日，收到德百集团前欠货款 20 000.00 元，款项以电汇方式划转。原始凭证如表 10-8 所示。

表 10-8 **建设银行电汇凭证**

汇款单位编号　　　　　　委托日期：2011 年 12 月 6 日　　　　　　第 008 号

付款单位	全称	德百集团		收款单位	全　称	德州市海纳公司		
	账号或住址	347891115			账号或住址	333312345		
	汇出地点	德州市	汇出行名称	东风路营业所		汇入地点	德州市	汇入行名称	共青团路营业所
金额	人民币（大写）：贰万元整				千	百	十	万	千	百	十	元	角	分
							¥	2	0	0	0	0	0	0

| 汇款用途：购货 |
| 上列款项已据据委托办理，如需查询，请持此回单来行面洽。 | （汇出行盖章）

2012 年 12 月 6 日 |
| 单位主管　　会计　　复核　　记账 |

5. 12 月 8 日，生产 A 产品领用甲材料 500 吨，单位成本 10.00 元；领用乙材料 500 吨，单位成本 40.00 元。原始凭证如表 10-9、表 10-10 所示。

表 10-9 　　　　　　　　　　　**领料单**

领料部门：生产车间　　　　　　　　　　　　　　　　　　　　凭证编号：061

用途：生产 A 产品　　　　　　　2010 年 12 月 08 日　　　　发料仓库：1 号仓库

材料编号	材料名称及规格	计量单位	数量		价格	
			请领	实发	单价	金额
101	甲材料	吨	500	500	10	5 000.00
备注：					合计	

记账：（印）　　　　审批人：（印）　　　　领料人：（印）　　　　发料人：（印）

表 10-10 　　　　　　　　　　**领料单**

领料部门：生产车间　　　　　　　　　　　　　　　　　　　　凭证编号：061

用途：生产 A 产品　　　　　　　2010 年 12 月 08 日　　　　发料仓库：1 号仓库

材料编号	材料名称及规格	计量单位	数量		价格	
			请领	实发	单价	金额
102	乙材料	吨	500	500	40	20 000.00
备注：					合计	

记账：（印）　　　　审批人：（印）　　　　领料人：（印）　　　　发料人：（印）

　　6.12 月 10 日，从 L 公司购进乙材料 1 000 吨，单价 40.00 元，增值税率 17%，接到银行转来托收承付付款通知，承付全部款项，货物尚未到达。原始凭证如表 10-11、图 10-3 所示。

表 10 - 11

山东省增值税专用发票

发票联　N o4005030

开票日期：2011 年 12 月 10 日　　　　鲁国税（2011A）

购货单位				
购货单位	名称	德州海纳公司	税务登记号	2110019870204267
	地址电话	2347896 德州市共青团路 2 号	开户银行及账号	共青团路营业所 333312345

商品或劳务名称	计量单位	数量	单价	金额 百	十	万	千	百	十	元	角	分	税率 %	税额 百	十	万	千	百	十	元	角	分
乙材料	吨	1 000	40			4	0	0	0	0	0	0	17				6	8	0	0	0	0
合计					¥	4	0	0	0	0	0	0	17			¥	6	8	0	0	0	0

价税合计（大写）	╳零╳肆万陆仟捌佰零拾元零角零分　¥：46 800.00			
销货单位	名称	济南华兴公司	纳税人登记号	111001686457
	地址电话	854712368 济南经七路 31 号	开户银行及账号	历下支行 54877788

第三联　发票联　购货方记账

销货单位：济南华兴公司（公章）　收款人：刘梅　复核：　开票人：李倩

托收承付凭证（付款通知）

委托日期 2011 年 12 月 10 日　　托收号码：11068

付款人	全称	德州海纳公司	收款人	全称	济南华兴公司						
	帐号或地址	333312345		帐号	54877788						
		德州市共青团路		开户银行	城北支行	行号					
托收金额		千	百	十	万	千	百	十	元	角	分
	人名币：（大写）肆万陆仟捌佰元整			¥	4	6	8	0	0	0	0
附件		商品发运情况			合同号						
附寄单证张数或册数	4	高速公路			1178						
备注	款项同意支付 付款人	中国建设银行 历下支行处章 付款人开户银行盖章 12 月 10 日									

单位主管　　会计　　复核　　记账

图 10 - 3　托收承付凭证

7. 12 月 11 日，从 L 公司购进的甲材料运到，用现金支付运费 1 000 元。原始凭证如表 10 - 12、表 10 - 13 所示。

表 10 - 12　　　　　　　　　山东省联运公司发票联

NO：05109

单位名称：德州同达公司　　　　2011 年 12 月 11 日　　　　托运单编号：1107

货物名称	计费重量	费用项目	单价	金额						
				万	仟	百	十	元	角	分
甲材料	1 000 吨	商品运输费	1		1	0	0	0	0	0
合计				￥	1	0	0	0	0	0
	人民币（大写）：壹仟壹佰柒拾元整									

复核：　　　　制单：张娟　　　　盖章：　山东省联运公财务专用章

表 10 - 13　　　　　　　　材料运杂费分配表第 001 号

2011 年 12 月 11 日　　　　　　　　　金额单位：元

材料名称	材料数量（吨）	分配率（元/米）	应分费用
甲材料	1 000	1	930.00
合计	1 000	1	￥930.00

会计主管：王娟　　　　　　　　　　　　　　制单：刘娜

8.12 月 11 日，从 L 公司购进的甲材料验收入库。原始凭证如表 10 - 14、表
10 - 15 所示。

表 10 - 14　　　　　　　　　　收料单

供应单位：济南华兴公司　　　　　　　　　　　收料仓库：1 号仓库

发票号码：0000109　　　　2012 年 12 月 11 日　　　　第 0077 号

材料编号	材料名称	规格	单位	数量		金额	
				应收	实收	单位成本	总成本
101	甲材料		吨	1 000.	1 000	40.93	40 930.00
合　计							￥40 930.00

仓库负责人：王五　　　　　　经办人：刘琦　　　　　　收料人：李达

表 10－15　　　　　　　　　　　材料采购成本计算表　　　　　　　　　第 001 号

2010 年 12 月 11 日　　　　　　　　　　　　　　　单位：元

项目		买价	采购费用	采购成本
甲材料（数量：1 000 吨）	总成本	40 000.00	930.00	40 930.00
	单位成本	40.00	0.93	40.93
成本合计		40 000.00	930.00	40 930.00

会计主管：张平　　　　　　　　　　　　　　　　制单：刘霞

9. 12 月 14 日，采购科张三出差，预支差旅费 4 000.00 元，以现金支付。原始凭证如表 10－16 所示。

表 10－16　　　　　　　　　　　　现金借款单　　　　　　　　　　No　11023

2011 年 12 月 14 日

借款人：张三	
借款用途：采购出差	
借款数额：人民币（大写）肆仟元整	¥4 000.00
单位负责人所属部门：采购科	借款人（签章）2011 年 12 月 14 日
单位负责人批示：李四	签字：张三
会计或出纳员签章：乔雨	

10. 12 月 15 日，通过信汇方式，支付前欠 Z 公司货款 37 000.00 元。原始凭证如表 10－17 所示。

表 10－17　　　　　　　　　　中国建设银行信汇凭证（回单）

委托日期 2012 年 12 月 15 日　　　　　　　　第 11036 号

汇款人	全称	德州海纳公司			收款单位	全　称	Z 公司										
	账号或住址	333312345				账号或住址	6484525458										
	汇出地点	山东省德州市	汇出行名称	共青团路营业所		汇入地点	山东省济南市	汇入行名称	历下支行								
金额	人民币（大写）：叁万柒仟元整						千	百	十	万	千	百	十	元	角	分
									¥3	7	0	0	0	0	0

汇款用途：购货款（前欠）

上列款项已根据委托办理，如需查询，请持此回单来行面洽。

单位主管　会计　复核　记账

（汇出行盖章）

2012 年 12 月 15 日

中国建设银行共青团路营业所章

11. 12 月 16 日，开出现金支票，从银行提取现金 5 000.00 元备用。原始凭证如图

10-4 所示。

中国建设银行现金支票存根

支票号码　　001208

科　　　目　＿＿＿＿＿＿＿

对方科目　　＿＿＿＿＿＿＿

签发日期　　2011 年 12 月 16 日

收款人：德州海纳公司	
金　额：￥5 000.00	
用　途：备用金	

单位主管：　　会计：

复　核　　记账

图 10-4　现金支票存根

12. 12 月 18 日，以现金支付办公用品费 200.00 元。原始凭证如表 10-18、表 10-19 所示。

表 10-18　　　　　　　**山东省德州市商业零售统一发票**

发票联　　　　　　　　　　　　　　　　NO：0000069

客户名称：德州海纳公司　　　2011 年 12 月 18 日　　　鲁国税（2011）

货号	品名及规格	单位	数量	单价	超万元无效	千	百	十	元	角	分	第二联发票联
								金额				
	稿纸	本	100	1.80			1	8	0	0	0	
	墨水	瓶	10	2.00				2	0	0	0	
合计金额（大写）	人民币零仟贰佰贰拾元零角零分					￥	2	0	0	0	0	
结算方式	现金收讫	开户银行及账号				新华分行　　66543						

收款企业（盖章有效）：德州天衢超市　　收款人：刘东　　开票人：萧霖　　现金收讫

表 10 - 19　　　　　　　　　办公用品领用单（记账联）

2008 年 12 月 6 日

领用部门	用品类别	用品名称	计量单位	数量		单价	金额	用途
				请领	实领			
办公室		稿纸	本	50	50	1.9	90.00	办公用
财务科	包	稿纸	本	50	50	1.9	90.00	办公用
		墨水	瓶	10	2.00	20	20.00	办公用
合计							200.00	

仓库主管：陈青　　　　　发料人：严格　　　　　领料人：顾全、李明、龙江、杨林、胡林

13. 12 月 19 日，采购科张三出差归来，报销差旅费 3 750.00 元，退回现金 250 元。原始凭证如表 10 - 20、图 10 - 5 所示。

表 10 - 20　　　　　　　　　德州海纳公司出差报销单

2011 年 12 月 19 日

姓名	张三	工作部门	采购科	出差日期	12 月 14—18 日
出差事由	采购材料	出差地点	北京	往返天数	5 天
发生费用	交通费	住宿费	伙食补贴	其 他	合 计
	1 750.00	1 200.00	500.00	300.00	3 750.00
合计	1 750.00	1 200.00	500.00	300.00	￥3 750.00
	人民币（大写）叁仟柒百伍拾元整				
预借金额	4 000.00	应退金额	250.00	应补金额	

批准人：李四　　　　审核人：张龙　　　　部门主管：李四　　　　出差人：张三

德州市企业单位统一收据

2012 年 12 月 19 日

交款单位　　采购科张三

人民币（大写）　贰佰五十元整　　　　　　　　　　　￥250.00

系　付　　出差退回预支款

收款单位（盖章有效）　　　　　财务　李平　经手人　张三

③记账联

图 10 - 5　收据

14. 12 月 20 日，从 T 公司购入电脑一台，价款 4 000.00 元，增值税 680.00 元，开出转账支票一张。原始凭证如图 10 - 6、表 10 - 21、表 10 - 22 所示。

中国建设银行转账支票存根

支票号码　　003212

科　　目　_____

对方科目　_____

签发日期　2011 年 12 月 20 日

收款人：德州海纳公司
金　额：¥4 680.00
用　途：购电脑

单位主管：　　会计：

复　核　　记账

图 10-6　转账支票存根

表 10-21

固定资产验收单

2012 年 12 月 20 日

名称	单位	数量	价格	预计使用年限	使用部门
电脑	台	1	4 000.00	5	销售部
备注					

制单：刘武　　　　　　　　　　　　　　　审核：郑强

表 10-22

山东省增值税专用发票

发票联　№ 4005030

开票日期：2011 年 12 月 20 日　　　　　　　　　　　鲁国税 （2011A）

购货单位	名称	德州海纳公司		税务登记号						2110019870204267									第
	地址电话	2347896 德州市共青团路 2 号		开户银行及账号						共青团路营业所 333312345									三
商品或劳务名称	计量单位	数量	单价	金额							税率%	金额								联
				百	十	万	千	百	十	元	角	分		百	十	万	千	百	十	元	角	分	
电脑	件	1	4 000			4	0	0	0	0	0	17				6	8	0	0	0	发票联
																					购货方记账
合计				¥		4	0	0	0	0	0	17		¥		6	8	0	0	0	
价税合计（大写）		×零×壹零万肆仟陆佰捌拾元零角零分　　　¥：4 680.00																			
销货单位	名称	德州华兴公司		纳税人登记号						5781001686457									
	地址电话	2312368 德州大学路 31 号		开户银行及账号						德城支行 54974581									

销货单位：德州华兴公司（公章）　　收款人：林美　　复核：　　开票人：张东

15. 12 月 21 日，出售给 Y 公司 100 吨乙材料，单价 50 元，增值税税率 17%，收到现金。原始凭证如图 10-7 所示。

山东省增值税专用发票

发票联　全国统一发票监制章　山东NO 006096　国家税务总局监制

开票日期：　2011 年 12 月 21 日　　　　　　　　　　　　　　　　鲁国税（2011A）

购货单位	名称	Y 公司				税务登记号						21100198747870							
	地址电话	德州市天衢路 12 号 2345781				开户银行及账号						东风路路营业所 347893144							

商品或劳务名称	计量单位	数量	单价	金额								税率 %	税额							
				百	十	万	千	百	十	元	角	分		百	十	万	千	百	十	元	角	分
乙材料	吨	100	50				5	0	0	0	0	0	17					8	5	0	0	0
合计						¥	5	0	0	0	0	0	17				¥	8	5	0	0	0

价税合计（大写）	✕ 零 ✕ 零万伍仟捌佰伍拾 元 零 角 零 分　　　　¥：5850.00

销货单位	名称	德州海纳公司	纳税人登记号	2110019870204267
	地址电话	2347896 德州市共青团路 2 号	开户银行及账号	共青团路营业所 333312345

销货单位：**德州海纳公司**（公章）　　收款人：乔雨　　复核：　　开票人：王娟

第二联　记账联　销货方记账

图 10-7　增值税专用发票

16. 12 月 21 日，现金 5 850 元存入银行。原始凭证如表 10-23 所示。

表 10-23　　　　中国建设银行现金存款单（回单）

2012 年 12 月 21 日

收款单位	全称	德州海纳公司			款项来源	销货款						
	账号	333312345	开户银行	建设银行	交款单位	德州海纳公司						
人民币（大写）伍仟捌佰伍拾元整						万	千	百	拾	元	角	分
						¥	5	8	5	0	0	0
辅币	券别	五角	贰角	壹角	五分	贰分	壹分	收款员 收讫 复核员				
	张数											
主币	券别	一百元		五十元		拾元		五元		贰元		壹元
	张数	58		1								

第一联　银行盖章退回

17. 12 月 24 日，出售 B 产品 200 件给济南贵和商场，单价 60 元，增值税税率 17%，已办妥托收手续。原始凭证如表 10-24、图 10-8 所示。

表 10-24　　　　　　　　　　　　托收承付凭证（回单）

委托日期 2011 年 12 月 24 日　　　　　1　　　托收号码：110018

<table>
<tr><td rowspan="3">付款人</td><td>全称</td><td>济南贵和商场</td><td rowspan="3">收款人</td><td>全称</td><td colspan="7">德州海纳公司</td></tr>
<tr><td>账号或地址</td><td>7858168</td><td>账号</td><td colspan="7">333312345</td></tr>
<tr><td>济南</td><td>开户银行</td><td colspan="3">建设银行</td><td colspan="4">行号</td></tr>
<tr><td rowspan="2">托收金额</td><td colspan="2" rowspan="2">人民币
（大写）壹万肆仟零肆拾元整</td><td></td><td>千</td><td>百</td><td>十</td><td>万</td><td>千</td><td>百</td><td>十</td><td>元</td><td>角</td><td>分</td></tr>
<tr><td></td><td></td><td></td><td>￥</td><td>1</td><td>4</td><td>0</td><td>4</td><td>0</td><td>0</td><td>0</td></tr>
<tr><td colspan="2">附件</td><td colspan="2">商品发运情况</td><td colspan="7">合同号</td></tr>
<tr><td colspan="2">附寄单证张数或册数</td><td>4</td><td colspan="2">铁路发运</td><td colspan="6">1409</td></tr>
<tr><td colspan="2">备注</td><td colspan="2">款项收受日期</td><td colspan="6">中国建设银行共青团路办事处章
收款人开户银行盖章 12 月 24 日</td></tr>
</table>

山东省增值税专用发票

发票联　　全国统一发票监制　山东 NO 006095　国际税务总局监制

开票日期：　2011 年 12 月 02 日　　　　　　　　　　鲁国税（2011A）

<table>
<tr><td rowspan="2">购货单位</td><td>名称</td><td>济南贵和公司</td><td>税务登记号</td><td colspan="2">9771987036745715</td></tr>
<tr><td>地址
电话</td><td>济南市市经八路 72 号
84788822</td><td>开户银行及账号</td><td colspan="2">历下区支行 34789877</td></tr>
<tr><td colspan="2" rowspan="2">商品或劳务
名　称</td><td rowspan="2">计量
单位</td><td rowspan="2">数量</td><td rowspan="2">单价</td><td colspan="8">金　额</td><td rowspan="2">税率
%</td><td colspan="8">税　额</td></tr>
<tr><td>百</td><td>十</td><td>万</td><td>千</td><td>百</td><td>十</td><td>元</td><td>角</td><td>分</td><td>百</td><td>十</td><td>万</td><td>千</td><td>百</td><td>十</td><td>元</td><td>角</td><td>分</td></tr>
<tr><td colspan="2">B 产品</td><td>件</td><td>200</td><td>60</td><td></td><td></td><td>1</td><td>2</td><td>0</td><td>0</td><td>0</td><td>0</td><td>0</td><td>17</td><td></td><td></td><td></td><td>2</td><td>0</td><td>4</td><td>0</td><td>0</td><td>0</td></tr>
<tr><td colspan="2"></td><td></td><td></td><td></td><td></td><td></td><td></td><td></td><td></td><td></td><td></td><td></td><td></td><td></td><td></td><td></td><td></td><td></td><td></td><td></td><td></td><td></td><td></td></tr>
<tr><td colspan="2">合计</td><td></td><td></td><td></td><td>￥</td><td>1</td><td>2</td><td>0</td><td>0</td><td>0</td><td>0</td><td>0</td><td>17</td><td></td><td>￥</td><td>2</td><td>0</td><td>4</td><td>0</td><td>0</td><td>0</td></tr>
<tr><td colspan="2">价税合计
（大写）</td><td colspan="5">╳ 零 ╳ 壹万肆仟零肆拾元零角零分</td><td colspan="6">￥：14040.00</td><td colspan="11"></td></tr>
<tr><td rowspan="2">销货单位</td><td>名称</td><td>德州海纳公司</td><td>纳税人登记号</td><td colspan="2">2110019870204267</td></tr>
<tr><td>地址
电话</td><td>2347896
德州市共青团路 2 号</td><td>开户银行及账号</td><td colspan="2">共青团路营业所 333312345</td></tr>
</table>

销货单位：德州海纳公司（公章）　　收款人：乔雨　　复核：　　　开票人：王娟

图 10-8　增值税专用发票

18. 12 月 24 日，生产 B 产品领用甲材料 600 吨，单位成本 10.00 元。原始凭证如表 10-25 所示。

表 10 - 25   领料单

领料部门：生产车间   凭证编号：061

用途：生产 B 产品   2010 年 12 月 24 日   发料仓库：1 号仓库

材料编号	材料名称及规格	计量单位	数量		价格	
			请领	实发	单价	金额
101	甲材料	吨	600	600	10	6 000.00
备注：					合计	6 000.00

记账：（印）   审批人：（印）   领料人：（印）   发料人：（印）

第二联 记账联

19. 12 月 24 日，生产 B 产品领用乙材料 50 吨，单位成本 40.00 元。原始凭证如表 10 - 26 所示。

表 10 - 26   领料单

领料部门：生产车间   凭证编号：062

用途：生产 B 产品   2010 年 12 月 24 日   发料仓库：1 号仓库

材料编号	材料名称及规格	计量单位	数量		价格	
			请领	实发	单价	金额
102	乙材料	吨	50	50	40	2 000.00
备注：					合计	6 000.00

记账：（印）   审批人：（印）   领料人：（印）   发料人：（印）

第二联 记账联

20. 12 月 25 日，开出转账支票，支付电视广告费 4 000.00 元。原始凭证如图 10 - 9、表 10 - 27 所示。

中国建设银行转账支票存根

支票号码　　　003213

科　　目　_____

对方科目　_____

出票日期　2011 年 12 月 25 日

收款人：德州海纳公司	
金　额：￥4 000.00	
用　途：广告费	
备　注：	

单位主管　　　　会计

复　核　　　　记账

图 10 - 9　转账支票存根

表 10 - 27　　　　　　　山东省德州市服务业统一发票

发票联　　　　　　　　　　　NO　0000039

客户姓名：德州海纳公司　　　　2011 年 12 月 25 日　　　　鲁国税（2011）

项目	单位	数量	单价	金额						
				万	千	百	十	元	角	分
德州电视报广告	个	1	4 000		4	0	0	0	0	0
合计金额（大写）	×万肆仟零佰零拾零元零角零分			￥	4	0	0	0	0	0

收款单位（盖章有效）：德州电视报社　　　　收款人：辛迪　　　　开票人：范斌

21. 12 月 25 日，开出转账支票，支付产品展览费 1 000.00 元。原始凭证如图 10 - 10、表 10 - 28 所示。

中国建设银行转账支票存根

支票号码　　　003213

科　　目　_____

对方科目　_____

出票日期　2011 年 12 月 25 日

收款人：德州海纳公司	
金　额：￥1 000.00	
用　途：展览费	
备　注：	

单位主管　　　　会计

复　核　　　　记账

图 10 - 10　转账支票存根

表 10 – 28　　　　　　　　　　山东省德州市服务业统一发票

发票联　　　　　　　　　　　NO　0000051

客户姓名：德州海纳公司　　　　2011 年 12 月 25 日　　　　　　鲁国税（2011）

项目	单位	数量	单价	金额						
				万	千	百	十	元	角	分
展览费	个	1	1 000	1	0	0	0	0	0	0
合计金额（大写）	×万壹仟零佰零拾零元零角零分			¥	1	0	0	0	0	0

收款单位（盖章有效）：德州龙发服务公司　　　　收款人：于平　　　　开票人：肖斌

22. 12 月 25 日，缴纳增值税 2 100.00 元，委托银行划拨。原始凭证如表 10 – 29、表 10 – 30 所示。

表 10 – 29　　　　　　　　　　中华人民共和国税收缴款书

隶属关系：

经济类型：

收入机关：德州市税务局　　　填发日期 2012 年 12 月 25 日

预算科目	款（税种）	增值税		缴款单位（人）	代码	2001
	项				全称	德州海纳公司
	级次				开户银行	建设银行共青团路营业所
收款国库					账号	333312345

税款所属时期　2011 年 11 月　日　　　　　税款限缴日期　2011 年 12 月 25 日

品目名称	课税数量	计税金额或销售收入	税率或单位税额	已缴或扣除额	实缴税额									
					亿	千	百	十	万	千	百	十	元	角	分
增值税										2	1	0	0	0	0
金额合计（大写）：人民币贰仟壹佰元整						¥	2	1	0	0	0	0

缴款单位（人）（盖章）	税务机关（盖章）	上列款项已收妥并划转收款单位账户	备注：
经办人（章）	填票人（章）	已转讫　国库（银行）盖章 2012 年 12 月 25 日	无银行收讫章无效

第一联（收据）国库（经收处）收款盖章后退缴款

缴款单位电话：　　逾期不缴按税法规定加收滞纳金　　　缴款单位所属行业：

表 10 - 30　　　　　　　中国工商银行委托收款凭证（付款通知）

| 特约 |

托收日期：2011 年 12 月 24 日

承付日期：2011 年 12 月 25 日

付款人	全称	德州海纳公司	收款人	全称	德州市税务局
	账号或地址	333312345		账号或地址	7744855
	开户银行	建设银行共青团路营业所		开户银行	工行德城区支行处

托收金额	人民币（大写）：贰仟壹佰元整	千	百	十	万	千	百	十	元	角	分
					¥	2	1	0	0	0	0

备注： 中国建设银行 共青团路营业所 转讫	上列款项已由付款人开户银行从付款人账户全额划出。 （付款人开户行盖章）	科目： 对方科目： 转账日期：2011 年 12 月 25 日 单位主管：　　会计： 复核：　　　　记账：

23. 12 月 26 日，接银行收款通知，24 日售给济南贵和商场的货款及税款 14 040 元如数收妥入账。原始凭证如表 10 - 31 所示。

表 10 - 31　　　　　　　　托收承付凭证（收账通知）

委托日期 2011 年 12 月 24 日　　　　1　　托收号码：110018

付款人	全称	济南贵和商场	收款人	全称	德州海纳公司
	账号或地址	7858168		账号	333312345
		济南		开户银行	建设银行　　行号

托收金额	人民币（大写）壹万肆仟零肆拾元整	千	百	十	万	千	百	十	元	角	分
				¥	1	4	0	4	0	0	0

附件		商品发运情况	合同号
附寄单证张数或册数	4	铁路发运	1409

备注	上列款项已由付款人开户银行全额划回并收入你方账户内 收款人开户银行盖章 2011 年 12 月 26 日	科　目 _____ 对方科目 _____ 转账　　年 月 日 单位主管　　会计 复核　　　　记账

付款人　开户银行　收到日期 2011 年 12 月 26 日　　　　　支付日期 2011 年 12 月 26 日

24. 12 月 26 日，从银行提取现金 16 000.00 元，备发工资。原始凭证如图 10-11 所示。

中国建设银行现金支票存根

支票号码　　001209

科　　目　　＿＿＿＿＿＿

对方科目　　＿＿＿＿＿＿

签发日期　　2011 年 12 月 26 日

| 收款人：德州海纳公司 |
| 金　　额：￥16 000.00 |
| 用　　途：备用金 |
| 备　　注： |

单位主管　　　　会计

复　　核　　　　记账

图 10-11　现金支票存根

25. 12 月 26 日，以银行存款支付管理部门电话费 350.00 元。原始凭证如图 10-12、表 10-32 所示。

中国建设银行转账支票存根

支票号码　　003215

科　　目　　＿＿＿＿＿＿

对方科目　　＿＿＿＿＿＿

签发日期　　2011 年 12 月 26 日

| 收款人：德州海纳公司 |
| 金　　额：￥350.00 |
| 用　　途：电话费 |
| 备　　注： |

单位主管　　　　会计

复　　核　　　　记账

图 10-12　转账支票存根

表 10-32　　　　　　　　山东省德州市服务业统一发票

发票联　　　　　　　　　　　　NO　0000051

客户姓名：德州海纳公司　　　　2011 年 12 月 26 日　　　　　　鲁国税（2011）

项目	单位	数量	单价	金额						
				万	千	百	十	元	角	分
电话费	个	1	350			3	5	0	0	0
合计金额（大写）	×万零仟叁佰伍拾零元零角零分			￥		3	5	0	0	0

收款单位（盖章有效）：德州电信公司　　　　　　收款人：刘宇　　　　　　开票人：王飞

26. 12 月 26 日，以现金 16 000.00 元，发放本月职工薪酬。原始凭证如表 10-33 所示。

表 10-33   **工资费用分配表**

2011 年 12 月 25 日   单位：元

车间、部门		应分配金额
车间生产人员工资	A 产品	7 000
	B 产品	3 000
车间管理人员		1 000
厂部管理人员		3 000
专设销售机构人员		2 000
合计		16 000

27. 12 月 26 日，报销招待费 900.00 元，现金结算。原始凭证如表 10-34 所示。

表 10-34   **德州市餐饮企业统一发票**

德州市税务局
发票专用章

发票联

客户名称：德州市同达公司   2011 年 12 月 26 日   No：1200818

项目	服务内容	单位	数量	单价		金额						
						万	千	百	十	元	角	分
业务招待	餐饮	桌	1	900.00	超十万元无效	¥	9	0	0	0	0	0
	现金付讫											
合计金额（大写）	人民币零万零仟玖佰零拾零元零角零分						¥	9	0	0	0	0
付款方式	现金	开户银行及账号			工行中心路办账号 732001260004619							

2 报销凭证

收款企业（盖章有效）：   德州市顺风酒店 财务专用章   收款人：李乐   开票人：张娟

28. 12 月 28 日，根据职工薪酬分配汇总表，分配职工薪酬：甲产品生产工人工资 7 000.00 元，乙产品生产工人工资 3 000.00 元，车间管理人员工资 1 000.00 元，厂部管理人员工资 3 000.00 元，销售人员工资 2 000.00 元。原始凭证如表 10-35 所示。

表 10 - 35 工资费用分配表

2011 年 12 月 28 日 单位：元

车间、部门		应分配金额
车间生产人员工资	甲产品	7 000
	乙产品	3 000
车间管理人员		1 000
厂部管理人员		3 000
专设销售机构人员		2 000
合计		16 000

29. 12 月 28 日，开出转账支票向灾区捐款 20 000.00 元。原始凭证如图 10 - 13 所示。

中国建设银行转账支票存根

支票号码 003216

科 目 _____

对方科目 _____

签发日期 2011 年 12 月 28 日

收款人：德州海纳公司
金 额：￥20 000.00
用 途：电话费

单位主管 会计
复 核 记账

图 10 - 13 转账支票存根

30. 12 月 29 日，计算结转本月固定资产折旧费 2 000 元，其中，生产车间固定资产折旧 1 000.00 元，厂部管理用固定资产折旧 500.00 元，销售部门固定资产折旧 500.00 元。原始凭证如表 10 - 36 所示。

表 10 - 36 固定资产折旧计算表

2011 年 12 月 29 日 单位：元

使用单位部门	上月固定资产折旧额	上月增加因固定资产应计提折旧额	上月减少固定资产应计提折旧额	本月应计提的折旧额
生产车间计提				1 000.00
厂部计提				500.00

表10-36(续)

使用单位部门	上月固定资产折旧额	上月增加因定资产应计提折旧额	上月减少固定资产应计提折旧额	本月应计提的折旧额
销售部门计提				500.00
合计				2 000.00

主管: 审核: 制表:

31. 12月29日,计提短期借款利息250元。原始凭证如表10-37所示。

表10-37　　　　　　　　　短期借款利息计算表

年　月　日　　　　　　　　　　单位:元

借款项目	借款日期	金额	年利率	应提利息	备注
6个月借款	2011年10月15日	50 000.00	6%	250.00	
合计		50 000.00	6%	250.00	

会计主管: 审核: 制单:

32. 接受投资G公司投资货币资金100 000元。原始凭证如图10-14、表10-38所示。

投资协议书

2011年12月30日

投资单位	G公司(甲方)	接受单位	德州海纳公司(乙方)
账号或地址	4564545789	账号或地址	732001260004619
开户银行	建行东风路办事处	开户银行	建行共青团路营业所
投资金额	人民币(大写):壹拾万元整		

	经双方友好协商达成如下协议:
协议条款	1. 投资期限5年。 2. 在投资期限内甲方不得抽回投资。 3. 在投资期限内乙方保证甲方投资保值和增值。 4. 在投资期限内乙方应按利润分配规定支付甲方利润。 5. 未尽事宜另行商定。 甲方代表签字:李涵　　　　乙方代表签字:陈龙

图10-14　投资协议书

表 10 - 38 　　　　　中国建设银行进账单（回单或收账通知）

2010 年 12 月 30 日

收款人	全　　称	德州市海纳公司	付款人	全　　称	G 公司
	账号或地址	333312345		账号或地址	4564545789
	开户银行	共青团路营业所		开户银行	建行东风路办事处

人民币（大写）：壹拾万元整	千	百	十	万	千	百	十	元	角	分
		¥	1	0	0	0	0	0	0	0

票据种类	转账支票	收款人开户银行盖章：
票据张数	1	中国建设银行 共青团路营业所 转讫

单位主管　　会计　　复核　　记账

33. 12 月 31 日，按生产工人工资比例分配结转制造费用，分配率保留小数点后两位。根据账簿记录计算填制原始凭证。原始凭证如表 10 - 39 所示。

表 10 - 39 　　　　　　　　　制造费用分配表

2011 年 12 月 31 日 　　　　　　　　　单位：元

分配对象	分配标准 （生产工人工资）	分配率 （%）	分配金额
纺纱车间			
织布车间			
合计			

主管：　　　　　　　　　审核：　　　　　　　　　制表：

34. 12 月 31 日，两种产品全部完工，计算两种产品的产品成本，并将完工产品验收入库。月末在产品按照定额成本计价。已知 A 产品本月完工 350 件，月末在产品定额成本为：原材料 1 745 元、人工费用 435 元、制造费用 220 元，合计 2 400 元。已知 B 产品完工 290 件，无月末在产品。根据账簿记录编制完工产品成本计算表和产成品入库单。原始凭证如表 10 - 40、表 10 - 41、表 10 - 42 所示。

表 10 - 40 　　　　　　　　完工产品成本计算表

产品名称：A 产品 　　　　　2011 年 12 月 31 日 　　　　　单位：元

成本项目	直接材料	直接人工	制造费用	合计
月初在产品				
本月发生额				
本月合计				

表10-40(续)

成本项目	直接材料	直接人工	制造费用	合计
本月完工产品				
月末在产品				

主管： 审核： 制表：

表10-41 **完工产品成本计算表**

产品名称：B产品 2011年12月31日 单位：元

成本项目	直接材料	直接人工	制造费用	合计
月初在产品				
本月发生额				
本月合计				
本月完工产品				
月末在产品				

主管： 审核： 制表：

表10-42 **产成品入库单**

年 月 日 编号：

产品名称	计量单位	入库数量	单位成本	金额（元）	第二联
A产品					记账联
B产品					
合计					

记账： 经手人： 保管人：

35. 12月31日，计算结转本月产品销售成本。原始凭证如表10-43、表10-44所示。

表10-43 **已销产品成本计算表**

2011年12月31日 单位：元

产品名称	计量单位	月初结存		本月入库		本月销售	
		数量	总成本	数量	总成本	数量	总成本
甲产品							
乙产品							
合计							

主管： 审核： 制表：

表 10 - 44　　　　　　　　　　　　产品出库单

年　月　日　　　　　　　　　　　编号：

产品名称及规格	计量单位	数量		单价	金额	用途	
		要数	实发				第二联 记账联
甲产品							
乙产品							
备注：				合计			

记账：　　　　　审批人：　　　　　　领料人：　　　发料人：

36. 结转已销材料的生产成本。原始凭证如表 10 - 45 所示。

表 10 - 45　　　　　　　　　　　　材料出库单

年　月　日　　　　　　　　　　　编号：

产品名称及规格	计量单位	数量		单价	金额	用途	
		要数	实发				第二联 记账联
备注：				合计			

记账：　　　　　审批人：　　　　　　领料人：　　　发料人：

37. 12 月 31 日，计算结转本月应交城市维护建设税（7%）；计算结转教育费附加（3%）。原始凭证如表 10 - 46、表 10 - 47 所示。

表 10 - 46　　　　　　　　　应交城市维护建设税计算表

2011 年 12 月 31 日　　　　　　　　　单位：元

项目	计税基数		税率	应交城市维护建设税
	增值税	营业税		
	1	2	3	4 =（1 + 2）×3
城市维护建设税	7 760.00		7%	543.20
合计	7 760.00		7%	543.20

会计主管：　　　　　　审核：　　　　　　　　制单：

表 10-47　　　　　　　　**应交教育费附加计算表**

2011 年 12 月 31 日　　　　　　　　　单位：元

项目	计税基数		税率	应交教育费附加
	增值税	营业税		
	1	2	3	4 =（1+2）×3
教育费附加	7 760.00		3%	232.80
合计	7 760.00		3%	232.80

会计主管：　　　　　　　审核：　　　　　　　　制单：

38. 12 月 31 日，将损益类账户的本月发生额转入"本年利润"账户。根据账簿记录填制损益类账户发生额汇总表，原始凭证如表 10-48 示。

表 10-48　　　　　　　　**损益类账户发生额汇总表**

年　　月

收入类账户	本月发生额	支出类账户	本月发生额

39. 12 月 31 日，按全年利润总额的 25% 计算结转应交所得税。根据账簿记录填制所得税计算表，原始凭证如表 10-49 所示。

表 10-49　　　　　　　　**所得税费用计算结转表**

2012 年 12 月 31 日　　　　　　　　　单位：元

税前会计利润总额	
所得税率	25%
本期应计提所得税费用	

制表：　　　　　　　审批：

40. 12 月 31 日，将本年所得税费用转入本年利润。根据账簿记录填制所得税计算表，原始凭证如表 10-50 所示。

表 10 - 50   **所得税费用计算结转表**

2012 年 12 月 31 日   单位：元

税前会计利润总额	
所得税率	25%
本期应计提所得税费用	

制表：   审批：

41. 结转本期净利润。根据账簿记录填制净利润计算结转表，原始凭证如表 10 - 51 所示。

表 10 - 51   **净利润计算结转表**

年   月   单位：元

税前会计利润总额	
所得税费用	
税后净利润	

制表：   审批：

42. 12 月 31 日，按本期税后利润的 10% 提取法定盈余公积金。根据账簿记录填制盈余公积计算结转表，原始凭证如表 10 - 52 所示。

表 10 - 52   **盈余公积计算结转表**

年   月   日   单位：元

项目	计提依据	提取率	应提金额	备注
	税后利润金额			
法定盈余公积		10%		
合计				

会计主管：   审核：   制单：

二、实训要求

（1）原始凭证填写完整、正确、规范，填制人、业务人员、审核人员等签名或盖章。

（2）记账凭证编制全面、正确、规范，与所依据的原始凭证相符。材料采购成本及单价要计算正确、制造费用归集及分配计算要正确、完工产品成本计算要正确。制证、审核等有关人员签名或盖章。

（3）各种账簿的设置与登记完整、正确、规范。

（4）报表编制及时，数字准确。

三、实训用具

1. 收款凭证：7 张。
2. 付款凭证：16 张。
3. 转账凭证：23 张。
4. 总账：1 本（需用 50 页）。
5. 现金日记账：2 页。
6. 银行存款日记账：2 页。
7. 三栏式明细账页：20 张。
8. 数量金额栏明细账页：10 页。
9. 多栏式明细账页：10 页。
10. 科目汇总表：6 页。
11. 资产负债表、利润表各 2 张。
12. 记账凭证封皮 3 张。

四、实训组织

1. 建账：根据给出的期初总账余额和明细账余额，建立总账、明细账、现金日记账、银行存款日记账；
2. 根据发生的经济业务及相应的原始凭证，编制记账凭证（采用收、付、转三类凭证）；
3. 根据收、付款凭证登记日记账；
4. 根据原始凭证及记账凭证登记明细账；
5. 编制科目汇总表；
6. 根据科目汇总表登记总账；
7. 对账、结账；
8. 编制资产负债表、利润表。

第十一章　会计工作组织

【实训一】

一、实训目的

掌握会计档案的装订、保管（凭证的装订方法与凭证、账簿保管）。

二、实训要求

对一个月的记账凭证进行装订。

三、实训用具

全月已填制好的记账凭证，如可使用第十一章中已编制好的收款凭证、付款凭证、转账凭证，凭证封皮等。

四、会计凭证的装订流程说明

1. 操作流程

会计凭证装订操作流程如下：

检查会计凭证是否齐全完整 → 装订成册加具封面 → 入库封存 → 移交档案。

2. 会计凭证装订要求

第一，会计凭证装订之前，要检查每张记账凭证所附原始凭证是否齐全，并且要对附件进行必要的外形加工。凡是超过记账凭证宽度和长度的原始凭证，都要整齐地折叠，保证装订后能自然展开；对过窄、过短的附件，不能直接装订时，应先粘贴在专制的原始凭证粘贴纸上，然后再装订粘贴纸。

①对于面积只超过记账凭证下沿的原始凭证，下沿如果折叠的部分超过记账凭证上沿时，在自下向上折叠，反复折叠几次，使剩余的面积小于记账凭证，然后将折叠的部分的左沿对齐下沿，折成三角形。

②对于面积只超过记账凭证右沿的原始凭证，应自右向左折叠。如果折叠部分的左沿离记账凭证较近或超过记账凭证的左沿时，再自左向右折叠。

③对于面积同时超过记账凭证下沿和右沿的原始凭证，先自下向上折叠，再自右向左折叠，最后折成三角形。

第二，装订之前要检查记账凭证是否分月按自然数 1，2，3，4，5，6，…顺序连续编号，是否有跳号或重号现象。

第三，装订之前要设计 下，看看一个月的会计凭证装订几册为好。每册的厚度基本保持一致，一般每册厚度 2~3 cm 为宜，且不能把几张一份的记账凭证拆开装订在两册之中，做到易于翻阅而且美观。

第四，所有会计凭证每册都要用较结实的牛皮纸加具封面，并在封面上注明会计单位名称、会计凭证名称；此外，封面上还要填写凭证所反映的经济业务发生的年份、月份，凭证的起始号码，本扎凭证为几分之几册或本月几册、本册为第几册。在记账凭证封面上加盖单位负责人、财务负责人和装订人的印章，由装订人在装订线封签处加盖骑缝章。

3. 会计凭证装订方法

一般单位大部分采用手工装订方法：将凭证整理齐整，在凭证左边打三孔；用绳订好；最后粘贴封签纸，并加盖骑缝章。

【实训二】

一、实训目的

为 个企业设计一套账务处理流程。

二、实训要求

通过网络、媒体或者任何方式了解并搜集某一行业某一个企业的相关资料，并利用所学过的会计知识为该企业设计一套账务处理流程，或者为该企业设计一套财务工作流程。

三、手工账务处理流程设计提示

（一）准备工作

1. 根据企业的规模等，选择适用《企业会计准则》或《小企业会计制度》。
2. 购买记账凭证、账簿、会计报表、科目汇总表等。
（1）空白记账凭证。可根据需要选择通用记账凭证，或者选择收、付、转等凭证。
（2）各类账簿。
①现金日记账。
②银行存款日记账。
③总分类账。
④明细分类账。
（3）空白会计报表，包括资产负债表、利润表、现金流量表等。
3. 选择科目：参照企业会计准则应用指南中的会计科目，结合自己单位所属行业及企业管理需要，依次从资产类、负债类、所有者权益类、共同类、成本类、损益类中选择出应设置的会计科目。

4. 填制账簿内容。

（1）封皮。

（2）扉页，或使用登记表，明细账中称经管人员一览表。

（3）总分类账的账户目录。

（4）账页（不存在期初余额）。

（二）开设新账

1. 开设总账。根据所选企业各账户的期初余额记入各账簿相关账户期初余额。

2. 开设库存现金和银行存款日记账。根据所选企业现金和银行存款账户的期初余额登记日记账期初余额。

3. 开设明细分类账。根据所选企业实际情况，决定要开设的明细账并录入期初余额。

（1）三栏式明细账。适合于只登记金额的账户。

（2）数量金额式明细账。适合于同时登记数量和金额的账户。

（3）多栏式明细账。适合于收入、费用、成本类账户。

（三）日常账务处理

1. 对从外部取得的相关原始凭证用规范化的语言描述经济业务；

2. 对需要自制的原始凭证，根据经济业务内容在空白原始凭证上填制；

3. 根据审核无误的原始凭证编制记账凭证；

4. 根据记账凭证逐笔登记账簿（包括总账、明细账、日记账），并计算发生额和余额。

（四）期末处理

1. 对账。将总账、日记账和各明细账进行对账。

2. 结账。计算发生额和余额。

3. 编制会计会计报表。包括：资产负债表、利润表、现金流量表、股东权益变动表等。

（五）会计档案保管：装订会计凭证和账簿等，并归档保管（略）

第三部分　参考答案

第一部分 案例与作业思考题参考答案

第一章 总论

一、教学案例分析

1. 小王不可以将购买自己家庭用品的发票拿到公司报销。在这里要区分会计主体与法律主体（法人），会计主体与经济上的法人不是同一概念。一般，会计主体可以是法人，如公司制企业；但也可以不是，如独资及合伙企业。例如甲、乙、丙等人准备成立 F 公司，这家特定的 F 公司就成为了一个会计核算的主体，只有以 F 公司的名义发生的有关活动，如购进原材料、支出生产工人的工资、销售产品等，才是 F 公司会计核算的范围；而作为该 F 公司投资者的甲、乙、丙等人的有关经济活动则不是该 F 公司会计核算的内容，向 F 公司提供材料的另一些公司的经济活动，也不是 F 公司的核算范围，还有借钱给 F 公司的银行的财务活动也不是 F 公司的核算范围。这样，作为 F 公司的会计，核算的空间范围就界定为 F 公司，即只核算以 F 公司名义发生的各项经济活动，从而就严格地把 F 公司与 F 公司的投资者、借钱给 A 公司的银行以及与 F 公司发生或未发生经济往来的其他公司区别开来，其他的公司就是另一个会计主体了。小王的家庭开支，显然不属于"极品鲜"馄饨食品有限公司这个会计主体的业务，所以小王购买自己家庭用品不能到公司进行报销。

2. 会计主体的经营活动可以看成是逝水不断的长河，又人为把它隔断以测定其流量，于是产生了会计一系列基本原则、特有的程序和方法，以便既立足于继续经营，又可能分清各个会计期间的经营业绩，为一个会计主体连续提供各个会计期间的经营成果和期初、期末财务状况及其变动的信息。如果没有会计分期假设，会计上就无所谓"收入实现"和"费用分配"，无所谓"资产"和"费用"，也就不存在本期和非本期，不存在"权责发生制"和"收付实现制"，不存在"预收"、"预付"、"应收"、"应付"，因而也就不可能定期编制会计报表。在我国的《企业会计准则》中，规定我国企业的会计期间按年度划分，以日历年度为一个会计年度，即从每年 1 月 1 日至 12 月 31 日为一个会计年度。除按年度外，会计期间也可按日历时间划分，分为半年度、季度和月度。会计期间划分的长短会影响损益的确定。一般而言，会计期间划分得越短，反映经济业务活动的会计信息质量就越不可靠。当然，会计期间的划分也不可能太长，否则会影响会计信息使用者及时使用会计信息的需要的满足程度，因此必须恰当地划分会计期间。该公司在 9 月 15 日编制会计报表是不允许的，不符合会计分期这一基本前提。

3. 会计核算需选择货币作为会计核算的计量单位，用货币形式来反映企业的生产经营活动的全过程，从而全面反映企业的财务状况和经营成果。我国的法定货币是人民币，且在我国境内具有广泛的流动性，所以，《会计法》和《企业会计准则》均规定"会计核算以人民币为记账本位币"。同时对于外币业务较多的企业，《会计法》和《企业会计准则》也规定"业务收支以人民币以外的货币为主的单位，可以选定其中一种币作为记账本位币，但是编报的财务会计报告应当折算为人民币。"值得注意的是：记账本位币一经确定，不得随意变动，同时年末编制财务会计报告时，应当按照一定的外汇汇率折算为人民币进行反映。在本案例中，该公司设立于我国境内，并且其主要的经济业务均按人民币核算，因此记账本位币应为人民币，而外币业务是偶然发生的并且极少，显然小李将某一项偶然的经济业务按外币核算是不合理的。

4. 小王将公司购买价值6 800元的电脑一次性全部记入本月的费用中是不合理的。企业的经济业务活动可以分为资产、负债、所有者权益、收入、费用和利润六个会计要素。资产是指过去的交易或事项形成并由企业拥有或控制的、预期会给企业带来经济利益的资源。资产按其流动性用划分为流动资产和非流动资产，其中非流动资产（一般）是指超过一年变现或耗用的资产，主要包括长期投资、固定资产、在建工程、无形资产等；而固定资产是指使用年限在一年以上，单位价值在规定标准以上（一般在2 000元以上）的，并且在使用中保持原来物质形态的资产，比如：房屋、建筑物、机器设备、工具器具等。费用是一个特定的概念，不是所有的经济利益流出都是费用，它是与收入相对的概念，也可以说企业为取得收入而付出的代价。费用有多种表现形式，但其本质是资产的转化形式，是企业资产的耗费。本案中该公司购置的电脑其价值超过规定的标准，使用期限在一年以上，这是符合固定资产定义，而小王将其全部记入本月的费用是不符合要求的。

5. 会计要素在会计报表中列示的条件是，对已经确认和计量的会计要素，应该在会计报表中列示。资产、负债、所有者权益在资产负债表中列示；而收入、费用、利润在利润表中列示。对于本案例中的具体业务处理如下：

（1）所作的业务处理是正确的。在销售的同时符合收入确认标准，应予以确认收入和资产。

（2）会计处理是不正确的。不能根据已签订的合同来确认销售收入的实现，销售商品采用预收款方式的，在发出商品时确认收入，预收的货款应确认为负债。本期应确认的收入为1 000元。实际收到2 000元，其中1 000元为货款，另外1 000元是预收账款。

（3）会计处理是不正确的。本期只能确认收入1 000元，前欠的货款应作为应收账款的收回处理，不能作为企业本期的销售收入。

（4）会计处理是不正确的。一般情况下企业购入的办公用品，应在业务发生时确认为当期的费用，不应作为企业的资产来核算。

（5）会计处理是正确的。一般生产经营用借款利息，作为企业的财务费用处理。

（6）会计处理是正确的。购买设备应作为企业的固定资产，未付款应作为企业的负债处理。

（7）会计处理是正确的。接受投资人投入的资产应为实收资本核算。

（8）会计处理是正确的。但是按照《现金管理暂行条例》规定，企业购买原材料支付的货款不允许使用现金支付，应该通过银行转账进行结算。

（9）该笔业务，由于 B 公司现金流转存在困难，"极品鲜"馄饨食品有限公司不是很可能收回销售货款，根据销售商品收入的确认条件，应首先判断未来的经济利益是否很可能流入企业来确认销售收入的实现，"极品鲜"馄饨食品有限公司在发出商品时不能确认收入。为此，应将已发出的商品成本通过"发出商品"科目反映。（应综合考虑购货单位的实际情况来判断经济利益流入企业的可能性）

（10）该笔业务的销售是附有退货条件的，所以只有等到退货期满时，才能确认收入的实现。

（11）会计处理是正确的。销售活动成立，一方面确认收入，一方面形成资产。

根据上述内容，对"极品鲜"馄饨食品有限公司记录的业务调整如表 1-1 所示。

表 1-1　　　　　　　　　　"极品鲜"馄饨食品有限公司业务记录

业务	资产	负债	所有者权益	收入	费用
1	+1 000（库存现金）			+1 000	
2	+2 000（库存现金）	+1 000（预收账款）		+1 000	
3	+3 000（库存现金） -2 000（应收账款）			+1 000	
4		+800（应付账款）			800（管理费用）
5	-250（库存现金）				250（财务费用）
6	+4 500（固定资产）	+4 500（应付账款）			
7	+30 000（银行存款）		+30 000（实收资本）		
8	+3 000（原材料） -3 000（库存现金）				
9	+2 000（发出商品） -2 000（库存商品）				
10	+2 500（发出商品） -2 500（库存商品）				
11	+4 000（银行存款）			+4 000	
合计	42 250	6 300	30 000	7 000	1 050

本期已销产品的成本 = 7 000 × 70% = 4 900（元）

本期的利润 = 7 000 × 30% - 1 050 = 1 050（元）

资产期末余额 = 100 000 + 42 250 - 4 900 = 137 350（元）

权益期末余额 = 负债 + 所有权益 +（收入 - 费用）

　= 20 000 + 80 000 + 6 300 + 30 000 +（7 000 - 1 050 - 4 900）= 137 350（元）

二、作业与思考题参考答案

（一）单项选择题

1. B	2. C	3. A	4. B	5. B
6. D	7. C	8. D	9. B	10. D
11. A	12. C	13. A	14. B	15. D
16. C	17. B	18. B	19. A	20. D
21. A	22. D	23. B	24. A	25. C

（二）多项选择题

1. ABDE	2. ABCDE	3. ACD	4. ABDE	5. ACD
6. ABCDE	7. DE	8. BCD	9. ACD	10. BC
11. ABCE	12. BCE	13. BCD	14. BC	15. ABCE
16. ABCD	17. BC	18. ADE	19. ABDE	20. ADE

（三）判断题

1. √	2. ×	3. ×	4. ×	5. ×
6. √	7. ×	8. √	9. √	10. ×
11. ×	12. √	13. ×	14. ×	15. √
16. ×	17. ×	18. √	19. ×	20. ×
21. ×				

（四）名称解释

1. 会计对象：就是会计反映和监督的内容，即会计所要反映和监督的客体。概括地说就是企业再生产过程中的资金运动。

2. 负债：是指过去的交易或事项形成的现时义务，履行该义务预期会导致经济利益流出企业。

3. 收入：是指企业销售商品、提供劳务及让渡资产使用权等日常活动中所形成的经济利益的总流入。

4. 所有者权益：是指所有者在企业资产中享有的经济利益，其金额是资产减去负债后的差额，是所有者享有的剩余权益，可以通过对会计恒等式的变形来表示，即：资产－负债＝所有者权益，因此也称为净资产。

5. 资产：是指过去的交易或事项形成并由企业拥有和控制的资源，该资源预期会给企业带来经济利益。

6. 费用：是指企业销售商品、提供劳务等日常经营活动中所发生的经济利益的流出。

7. 会计主体：是会计核算服务的对象，或者说是会计人员进行核算（确认、计量、记录、报告）采取的立场及空间活动范围界定。

8. 持续经营：是指在可预见的未来，会计人员为之服务的会计主体，将根据正常的经营方针和既定的经营目标持续经营下去。也就是说，在可预见的未来，会计主体不会破产清算，所持有的资产能正常运营，所负有的债务将能正常清偿。

9. 会计分期：就是将企业的经营活动认为划分若干个相等的时间间隔，以便确认某个会计期间的收入、费用、利润，确认某个会计期末的资产、负债、所有者权益，编制财务会计报告。

10. 会计等式：也称为会计平衡公式，它是表明各会计要素之间基本关系的恒等式。可表示为：资产＝负债＋所有者权益，它是设置账户、复式记账和编制资产负债表的基础。

11. 权责发生制：又称为应收应付制，是指企业以收入的权利和支出的义务是否归属本期为标准来确认收入、费用的一种会计处理基础。也就是以应收应付制为标准，而不是以款项的实际收付是否在本期发生为标准来确认本期的收入和费用。

12. 收付实现制：又称为现收现付制，是以款项是否实际收到或付出作为确定本期收入和费用的标准。

13. 会计要素：是对会计对象的基本分类，是会计对象的具体化，是反映会计主体的财务状况和经营成果的基本单位。

14. 会计职能：是指会计在经济管理中所具有的功能，主要包括核算和监督两大职能。

15. 货币计量：是用货币来反映一切经济业务，是会计核算的基本特征，也是会计核算的一个重要的前提条件。货币计量前提实际上还包括一个重要的前提，即币值稳定。

16. 会计目标：是指会计工作所要达到的终极目的。由于会计是整个经济管理的重要组成部分，会计目标要从属于经济管理的总目标。所以，会计终极目标是提高经济效益。会计核算的具体目标是向会计信息使用者提供企业的相关会计信息。

17. 利润：是指企业一定会计期间的经营成果，是收入与费用相抵后的盈余。

18. 实质重于形式：要求企业应当按照交易或事项的经济实质进行会计处理，不应只以交易或事项的法律形式为依据。

（五）填空题

1. 会计核算、会计监督；

2. 提高经济效益；

3. 资产、负债、所有者权益、收入、费用、利润；

4. 流动资产、非流动资产；

5. 流出；

6. 会计主体、持续经营、会计分期、货币计量；

7. 收入、费用；

8. 收付；

9. 实物量度、劳动量度、货币量度、货币量度；

10. 1 年、超过 1 年；

11. 2 000 元、2 年；

12. 流动负债、长期负债；

13. 资产、负债；

14. 实收资本、资本公积、盈余公积、未分配利润；

15. 主营业务收入、其他业务收入；

16. 当期收入；

17. 经营成果、营业利润、利润总额、净利润；

18. 当期损益；

19. 反映、监督、会计对象；

20. 资产、负债、所有者权益；

21. 销售商品、提供劳务、经济利益；

22. 盈余公积、未分配利润；

23. 弥补亏损、转增资本、现金股利；

24. 转增资本；

25. 营业利润、营业外收入、营业外支出。

（六）计算题

1. 权责发生制：收入：40 000 + 10 000 = 50 000（元）

费用：1 000 + 200 + 2 000 = 3 200（元）

收付实现制：收入：40 000 + 8 000 + 4 000 + 8 000 = 60 000（元）

费用：6 000 + 2 000 + 3 000 = 11 000（元）

2.（1）营业利润 = 188 500 - 75 400 - 18 500 - 19 000 - 2 500 - 10 000 + 5 850 = 68 950（元）

（2）利润总额 = 68 950 + 1 800 - 750 = 70 000（元）

（3）净利润 = 70 000 - 70 000 × 25% = 52 500（元）

3. 属于资产的有：库存现金、银行存款、应收账款、原材料、固定资产、累计折旧；

属于负债的有：预收账款、短期借款；

属于所有者权益的有：实收资本、利润分配。

资产总额 = 1 000 + 80 000 + 20 000 +（1 000 000 - 200 000）+ 10 000
 = 911 000（元）

负债总额 = 20 000 + 300 000 = 320 000（元）

所有者权益总额 = 91 000 + 500 000 = 591 000（元）

4.（1）流动资产 = 600 + 400 + 100 = 1 100（万元）

非流动资产 = 1 000（万元）

资产总额 = 1 100 + 1 000 = 2 100（万元）

（2）负债总额 = 100（万元）

所有者权益总额 = 2 100 - 100 = 2 000（万元）

（3）期末所有者权益总额 = 2 500 - 100 = 2 400（万元）

（4）2011 年实现利润 = 2 400 - 2 000 = 400（万元）

5. （1）A = 495 000 - 8 000 - 27 000 - 52 000 - 35 000 - 200 000 = 173 000（元）

B = 495 000（元）

C = [495 000 - (240 000 + 23 000)] - 12 000 - 28 000 - 9 000 = 183 000（元）

（2）该企业的流动资产总额为 8 000 + 27 000 + 173 000 + 52 000 = 260 000（元）

（3）该企业的负债总额为 12 000 + 28 000 + 183 000 + 9 000 = 232 000（元）

（4）该企业的所有者权益总额为 240 000 + 23 000 = 263 000（元）

（七）业务题

1. 项目分析结果如表 1 - 2 所示。

表 1 - 2　　　　　　　　　　　项目计算表　　　　　　　　　　单位：元

项目序号	金额		
	资产	负债	所有者权益
（1）库存现金	1 700		
（2）银行存款	2 939 300		
（3）实收资本			13 130 000
（4）长期借款		500 000	
（5）短期借款		300 000	
（6）原材料	417 000		
（7）生产成本	584 000		
（8）库存商品	520 000		
（9）应收账款	43 000		
（10）应付账款		45 000	
（11）交易性金融资产	60 000		
（12）固定资产	5 700 000		
（13）固定资产	4 200 000		
（14）固定资产	530 000		
（15）资本公积			960 000
（16）盈余公积			440 000
（17）应付账款		200 000	
（18）长期股权投资	650 000		
（19）利润分配			70 000
合计	15 645 000	1 045 000	14 600 000

2. 经济业务分析结果表 1-3 所示。

表 1-3 经济业务变动状况表

经济业务内容	会计等式变动结果	变动类型
（1）收回欠款存入银行	36 000 = 5 200 + 30 800	资产内部项目此增彼减
（2）以银行存款购买原材料	36 000 = 5 200 + 30 800	资产内部项目此增彼减
（3）投资者以固定资产投资	42 000 = 5 200 + 36 800	资产与权益同增
（4）购入原材料款项未付	44 000 = 7 200 + 36 800	资产与权益同增
（5）以银行存款支付欠款	42 500 = 5 700 + 36 800	资产与权益同减
（6）收到投资者投资	50 000 = 5 700 + 44 300	资产与权益同增

期初余额：10 000 + 5 000 + 12 800 + 8 200 = 5 200 + 30 800

即 36 000 = 5 200 + 30 800 符合资产 = 负债 + 所有者权益。

上述经济业务发生后：50 000 = 5 700 + 44 300 仍符合资产 = 负债 + 所有者权益，由此可见，任何经济业务的发生都不会改变会计恒等式。

（八）案例分析题

1.（1）可比性要求不同企业都要按照国家统一规定的会计核算方法与程序进行，以便会计信息使用者进行企业间的比较。从经营过程看，甲显然比乙要好，在其他因素相同的情况下，甲比乙取得了更多的收入；但从收益计算的结果看，甲与乙是一样的。可见，收益结果未能客观地反映经营过程，原因在于对广告费两人采用了不同的处理方法。正是由于收益计算的基础或依据不一样，使得甲、乙二者的收益结果不具有可比性，也就是说，我们不能因为他们各自计算出的收益一样就断定两者的经营效益相同。可以想象，如果每一个企业都利用各自不同的会计处理方法，那么就无法用他们提供信息来判断哪家企业的生产经营活动与效益更好。这就是会计核算中要使不同企业采用相同的核算方法以便使提供的会计信息具有可比性的原因。

（2）在这种情况下，因为规定广告费必须全部记入当月费用，也就是他们是采用了相同的会计处理方法，因而结果是具有可比性的，由此我们可以得出结论：本月甲的经营效益比乙要好。

2.（1）权责发生制与收付实现的异同

权责发生制，也称应计制或应收应付制。它是以权利或责任的发生与否为标准，来确认收入和费用。不论是否已有现金的收付，按其是否体现各个会计期间的经营成果和收益情况，确定其归属期。就是说凡属本期的收入，不管其款项是否收到，都应作为本期的收入；凡属本期应当负担的费用，不管其款项是否付出，都应作为本期费用。反之，凡不应归属本期的收入，即使款项在本期收到，也不作为本期收入；凡不应归属本期的费用，即使款项已经付出，也不能作为本期费用。

而收付实现制也称现金制。它是以现金收到或付出为标准，来记录收入的实现或费用的发生。就是说按收付日期确定其归属期，凡是属本期收到的收入和支出的费用，不管其是否应归属本期，都作为本期的收入和费用；反之，凡本期未收到的收入和不支付的费用，即使应归属本期收入和费用，也不有作为本期的收入和费用。

（2）收入、费用的计量与盈亏的计算如表1－4所示。

表1－4　　　　　　　　　　　收入、费用的计量与盈亏

项目	收入		费用		本期收益
权责发生制	收到本月营业收入	8 000	本月应负担办公费	900	31 500
	应收营业收入	25 000	负担保险费	600	
	收入小计	33 000	费用小计	1 500	
收付实现制	收到上月应收账款	10 000	支付上月电费	5 000	15 300
	收到本月营业收入款	8 000	支付本月办公费	900	
	预收客户款	5 000	支付下季度保险费	1 800	
	收入小计	23 000	费用小计	7 700	

（3）各自的优缺点：

采用权责发生制，其优点是：

可以正确反映各个会计期间所实现的收入和为实现收入所应负担的费用，从而可以把各期的收入与其相关的费用、成本相配合，加以比较，正确确定各期的收益。会计工作中对每项业务都按权责发生制来记录，因而，平时对一些交易也按现金收支活动发生的时日记录，按照权责发生制的要求，就需要在期末根据账簿记录进行账项调整，即将本期应收未收的收入和应会未付的费用记入账簿；同时，将本期已收取现金的预收收入和已付出现金的预付费用在本期与以后各期之间进行分摊并转账。

权责发生制，能够恰当地反映具体某一会计期间的经营成果，因而，绝大部分企业按这一基础记账。

第二章　会计处理方法

一、教学案例分析

1. 该笔购买高尔夫俱乐部会员资格证的支出是确认为一项资产进行分年摊销，还是确认为费用，实务中存在较大的分歧，即存在一个资产确认问题。

在资产确认时，应当依据具体会计准则的规定，当具体会计准则未作出规定的，就应当依据基本准则中对会计要素确认的规定进行会计处理。而上述问题在具体会计准则中是未作出相应规定的，所以应从基本准则中对资产要素确认的规定上分析是否应将其确认为一项资产。

《企业会计准则》中资产的定义的要点是三个：一是过去的交易或事项，二是拥有

与控制，三是"预期会给企业带来经济利益"。该笔支出假如确认为资产，是满足第一、二个资产确认要点的，但不满足第三个要点。该笔支出能否预期会给企业带来经济利益呢？这是问题的焦点。有人认为，该俱乐部会员资格可以转让这也是一种会给企业带来经济利益的情况，所以可以确认为一项资产。预期会给企业带来经济利益应当是指在将该笔支出记录到会计账簿与财务表列时，企业治理层如何对该笔支出所产生结果的判定，即治理层的"认定"，假如治理层在支出该笔购买俱乐部会员资格证时目的就是为了在其未来增值转让以获取其增值收益而不是为了自身消费的，则表明治理层"认定"为以出售该项资产的方式为企业带来经济利益，可以确认为一项资产。假如治理层购买俱乐部会员资格证时目的仅为消费，则表明治理层"认定"为不需要处置该项资产为企业带来经济利益，应当确认为一项费用。假如治理层购买时主要为了消费，兼有在其增值后出售的，则表明治理层"认定"为以自身消费为主，不是以出售该项资产的方式为企业带来经济利益，治理层出售的意图是不确定的，因此，不能依此作为资产确认时的条件，应当确认为一项费用。

确认资产这一会计要素时主要判定该项支出是否符合以下两个条件：其一是"拥有与控制"，拥有表明企业对某项资产的权利是完整的，包括占有、使用、收益与处分；控制表明企业对某项资产具有决定其相关方的经济利益的权利。其二是"预期会给企业带来经济利益"，预期应当是在资产确认时就有充分证据表明治理层运用该项资产给企业带来经济利益意图，包括时间、方式等很可能会给企业带来可以确定的经济利益。只要不符合这两个要点中的一个的，都应当确认为费用。

本案例中购买高尔夫俱乐部会员资格证，是企业高管为了个人消费的需要而购入的，因此将其确认为资产是不合理的，而应当确认为一项当期费用。

2. 这同样是关于资产确认问题，但该笔业务是否可以确认为固定资产，是可以依据《固定资产准则》进行的。

案例中对10棵银杏树是否能确认为固定资产存在不同看法。这10棵银杏树符合固定资产确认条件中的两个条件是不存在较大争议的，即具有实物形态，使用年限超过一年；对是否符合为生产商品、提供劳务、出租或经营治理而持有的这一条件则存在较大争议。

依据固定资产确认的经济意义而言，企业拥有固定资产目的是取得劳动手段，为企业产品生产、劳务作业提供工具，银杏树等资产是否属于劳动工具需要分析其在企业产品生产过程中所发挥的作用。目前会计准则及其他相关文件中都未从会计核算方面对"生产"给出相关的定义，所以要分析银杏树是否在生产过程中发挥作用需要确定"生产"的含义。国家税务总局在《关于〈外商投资企业和外国企业所得税法实施细则〉第七十二条有关项目解释的通知》中规定："凡未改变原商品的形态、性能、成分的，均属于从事商品销售业务，不应确定其为生产性外商投资企业"。国家税务总局的这一规定是从税务征管的角度来看待"生产"的实质性要素的，其角度虽与会计准则不同，但并不妨碍将其作为本案例中作为分析的基础。从前述规定可以看出，在石油加工企业中，银杏树显然是不可能在机械产品的形态、性能的形成过程中发挥作用的。

从持有固定资产为"经营治理"所需的角度分析，会计准则及相关文件中未有对"经营治理"给出相关定义。按照治理科学中对治理的一般含义，经营治理是一种活动过程，包含决策、计划、组织与实施、协调等功能。企业持有固定资产为"经营治理"所需，则应当在经营治理过程中的一个或数个功能中体现其实际作用，否则对经营治理过程不是必须的，不能作为固定资产确认。显然，上述银杏树是不可能在企业经营治理功能中发挥作用的。

从以上对"生产商品、提供劳务、经营治理所需"的分析过程中可以看出，判定某项资产是否应当作为"固定资产"予以确认时，应当分析其在企业业务活动中是否对直接形成业务成果或在业务成果形成过程中发挥了必要的作用或功能，而不是看价值是否足够高、存在时间是否长等外在因素。

本案例中银杏树不能确认为资产，应当确认为一项当期费用。

二、作业与思考题参考答案

（一）单项选择题

1. A	2. C	3. D	4. B	5. D
6. C	7. B	8. A	9. A	10. C
11. D	12. B	13. C	14. D	15. C
16. A	17. A	18. C	19. D	20. D

（二）多项选择题

1. CD	2. ABCE	3. AD	4. ABDE	5. ABCDE
6. ACDE	7. ABC	8. ABCDE	9. ABE	10. ABDE
11. ACDE	12. ABCE	13. ACDE	14. BCE	15. AB
16. BCE	17. ABD			

（三）判断题

1. √	2. ×	3. √	4. √	5. √
6. ×	7. √	8. ×	9. ×	10. √
11. √	12. √	13. ×	14. √	15. √
16. ×	17. ×	18. √	19. √	20. √

（四）名称解释

1. 会计确认：会计确认是按照规定的标准和方法，辨认和确定经济信息是否作为会计信息进行正式记录并列入会计报表的过程。它分为初次确认和再次确认。

2. 历史成本：又称为实际成本，就是取得或制造某项财产物资时所实际支付的现金或其他等价物。

3. 会计循环：是指在一个会计期间内所有经济业务的发生，都要通过填制会计凭证、登记会计账簿和编制会计报表这三个环节来处理会计核算工作。这三个环节循环往复，因此一般把凭证、账簿和报表这一会计核算程序称为会计循环。

4. 公允价值：在公平交易中，交易双方自愿形成的交易价格。公允价值可以真实地反映资产、负债的价值，但具有不易操作的问题。

5. 会计计量：是根据被计量对象的计量属性，选择运用一定的计量基础和计量方法，确定应记录项目金额的会计处理过程。

6. 收益性支出：凡支出的效益仅与本会计年度（或一个营业周期）相关的，应当作为收益性支出。

7. 资本性支出：凡支出效益与几个会计年度（或几个营业周期）相关的，应当作为资本性支出。

8. 会计计量：是根据被计量对象的计量属性，选择运用一定的计量基础和计量方法，确定应记录项目金额的会计处理过程。会计计量基础是指所用量度的经济属性，即按什么标准来记账，如历史成本、现行成本、可变现价值等。

9. 会计记录：是按会计的一般规律对经济业务进行确认、计量、记录、分类汇总、加工处理过程。会计记录的具体步骤包括初次确认、入账、过账、结账、再次确认等。

10. 重置成本：是指按照现在形成某项会计要素可能付出的成本计价。在重置成本计量下，资产按照现在购买相同或者相似资产需支付的现金或者现金等价物的金额计量。负债按照现在偿付该项债务所需支付的现金或者现金等价物的金额计量。现行成本可以反映现在形成某一会计要素应付出的代价，但这种计价不具可操作性。

11. 可变净值：是指出售时可能收回的金额（扣除可能发生的费用）。在可变现净值计量下，资产按照其正常对外销售所能收到的现金或者现金等价物的金额计量。可变现价值虽然在操作上有一定的难度，但可以真实反映资产的价值。

12. 现值：是指未来现金流量的折现值。在现值计量下，资产按照预计从其持续使用和最终处置中所产生的未来现金流入量的折现金额计量。负债按照预计期限内需要偿还的未来净现金流出量的折现金额计量。现值可以反映资产所带来经济利益的金额，与偿还债务相关经济利益流出的金额，但受主观因素的影响较多。

（五）填空题

1. 可定义性、可计量性、经济信息的可靠性、经济信息的相关性；

2. 符合资产的定义、与该资源有关的经济利益很可能流入企业、该资源的成本或价值能够可靠的加以计量；

3. 货币计量、实物计量、劳动计量；

4. 历史成本、重置成本、可变现净值、现值、公允价值；

5. 设置会计科目（设置账户）、复式记账、填制和审核凭证、登记账簿、成本核算、财产清查、编制会计报表。

6. 符合负债的定义、与义务有关的经济利益很可能流出企业、未来流出的经济利益的金额能够可靠地计量；

7. 被计量对象的实物数量计量、被计量对象的货币表现；

8. 名义货币；

9. 两个、两个以上；

10. 财产清查；

11. 登记账簿；

12. 财务报表；

13. 资产负债表；

14. 利润表。

（六）业务题

该汽车的历史成本为 100 000 元；重置成本为 80 000 元；

可变现净值为 50 000 元（60 000 – 10 000）；公允价值为 60 000 元；

现值为 70 000 元（100 000 – 30 000）。

（七）案例分析题

1. （1）依据不正确。计算盈亏，不能以货币资金的余额为依据。

（2）电脑维修部资产总额：10 900 元；工具和配件（存货）：2 500 元；自行车（固定资产）：400 元；银行存款（货币资金）：7 000 元；生活费支出（其他应收款）：1 000 元。

注意：张涛个人的生活支出，不能作为维修部这个会计主体的费用。

（3）电脑维修部资产总额：350 元，其中未付广告费用：250 元；未付水电费：100 元

（4）收入：7 000 + 1 000 + 2 500 + 400 +（750 – 250）+ 300 + 1 000 – 10 000 = 2 700（元）

费用：1 000 + 750 + 300 + 100 = 2 150（元）

毛利：2 700 – 2 150 = 550（元）

2. 不同意李斌的做法。不仅违背了权责发生制原则，也违背了收入与费用相配比的原则。按要求，企业应当采用权责发生制确认收入和费用，而李斌则是按收付实现制确认收入和费用的。另外确认的过程中违背了收入与费用的配比原则，存在多计、少计本年收入和多计本年费用的问题。

（1）第一笔业务：10 000 元不能全部确认为本年收入，依据权责发生制原则，只能确认 2 600 元。

借：银行存款　　　　　　　　　　　　　　　　　　　　　　　　　10 000

　贷：预收账款　　　　　　　　　　　　　　　　　　　　　　　　　10 000

借：预收账款　　　　　　　　　　　　　　　　　　　　　　　　　　2 600

　贷：主营业务收入　　　　　　　　　　　　　　　　　　　　　　　　2 600

（2）第二笔业务：按权责发生制原则应将 32 000 确认为本年收入。

借：应收账款　　　　　　　　　　　　　　　　　　　　　　　　　32 000

　贷：主营业务收入　　　　　　　　　　　　　　　　　　　　　　　32 000

（3）第三笔业务：车装配件和材料属于收益性支出，实际消耗后才能确认为费用，

库存的配件及材料不能记入本年的费用中。

借：库存商品		8 000
贷：银行存款		8 000
借：主营业务成本		4 600
贷：库存商品		4 600

（4）第四笔业务：该设备属于固定资产，应按规定方法折旧，并记入本年费用中，而不能按实际支付款确认为本年的费用。

借：固定资产		60 000
贷：银行存款		38 000
其他应付款		22 000
借：管理费用		12 000
贷：累计折旧		12 000

（5）第五笔业务：该设备属于固定资产，发生的支出为资本性支出，应该按一定的方法分摊记入各个收益期间，而不应全部记入本年的费用中。

借：固定资产		5 000
贷：银行存款		5 000

（6）本年共实现收入为：2 600 + 32 000 = 34 600（元）；

本年发生的费用为：4 600 + 12 000 = 16 600（元）；

本年实现净利润为：（34 600 - 16 600）×（1 - 25%）= 13 500（元）。

通过上述计算不难看出，李斌本年度实现了盈利，为 13 500 元。

第三章　会计科目与账户

一、教学案例分析

1. 根据相关会计准则对广告费会计处理方法的规定和一般惯例，公司对这笔广告费的会计处理有不当之处。

首先，会计准则规定，期间费用应当在发生时直接记入当期损益。企业为扩大其产品或劳务的影响而在各种媒体上做广告宣传所发生的广告费，应于相关广告见诸媒体时，作为期间费用，直接记入当期销售费用，不得预提和待摊。因为广告虽可以为企业取得长期的效益，但很难确定哪个会计期间获得了多少效益，因此只能立即确认。

其次，"长期待摊费用"科目适合于那些支出在先，收益在后的费用，其确认是按其效用发挥的程度分批进行的，未确认的部分待效用发挥时再确认。一般认为，广告效应很难量化，失败的广告甚至可能带来负面效应；即使广告带来的正面效应可以量化，其收益期间亦难以确定，收入和费用难以配比。因此，从稳健性原则出发，广告费宜在发生时一次性记入当期销售费用。

厦新电子在广告效应不确定的情况下，采用了高估收益、低估费用的做法。可见厦新电子将巨额广告费纳入"长期待摊费用"的做法是不符合谨慎性原则的。

2. 厦新电子1997年每股收益0.366元，1998年每股收益高达1.02元，这正好是将广告费记入"长期待摊费用"的时间段。因此，厦新电子1997、1998年的高收益很可能与其将广告费资本化和递延处理有关。

厦新电子通过对广告费的分期摊销处理使公司1997年少计费用38 286 848.42元，1998年少计费用32 714 375.4元。如果将全部的广告费记入当期损益的话，根据1997年公司的注册资本人民币18 700万元推算可得出1997年每股收益大概只有0.161元，只是原来的43.99%；1998年每股收益为0.845元，是原来的83%左右。

显然，厦新电子将广告费资本化和递延处理使得1997、1998年两个年度的利润增加，每股收益增加。

二、作业与思考题参考答案

(一) 单项选择题

1. C	2. A	3. B	4. D	5. B
6. D	7. A	8. B	9. C	10. A
11. C	12. B	13. D	14. C	15. B
16. B	17. D	18. C	19. C	20. B
21. B	22. D	23. A	24. D	25. A

(二) 多项选择题

1. ABDE	2. CD	3. BDE	4. ABCE	5. BCD
6. ABCD	7. ABCDE	8. ACDE	9. BC	10. ABC
11. DE	12. ABCD	13. ACD	14. ABD	15. ACD
16. AD	17. ACE	18. ABCD	19. ABCD	20. CDE

(三) 判断题

1. ×	2. ×	3. √	4. ×	5. ×
6. √	7. √	8. ×	9. ×	10. ×
11. ×	12. ×	13. ×	14. ×	15. √
16. √	17. √	18. ×	19. ×	20. √
21. ×	22. ×	23. √	24. √	25. √
26. ×				

(四) 名词解释

1. 会计科目：是对会计对象进一步分类的标志或项目。设置会计科目，就是根据会计对象的具体内容和经济管理的要求，事先规定分类核算的项目或标志的一种专门方法。

2. 会计账户：是根据会计科目设置的具有一定格式和结构，用于反映会计对象要素增减变动及其结果的载体。

3. 调整账户：是用来调整有关账户的账面余额，以求得被调账账户实际余额的账户。

4. 备抵账户：是用来抵减被调账账户的余额，以求得被调账账户实际余额的账户。

5. 平行登记：是指经济业务发生后，根据会计凭证，一方面要登记有关的总分类账户，另一方面要同时登记该总分类账所属的各有关明细分类账户。总分类账户及其所属的明细分类账户，按平行登记规则进行登记，可以概括为：依据相同，方向一致，金额相等。

6. 备抵附加账户：是既可用来调增又可用来调减被调账账户的余额，以求得被调账账户实际余额的账户。

7. 余额：余额是某一特定经济内容发生增减变动的结果，余额是静态指标。账户的余额按表示的时间不同，又分为期初余额和期末余额。期末余额是本期增加变动的结果，同时也是下一期的期初余额。

8. 本期发生额：本期发生的增加额和减少额称之为本期发生额，表示本期某一特定经济内容发生的增减变动。本期发生额是动态的指标。

9. 虚账户：也称为期末无余额的账户，是指期末结账时，将本期汇集的借（贷）方发生额分别从贷（借）方转出，结转后期末没有余额的账户。

10. 总分类账户：是对企业经济业务活动的具体内容进行总括核算的账户，它能够提供某一具体内容的总括核算指标，也称为总账账户或一级账户。

11. 明细分类账户：是对企业某一经济业务进行明细核算的账户，它能够提供某一具体经济业务的明细核算指标。

12. 结算账户：用来核算和监督企业同其他单位或个人之间发生债权、债务结算情况的账户。可分为债权结算账户、债务结算账户和债权债务结算账户。

13. 期间账户：用来归集企业生产经营过程中某个会计期间收入和费用的账户。期间账户期末一般都没有余额。

14. 计价对比账户：对某项经济业务，按两种不同的计价进行核算对比，借以确定其业务成果的账户。这类账户的借方登记某项经济业务的一种计价，贷方登记该项经济业务的另一种计价，期末将两种计价对比，确定成果。

15. 本期增加发生额：又称本期增加额，是指在一定的会计期间内，账户所登记的增加金额的合计数。

16. 本期减少发生额：又称本期减少额，是指一定的会计期间内，账户所登记的减少金额的合计数。

17. 资产类账户：是反映企业所有资产增减变动及结存情况的账户。

18. 负债类账户：是反映债权人所提供的资金及其偿还情况的账户。

19. 所有者权益类账户：是反映所有者投入资本和经营的所形成未分配利润情况的账户。

20. 借方余额账户：借方余额账户的借方发生额表示增加，贷方发生额表示减少，期末余额一定在借方的账户。资产类账户一般都是借方余额。

21. 贷方余额账户：贷方余额账户的借方发生表示减少，贷方发生额表示增加，期末余额一定在贷方的账户。负债类和所有者权益类账户的期末余额一般都在贷方。

（五）填空题

1. 会计对象；

2. 相对稳定性；

3. 会计科目、会计对象要素；

4. 账户名称、日期和摘要、凭证号数、增加和减少金额、余额；

5. 总分类科目、明细分类科目；

6. 表内账户、表外账户；

7. 总分类账户（一级账户）、明细账户；

8. 资产、负债、所有者权益、成本、损益；

9. 资产类账户、负债类账户、所有者权益类账户、收入类账户、费用类账户、利润类账户。

10. 资产类账户、负债类账户、所有者权益类账户；

11. 收入类账户、费用类账户、利润类账户；

12. 库存现金、银行存款、原材料、库存商品、固定资产；

13. 库存现金、银行存款；

14. 应收账款、应付账款、其他往来；

15. 累计折旧、固定资产减值准备、坏账准备；

16. 材料成本差异；

17. 制造费用；

18. 材料采购、在途物资、生产成本；

19. 本年利润；

20. 实账户、虚账户。

（六）业务题

1. 会计科目分类如表3－1所示。

表3－1　　　　　　　　　会计科目分类表

总分类科目（一级科目）	明细分类科目	
	二级科目（子目）	明细科目（细目）
原材料	主要材料	圆钢
		角钢
	辅助材料	润滑油
	燃料	汽油

表3-1（续）

总分类科目（一级科目）	明细分类科目	
	二级科目（子目）	明细科目（细目）
固定资产	房屋	行政办公楼
	机器设备	机床
	运输工具	重型卡车
		轿车
库存商品	一号仓库	甲产品
应交税费	应交增值税	进项税额
财务费用	汇兑损益	利息

2. 会计分录如下：

（1）借：库存现金   1 000

      贷：银行存款   1 000

（2）借：其他应收款   500

      贷：库存现金   500

（3）借：原材料   20 000

      贷：应付账款   20 000

（4）借：应付账款   20 000

      贷：银行存款   20 000

（5）借：生产成本   8 000

      贷：原材料   8 000

（6）借：银行存款   100 000

      贷：短期借款   100 000

（7）借：固定资产   150 000

      贷：实收资本   150 000

（8）借：管理费用   150

      贷：银行存款   150

（9）借：银行存款   20 000

      贷：应收账款   20 000

（10）借：银行存款   50 000

     贷：主营业务收入   50 000

（11）借：预付账款   10 000

        原材料   20 000

     贷：银行存款   30 000

（12）借：应付账款   9 000

        原材料   16 000

		贷：银行存款		25 000

（13）借：短期借款　　　　　　　　　　　　　　　100 000

　　　　贷：银行存款　　　　　　　　　　　　　　　　　　100 000

（14）借：应收账款　　　　　　　　　　　　　　　30 000

　　　　贷：主营业务收入　　　　　　　　　　　　　　　　30 000

（15）借：固定资产　　　　　　　　　　　　　　　300 000

　　　　贷：银行存款　　　　　　　　　　　　　　　　　　300 000

（16）借：应付账款　　　　　　　　　　　　　　　8 000

　　　　贷：短期借款　　　　　　　　　　　　　　　　　　8 000

（17）借：原材料　　　　　　　　　　　　　　　　12 000

　　　　贷：实收资本　　　　　　　　　　　　　　　　　　12 000

（18）借：资本公积　　　　　　　　　　　　　　　15 000

　　　　贷：实收资本　　　　　　　　　　　　　　　　　　15 000

（19）借：库存现金　　　　　　　　　　　　　　　150

　　　　管理费用　　　　　　　　　　　　　　　　350

　　　　贷：其他应收款　　　　　　　　　　　　　　　　　500

（20）借：制造费用　　　　　　　　　　　　　　　2 000

　　　　贷：银行存款　　　　　　　　　　　　　　　　　　2 000

（七）案例分析题

参考答案如表3－2所示。

表3－2　　　　　　　　　　账户分类及试算平衡表　　　　　　　　　　单位：元

序号	账户名称	按经济内容分类	按用途结构分类	期末余额试算平衡	
				借方	贷方
1	库存现金	资产账户	盘存账户	5 000	
2	银行存款	资产账户	盘存账户	170 000	
3	应收账款	资产账户		7 000	
4	原材料	资产账户	盘存账户	81 500	
5	库存商品	资产账户	盘存账户	15 500	
6	生产成本	成本（资产）账户	成本计算（盘存账户）	19 000	
7	固定资产	资产账户	盘存账户	150 000	
8	累计折旧	资产账户	调整账户		85 000
9	短期借款	负债账户	负债账户		16 000
10	应付账款	负债账户	负债账户		10 000
11	实收资本	所有者权益账户	资本账户		300 000

表3-2(续)

序号	账户名称	按经济内容分类	按用途结构分类	期末余额试算平衡	
				借方	贷方
12	资本公积	所有者权益账户	资本账户		12 000
13	盈余公积	所有者权益账户	资本账户		10 000
14	本年利润	所有者权益账户	财务成果账户		60 000
15	利润分配	所有者权益账户	调整账户	45 000	
合计	——	——	——	493 000	493 000

第四章 复式记账原理及其应用

一、教学案例分析

1. 甲公司对以上收入和成本的确认均存在一定的问题。

业务 (1) 中甲公司出售的 A 产品中有一笔销售价款及税金 117 万元由于很可能无法收回，故不符合销售确认条件之一，因此，该部分出售的产品不能确认销售，应冲减其中的收入 100 万元和成本 60 万元，销售利润冲减 40 万元。60 万元的成本应结转为发出商品，公司的存货应增加 60 万元。

业务 (2) 中甲公司生产试销的 B 产品因公司承诺两年内保修包退，而公司对该批产品的退货的可能性又不能合理确定，说明该批产品的风险和报酬尚未转移，公司不应按成本确认收入和成本，因此，应分别冲减收入和成本 400 万元。这对销售利润无影响，但冲减的成本要结转到发出商品，存货应增加 400 万元。

业务 (3) 中甲公司采用分期收款方式向乙公司销售的 C 产品，应按协议规定的收款日期确认收入和结转相应的成本，其 2003 年 11 月 30 日虽然没有收到款项，但仅是乙公司暂时的资金困难造成的，因此应确认收入和成本。而事后乙公司如数支付时，不能确认为当月的收入和成本。所以，甲公司应在 2003 年确认 C 产品的收入 2 000 万元，成本 1 600 万元；增加收入 1 000 万元、成本 800 万元、销售利润 200 万元，同时减少存货 800 万元。

业务 (4) 中甲公司为丙公司制造的设备，因委托 A 公司加工主件的成本无法确定，该销售的收入和成本还不能可靠计量，不能确认销售，因此应冲减收入 400 万元、成本 80 万元、销售利润 320 万元，同时增加存货 80 万元。

业务 (5) 甲公司房地产开发部出售的房屋，虽然有部分工程尚未完工，但未完成的工程比较简单，而且费用已由业主承担，公司已对该房屋不承担任何报酬和风险，公司保留的对房屋的物业管理权也与使用权无关，因此该房屋销售已成立，应确认收入 4 000 万元、成本 3 000 万元、销售利润 1 000 万元，同时减少存货 3 000 万元。

业务（6）甲公司销售的 D 产品，于 2004 年退回时，因 2003 年度的财务会计报告尚未批准报出，因此，该销售退回应冲减 2003 年度的收入 2 000 万元、成本 1 400 万元、销售利润 600 万元，已发生的现金折扣也应冲减 2003 年度的财务费用 40 万元；不能冲减 2004 年的收入、成本和费用。

2. 公司以上不正确的处理对收入、成本及净利润的影响：

公司少计收入 = −100 − 400 + 1 000 − 400 + 4 000 − 2 000 = 2 100（万元）

公司少计成本 = −60 − 400 + 800 − 80 + 3 000 − 1 400 = 1 860（万元）

公司多计财务费用 = 40（万元）

公司少计利润总额 = 2 100 − 1 860 + 40 = 280（万元）

公司少计所得税费用 = 280 × 33% = 92.4（万元）

公司少计净利润 = 280 − 92.4 = 187.6（万元）

二、作业与思考题参考答案

（一）单项选择题

1. A	2. D	3. D	4. B	5. C
6. C	7. B	8. D	9. A	10. A
11. C	12. B	13. B	14. D	15. A
16. C	17. C	18. D	19. B	20. D
21. B	22. B	23. D	24. A	25. B
26. C	27. B	28. C	29. A	30. C
31. C	32. A	33. A	34. B	35. D

（二）多项选择题

1. ABCE	2. ABE	3. ABC	4. BCD	5. ACD
6. ABCDE	7. BCD	8. ABCE	9. BC	10. ACD
11. BD	12. ABCD	13. ACDE	14. AC	15. ABCDE
16. BCD	17. ABCE	18. CDE	19. ACE	20. ACDE
21. ABCDE	22. ABCD	23. BD	24. ABC	25. ABD
26. ADE	27. ABCE	28. BCDE	29. BCE	30. ABCE
31. BDE	32. ABD	33. ABE	34. ABD	35. ACDE

（三）判断题

1. ×	2. ×	3. √	4. √	5. ×
6. ×	7. ×	8. ×	9. √	10. √
11. √	12. √	13. √	14. ×	15. ×
16. ×	17. √	18. ×	19. ×	20. ×
21. √	22. √	23. ×	24. √	25. ×
26. ×	27. ×	28. ×	29. √	30. √

31. ×	32. ×	33. ×	34. √	35. ×
36. √	37. √	38. ×	39. √	40. √
41. √	42. √	43. √	44. ×	45. √
46. ×	47. √	48. ×	49. √	50. ×

（四）名词解释

1. 复式记账法：是指一项经济业务发生以后，同时在两个或两个以上相互联系的账户中以相等的金额进行登记的记账方法。

2. 会计分录：是指对每一笔经济业务按借贷记账法的记账规则，确定应借应贷账户及其金额的记录，简称分录。

3. 借贷记账法：借贷记账法是以"借"、"贷"为记账符号记录经济业务的复式记账方法。

4. 试算平衡：就是根据"资产＝负债＋所有者权益"的平衡关系，按照记账规则的要求，通过汇总计算和比较，来检查账户记录的正确性和完整性。

5. 采购成本：在供应过程中材料购进时付出的货币金额，包括支付给供应单位的材料货款和发生的各项采购费用。

6. 制造成本：为制造产品而发生的全部货币支出，包括制造产品的材料、工资、固定资产折旧费以及其他各项生产费用，会计上通过"生产成本"账户对其核算。

7. 产品销售成本：是指为取得一定数量的销售收入所付出相应数量产品的制造成本，在确认和计量产品销售成本时，应依据收入与费用的配比原则进行。

8. 累计折旧：是指固定资产因损耗而减少的累计价值。

9. 经营成果：是指企业在一定期间内进行经营活动所取得的结果，其主要表现形式是利润。

10. 记账方法：在经济业务发生以后，如何将其记录在账户中的方法。记账方法有两类：一类是单式记账法，另一类是复式记账法。

11. 对应账户：采用借贷记账法，在某项经济业务发生时，总在有关账户之间形成应借、应贷的关系。我们把账户之间应借、应贷的相互关系，叫做账户的对应关系；把形成对应关系的账户称为对应账户。

12. 盈余公积：企业从利润中提取的盈余公积金。它是企业利润分配的一项内容，其核算是通过"盈余公积"账户进行的。

13. 所得税费用：依据企业所得和一定比例缴纳的一种税。它具有强制性、无偿性的特点。它是一种必然开支，被视为一种费用。

14. 利润分配：对实现利润所进行的分配。通常有以下分配形式：以利润形式分配给投资者；以公积金形式留归企业；以未分配利润形式保留在账面上。

15. 资本公积：是指投资者或他人投入到企业、所有权归属投资者并且金额上超过法定资本部分的资本，是企业所有者权益的重要组成部分。

16. 生产费用：是指制造企业在生产过程中发生的、用货币形式表现的生产耗费。

17. 直接费用：是指企业生产产品过程中实际消耗的直接材料和直接人工。

18. 期间费用：是指不能直接归属某个特定的产品成本，而应直接记入当期损益的各种费用。

19. 管理费用：是指企业行政管理部门为组织和管理企业的生产经营活动而发生的各种费用。

20. 未分配利润：是指企业留待以后年度进行分配的利润或等待分配的利润，它是所有者权益的一个重要组成部分。

（五）填空题

1. 单式记账法、复式记账法；

2. 借贷记账法、增减记账法、收付记账法；

3. 有借必有贷、借贷必相同；

4. 借、贷、会计要素；

5. 平衡关系、两个、两个以上；

6. 借方余额、贷方余额、资产、权益；

7. 简单分录；

8. 借方、贷方；

9. 资产类、增加数、减少数；

10. 所得税；

11. 资金筹资业务、供应过程业务、生产过程业务、销售过程业务、财务成果形成业务；

12. 实收资本、注册资本；

13. 在建工程；

14. 主营业务收入；

15. 销售材料、出租包装物、出租固定资产、出租无形资产、出租商品；

16. 营业外收入、营业外支出；

17. 10%，50%。

（六）业务题

1. 计算结果与过程如表 4 - 1 所示。

表 4 - 1 中大公司有关账户余额与发生额关系表

2010 年 5 月 31 日 单位：元

账户名称	期初余额		本期发生额		期末余额	
	借方	贷方	借方	贷方	借方	贷方
固定资产	300 000		200 000	150 000	350 000	
银行存款	80 000		140 000	100 000	120 000	
应付账款		70 000	30 000	80 000		120 000
短期借款		5 000	13 000	20 000		12 000

表4-1(续)

账户名称	期初余额		本期发生额		期末余额	
	借方	贷方	借方	贷方	借方	贷方
应收账款	70 000		30 000	40 000	60 000	
实收资本		400 000	——	130 000		530 000

A = 60 000 − 30 000 + 40 000 = 70 000 （元）；

B = 120 000 + 100 000 − 80 000 = 140 000 （元）；

C = 5 000 + 20 000 − 12 000 = 13 000 （元）；

D = 530 000 − 400 000 + 0 = 130 000 （元）；

E = 300 000 + 200 000 − 150 000 = 350 000 （元）；

F = 70 000 + 80 000 − 30 000 = 120 000 （元）。

2. "银行存款"账户记录如图4-1所示。

银行存款

期初余额	50 000		
发生额	40 000	发生额	10 000
	60 000		30 000
	100 000		10 000
借方发生额合计	200 000	贷方发生额合计	50 000
期末余额	200 000		

图4-1　"银行存款"账户记录

3. "短期借款"账户记录如图4-2所示。

短期借款

		期初余额	150 000
发生额	50 000	发生额	100 000
	20 000		20 000
	20 000		200 000
借方发生额合计	90 000	贷方发生额合计	320 000
		期末余额	380 000

图4-2　"短期借款"账户

4. 参考答案：

（1）期初实收资本 = 800 000 − 200 000 = 600 000 （元）

本年利润 $= 900\,000 - 80\,000 - 600\,000 = 220\,000$（元）

营业收入 $= 220\,000 + 100\,000 = 320\,000$（元）

（2）期初实收资本 $= 600\,000$（元）

期末实收资本 $= 600\,000 + 60\,000 = 660\,000$（元）

本年利润 $= 900\,000 - 80\,000 - 660\,000 = 160\,000$（元）

营业收入 $= 160\,000 + 100\,000 = 260\,000$（元）

（3）期初实收资本 $= 800\,000 - 200\,000 = 600\,000$（元）

期末实收资本 $= 600\,000 - 70\,000 + 90\,000 = 620\,000$（元）

本年利润 $= 900\,000 - 80\,000 - 620\,000 = 100\,000$（元）

营业收入 $= 100\,000 + 100\,000 = 200\,000$（元）

5. 会计分录如下：

（1）借：银行存款　　　　　　　　　　　　　1 000 000

　　　　固定资产　　　　　　　　　　　　　7 000 000

　　　　原材料　　　　　　　　　　　　　　2 000 000

　　　　贷：实收资本　　　　　　　　　　　　　　10 000 000

（2）借：预付账款　　　　　　　　　　　　　　50 000

　　　　贷：银行存款　　　　　　　　　　　　　　　50 000

借：材料采购　　　　　　　　　　　　　　　81 000

　　应交税费——应交增值税（进项税额）　　13 600

　　贷：预付账款　　　　　　　　　　　　　　　　50 000

　　　　银行存款　　　　　　　　　　　　　　　　44 600

借：原材料　　　　　　　　　　　　　　　　81 000

　　贷：材料采购　　　　　　　　　　　　　　　　81 000

（3）借：生产成本　　　　　　　　　　　　　700 000

　　　　制造费用　　　　　　　　　　　　　　50 000

　　　　管理费用　　　　　　　　　　　　　　20 000

　　　　贷：原材料　　　　　　　　　　　　　　　770 000

（4）借：生产成本　　　　　　　　　　　　　240 000

　　　　制造费用　　　　　　　　　　　　　　30 000

　　　　管理费用　　　　　　　　　　　　　　60 000

　　　　贷：应付职工薪酬——工资　　　　　　　　330 000

（5）借：银行存款　　　　　　　　　　　　　500 000

　　　　贷：短期借款　　　　　　　　　　　　　　500 000

10 月份预提利息：

借：财务费用　　　　　　　　　　　　　　　10 000

　　贷：应付利息　　　　　　　　　　　　　　　　10 000

11 月份预提利息业务：

借：财务费用　　　　　　　　　　　　　　　　　15 000
　　贷：应付利息　　　　　　　　　　　　　　　　　　　15 000

12 月份预提利息业务：

借：财务费用　　　　　　　　　　　　　　　　　15 000
　　贷：应付利息　　　　　　　　　　　　　　　　　　　15 000

实际支付利息时：

借：应付利息　　　　　　　　　　　　　　　　　40 000
　　贷：银行存款　　　　　　　　　　　　　　　　　　　40 000

（6）借：制造费用　　　　　　　　　　　　　　　56 000
　　　　管理费用　　　　　　　　　　　　　　　　14 000
　　　　贷：累计折旧　　　　　　　　　　　　　　　　　70 000

（7）借：生产成本　　　　　　　　　　　　　　136 000
　　　　贷：制造费用　　　　　　　　　　　　　　　　　136 000

（8）借：库存商品　　　　　　　　　　　　　1 076 000
　　　　贷：生产成本　　　　　　　　　　　　　　　　1 076 000

（9）借：应收账款　　　　　　　　　　　　　1 756 200
　　　　贷：主营业务收入　　　　　　　　　　　　　　1 500 000
　　　　　　应交税费——应交增值税（销项税额）　　　255 000
　　　　　　银行存款　　　　　　　　　　　　　　　　1 200

借：银行存款　　　　　　　　　　　　　　　1 756 200
　　贷：应收账款　　　　　　　　　　　　　　　　　1 756 200

（10）借：主营业务成本　　　　　　　　　　　700 000
　　　　　贷：库存商品　　　　　　　　　　　　　　　700 000

（11）收入结转

借：主营业务收入　　　　　　　　　　　　　1 500 000
　　贷：本年利润　　　　　　　　　　　　　　　　　1 500 000

费用结转：

借：本年利润　　　　　　　　　　　　　　　　834 000
　　贷：主营业务成本　　　　　　　　　　　　　　　　700 000
　　　　管理费用　　　　　　　　　　　　　　　　　　94 000
　　　　财务费用　　　　　　　　　　　　　　　　　　40 000

（12）本期利润总额 = 1 500 000 - 834 000 = 666 000（元）

本期应交所得税 = 666 000 × 0.25 = 166 500（元）

计算所得税时：

借：所得税费用　　　　　　　　　　　　　　　166 500
　　贷：应交税费——应交所得税　　　　　　　　　　　166 500

期末结转时：

借：本年利润　　　　　　　　　　　　　　　　166 500

贷：所得税费用　　　　　　　　　　　　　　　　　　　166 500

（13）本期净利润 = 666 000 - 166 500 = 499 500（元）

法定盈余公积 = 499 500 × 10% = 49 950（元）

借：利润分配——提取法定盈余公积　　　　　　　　49 950

　　贷：盈余公积——提取法定盈余公积　　　　　　　　49 950

中大公司 2011 年末未分配利润 = 499 500 - 49 950 = 449 550（元）

6. 1 月份发生的经济业务编制会计分录：

（1）借：固定资产　　　　　　　　　　　　　　　　500 000

　　　　贷：实收资本　　　　　　　　　　　　　　　　500 000

（2）借：银行存款　　　　　　　　　　　　　　　　100 000

　　　　库存现金　　　　　　　　　　　　　　　　20 000

　　　　贷：应收账款　　　　　　　　　　　　　　　120 000

（3）借：应付账款　　　　　　　　　　　　　　　　20 000

　　　　贷：库存现金　　　　　　　　　　　　　　　　20 000

（4）借：资本公积　　　　　　　　　　　　　　　　200 000

　　　　贷：实收资本　　　　　　　　　　　　　　　　200 000

（5）借：短期借款　　　　　　　　　　　　　　　　100 000

　　　　长期借款　　　　　　　　　　　　　　　　150 000

　　　　贷：银行存款　　　　　　　　　　　　　　　250 000

（6）借：应交税费　　　　　　　　　　　　　　　　40 000

　　　　贷：银行存款　　　　　　　　　　　　　　　　40 000

（7）借：固定资产　　　　　　　　　　　　　　　　150 000

　　　　银行存款　　　　　　　　　　　　　　　　50 000

　　　　贷：资本公积　　　　　　　　　　　　　　　200 000

（8）借：银行存款　　　　　　　　　　　　　　　　150 000

　　　　贷：短期借款　　　　　　　　　　　　　　　150 000

（9）借：长期股权投资　　　　　　　　　　　　　　100 000

　　　　贷：银行存款　　　　　　　　　　　　　　　100 000

（10）借：生产成本　　　　　　　　　　　　　　　　15 000

　　　　贷：原材料　　　　　　　　　　　　　　　　15 000

总分类账户试算平衡表如表 4 - 2 所示。

表 4 - 2　　　　　　　　　　　　　试算平衡表　　　　　　　　　　　单位：元

会计科目	期初余额		本期发生额		期末余额	
	借方	贷方	借方	贷方	借方	贷方
库存现金	10 000		20 000	20 000	60 000	
银行存款	390 000		300 000	390 000	250 000	

表4-2(续)

会计科目	期初余额		本期发生额		期末余额	
	借方	贷方	借方	贷方	借方	贷方
应收账款	300 000			120 000	180 000	
原 材 料	350 000			15 000	335 000	
库存商品	100 000				100 000	
长期股权投资	150 000		100 000		250 000	
固定资产	1 500 000		650 000		2 150 000	
无形资产	200 000				200 000	
短期借款		400 000	100 000			300 000
应付账款		150 000	20 000			130 000
应付职工薪酬		150 000				150 000
应交税费		100 000	40 000			60 000
长期借款		800 000	150 000	150 000		800 000
实收资本		1 000 000		700 000		1 700 000
资本公积		400 000	200 000	200 000		400 000
生产成本			15 000		15 000	
合计	3 000 000	3 000 000	1 595 000	1 595 000	3 540 000	3 540 000

7. (1) 借：库存现金   85 000
      贷：银行存款   85 000
(2) 借：应付职工薪酬——工资   85 000
      贷：库存现金   85 000
(3) 借：管理费用   4 800
      贷：银行存款   4 800
(4) 借：生产成本   15 000
      制造费用   3 000
      管理费用   2 000
      贷：原材料——甲材料   20 000
(5) 借：管理费用   750
      贷：库存现金   750
(6) 借：财务费用   600
      贷：应付利息   600
(7) 借：制造费用   900
      贷：银行存款   900
(8) 借：制造费用   1 600

管理费用		400
贷：累计折旧		2 000
（9）借：制造费用		1 600
贷：库存现金		1 600
（10）借：生产成本		50 000
制造费用		23 000
管理费用		12 000
贷：应付职工薪酬——工资		85 000
（11）借：生产成本		7 000
制造费用		3 220
管理费用		1 680
贷：应付职工薪酬——职工福利费		11 900
（12）借：生产成本		33 320
贷：制造费用		33 320
（13）借：库存商品		105 320
贷：生产成本		105 320

单位成本＝33 320/476＝70 元/件

（14）借：应收账款		11 700
贷：主营业务收入		10 000
应交税费——应交增值税（销项税额）		1 700
（15）借：主营业务成本		7 000
贷：库存商品		7 000
8.（1）借：银行存款		88 000
贷：应收账款		88 000
（2）借：生产成本——A 产品		400
——B 产品		400
制造费用		200
贷：原材料——甲材料		1 000
（3）借：生产成本——A 产品		6 000
贷：原材料——乙材料		6 000
（4）借：材料采购——乙材料		3 000
应交税费——应交增值税（进项税额）		510
贷：银行存款		3 510
（5）借：原材料——乙材料		3 000
贷：材料采购——乙材料		3 000
（6）借：制造费用		960
贷：库存现金		960
（7）借：生产成本——A 产品		2 000

——B 产品	7 000
制造费用	1 000
贷：原材料——甲材料	10 000
（8）借：银行存款	31 590
贷：主营业务收入	27 000
应交税费——应交增值税（销项税额）	4 590
（9）借：销售费用	2 400
贷：银行存款	2 400
（10）借：银行存款	29 250
贷：主营业务收入	25 000
应交税费——应交增值税（销项税额）	4 250
（11）借：银行存款	21 060
贷：主营业务收入	18 000
应交税费——应交增值税（销项税额）	3 060
（12）借：银行存款	15 000
贷：其他业务收入	15 000
（13）借：其他业务支出	9 000
贷：原材料	9 000
（14）借：营业外支出	3 000
贷：银行存款	3 000
（15）借：管理费用	360
贷：其他应收款	300
库存现金	60
（16）借：生产成本——A 产品	25 000
——B 产品	25 000
制造费用	5 000
管理费用	5 000
贷：应付职工薪酬——工资	60 000
（17）借：应付职工薪酬——职工福利费	1 000
贷：库存现金	1 000
（18）借：制造费用	200
贷：库存现金	200
（19）借：财务费用	1 500
贷：应付利息	1 500
（20）借：生产成本——A 产品	3 500
——B 产品	3 500
制造费用	700
管理费用	700

贷：应付职工薪酬——职工福利费　　　　　　　　　　　8 400

（21）借：生产成本——A产品　　　　　　　　　　　　2 000
　　　　　　　　——B产品　　　　　　　　　　　　1 800
　　　　制造费用　　　　　　　　　　　　　　　　　436
　　　　管理费用　　　　　　　　　　　　　　　　　460
　　　　贷：其他应付款　　　　　　　　　　　　　　　　　4 696

（22）借：制造费用　　　　　　　　　　　　　　　　　1 880
　　　　管理费用　　　　　　　　　　　　　　　　　1 200
　　　　贷：累计折旧　　　　　　　　　　　　　　　　　　3 080

（23）借：生产成本——A产品　　　　　　　　　　　　5 188
　　　　　　　　——B产品　　　　　　　　　　　　5 188
　　　　贷：制造费用　　　　　　　　　　　　　　　　　10 376

（24）借：库存商品——A产品　　　　　　　　　　　　44 088
　　　　　　　　——B产品　　　　　　　　　　　　42 888
　　　　贷：生产成本——A产品　　　　　　　　　　　　44 088
　　　　　　　　　　——B产品　　　　　　　　　　　42 888

（25）A产品单位成本 =（44 088 + 25 000）/（440 + 250）= 100.13 元/件

B产品单位成本 =（15 800 + 42 888）/（265 + 100）= 160.79 元/件

100.13 × 250 + 160.79 × 100 = 41 111.5 元

借：主营业务成本　　　　　　　　　　　　　　　　41 111.5
　　贷：库存商品——A产品　　　　　　　　　　　　　25 032.5
　　　　　　　　——B产品　　　　　　　　　　　　16 079

（26）借：银行存款　　　　　　　　　　　　　　　　　400
　　　　贷：营业外收入　　　　　　　　　　　　　　　　　400

（27）借：主营业务收入　　　　　　　　　　　　　　　70 000
　　　　其他业务收入　　　　　　　　　　　　　　　15 000
　　　　营业外收入　　　　　　　　　　　　　　　　400
　　　　贷：本年利润　　　　　　　　　　　　　　　　　85 400

借：本年利润　　　　　　　　　　　　　　　　　　64 731.5
　　贷：主营业务成本　　　　　　　　　　　　　　　　41 111.5
　　　　销售费用　　　　　　　　　　　　　　　　　2 000
　　　　管理费用　　　　　　　　　　　　　　　　　7 720
　　　　财务费用　　　　　　　　　　　　　　　　　1 500
　　　　其他业务支出　　　　　　　　　　　　　　　9 000
　　　　营业外支出　　　　　　　　　　　　　　　　3 000

利润总额 = 85 400 − 64 731.5 = 20 668.5（元）

（28）借：所得税费用　　　　　　　　　　　　　　　　5 167.13

贷：应交税费——应交所得税   5 167.13

（29）净利润 = 20 668.5 − 5 167.13 = 15 501.37 元

借：利润分配   1 550.14

  贷：盈余公积——提取法定盈余公积   1 550.14

（30）借：利润分配——应付普通股股利   5 000

      贷：应付股利   5 000

（七）案例分析题

天虹公司 2010 年各损益项目确定如下：

收入 = 400 000 + 160 000 + 56 000 = 616 000（元）

费用 = 210 000 + 19 000 + 125 000 + 30 000 = 354 000（元）

利润 = 616 000 − 354 000 = 262 000（元）

由以上计算不难看出，经过一年的经营，李军经营的天虹公司经营成果是盈利的，一年来共盈利 262 000 元。而李军若仍在原单位，工资的年薪为 144 000 元，显然，李军辞职后开办的公司盈利要多于在原单位任职时的工资收入，所以说，李军辞职开办公司是合适的。

但在本案例中需要注意的是，李军的家庭开支 40 000 元，是不能作为其开办公司的开支。这是因为，按会计主体前提条件的要求，天虹公司的会计只核算本公司的经营业务，一定要与公司所有人李军的家庭业务区别开来。购置设备的支出不能全部作为本年的支出处理，这是因为会计核算时要区分资本性支出和收益性支出，而设备支出是属于资本性支出范畴，因此计算这部分支出时只能将本年度的 30 000 元计算在内，不能将 150 000 元全部作为本年度的费用处理。此外，对于李军而言，作决策是还要考虑借款的利息问题，在本案例中，借款的年利息额 6 000 元（200 000 × 3%），但是此利息相对较少，不会改变最终的计算结果。

第五章　会计凭证

一、教学案例分析

（一）支票填写错误

1. 出票日期（大写）应写为：贰零壹零年壹拾月零陆日。

2. 人民币（大写）与第一个数字发生额之间不能留有空位。

3. 人民币大写最后要加"整"字。

4. 小写金额合计数之前应加注币值符号。

5. 出票人签章处应至少加盖财务章及法人章。

6. 存根处的金额应表示出角位、分位，即应写为 1 600.00。

（二）增值税专用发票填写错误

1. 开票日期没有填写。

2. 只有小写的合计金额前才加注币值符号。

3. 在填写合计金额大写项目时，在没有发生额的位数之前应加注""符号或填写"零"。

4. 第 1 位小写数字与币值符号之间不能留有空位。

5. 须加盖财务专用章。

（三）收料单填写错误

1. 供应单位、发票号码均未填写。

2. 收料仓库未填写。

3. 材料编号未填写。

4. 数量单位未注明。

5. 单位入库成本应采用计划价格 35 元。

6. 成本金额数字应该采用金额方式填写，如 3 000.00。

7. 总成本合计数前面要加"￥"的符号。

二、作业与思考题参考答案

（一）单项选择题

1. B	2. D	3. D	4. D	5. C
6. C	7. B	8. A	9. C	10. B
11. D	12. A	13. C	14. B	15. A
16. A	17. A	18. B	19. B	20. A
21. D	22. C	23. D	24. B	

（二）多项选择题

1. AC	2. ACD	3. BD	4. BD	5. CD
6. AC	7. AD	8. ABCD	9. ABC	10. BD
11. ABC	12. ABC	13. ABC	14. CD	15. ABCD
16. BC				

（三）判断题

1. ×	2. ×	3. ×	4. ×	5. ×
6. ×	7. ×	8. ×	9. ×	10. √
11. √	12. ×	13. √	14. √	15 ×
16. √	17. ×	18. √	19. ×	20. ×

（四）名词解释

1. 会计凭证是在会计工作中记录经济业务、明确经济责任的书面证明，是用来登记账簿的依据。

2. 原始凭证又称原始单据，是在经济业务发生或完成时取得或填制的，是记录、证明经济业务已经发生或完成的原始证据。

3. 记账凭证是会计人员根据审核后的原始凭证进行归类、整理，按照会计准则和记账规则确定会计分录而编制的凭证，是直接登记账簿的依据。

（五）填空题

1. 原始凭证、记账凭证

2. 自制原始凭证、外来原始凭证

3. 凭证名称、填制凭证的日期、填制凭证单位或填制人姓名、经办人员的签名或盖章、接收凭证单位的名称、经济业务内容、数量、单价和金额

4. 符合实际情况、明确经济责任、填写内容齐全、书写格式规范

5. 真实性、合法性、合理性、完整性、正确性、及时性

6. 收款凭证、付款凭证、转账凭证

7. 正楷字、行书字

8. 货币资金

9. 支出业务

10. 转账业务

11. 复式记账凭证、单式记账凭证

12. 填制凭证日期；凭证编号；经济业务内容摘要；会计科目；记账方向；记账金额；所附原始凭证的张数；填制凭证人员、稽核人员、记账人员、会计主管人员的签名或盖章

13. 凭证摘要简明、业务记录明确、科目运用准确、附件数量完整、填写内容齐全、凭证顺序编号

14. 内容是都真实、项目是否齐全、科目是否正确、金额是否正确、书写是否正确

（六）业务题

1. 凭证分录如下：

(1) 银收01，借：银行存款　　　　　　　　　　　　　　　200 000

　　　　　　　贷：实收资本　　　　　　　　　　　　　　　　200 000

(2) 银付01，借：库存现金　　　　　　　　　　　　　　　　6 000

　　　　　　　贷：银行存款　　　　　　　　　　　　　　　　　6 000

(3) 银收02，借：银行存款　　　　　　　　　　　　　　　　5 000

　　　　　　　贷：应收账款　　　　　　　　　　　　　　　　　5 000

(4) 现付01，借：银行存款　　　　　　　　　　　　　　　25 300

　　　　　　　贷：库存现金　　　　　　　　　　　　　　　　25 300

(5) 转字01，借：固定资产　　　　　　　　　　　　　　　50 000

　　　　　　　贷：营业外收入　　　　　　　　　　　　　　　50 000

(6) 转字02，借：生产成本　　　　　　　　　　　　　　　60 000

| | 贷：原材料 | 60 000 |

（7）银付02，借：应付账款　　　　　　　　　　6 000

　　　　　　　贷：银行存款　　　　　　　　　　　　　6 000

（8）银收03，借：银行存款　　　　　　　　　180 000

　　　　　　　贷：长期借款　　　　　　　　　　　　180 000

（9）现付02，借：管理费用　　　　　　　　　　320

　　　　　　　贷：库存现金　　　　　　　　　　　　　320

（10）银付03，借：应付职工薪酬　　　　　　10 000

　　　　　　　　贷：银行存款　　　　　　　　　　　10 000

2．凭证分录如下：

（1）收1

借：库存现金　　　　　　　　　　　　　　　5 850

　贷：主营业务收入　　　　　　　　　　　　　　5 000

　　　应交税费——应交增值税（销项税额）　　　850

（2）付1

借：银行存款　　　　　　　　　　　　　　　5 850

　贷：现金：　　　　　　　　　　　　　　　　　5 850

（3）收2

借：银行存款　　　　　　　　　　　　　　67 860

　贷：主营业务收入　　　　　　　　　　　　　58 000

　　　应交税费——应交增值税（销项税额）　　9 860

（4）付2

借：原材料　　　　　　　　　　　　　　　　8 200

　　应交税费——应交增值税（进项税额）　　　1 360

　贷：银行存款　　　　　　　　　　　　　　　9 560

（5）付3

借：应交税费——应交增值税　　　　　　　　4 000

　贷：银行存款　　　　　　　　　　　　　　　4 000

（6）付4

借：制造费用　　　　　　　　　　　　　　　3 000

　贷：银行存款　　　　　　　　　　　　　　　3 000

（7）转1

借：生产成本　　　　　　　　　　　　　　42 000

　　制造费用　　　　　　　　　　　　　　　2 000

　　管理费用　　　　　　　　　　　　　　　1 000

　贷：原材料　　　　　　　　　　　　　　　45 000

（8）转2

借：制造费用　　　　　　　　　　　　　　　2 600

管理费用 900

  贷：累计折旧 3 500

（9）转3

借：财务费用 2 000

  贷：应付利息 2 000

（10）付5

借：营业外支出 1 000

  贷：银行存款 1 000

3. 凭证类别及编号如下：

（1）付款凭证1号

（2）付款凭证2号

（3）收款凭证1号

（4）付款凭证3号

（5）转账凭证1号

  收款凭证2号

（6）转账凭证2号

（7）收款凭证3号

（8）转账凭证3号

（七）案例分析题

1. 案例提示：

（1）出纳员应首先检查原始凭证，即应检查发票有无部门领导的签字，发票金额的笔体是否一致。发现有疑点时，应采用函询法调查住宿单价。

（2）出纳员应负责追回损失的现金；若无法追回，出纳员应承担连带赔偿责任。

2. 宏达公司经办人员更改原始凭证金额的做法不符合法律规定。

根据《会计基础工作规范》规定，原始凭证不得涂改、挖补。发现原始凭证有错误的，应当由开出单位重开或者更正，更正处应当加盖开出单位的公章。但如果原始凭证金额填写错误，不得在原始凭证上进行更正，必须由原开具单位重新开具，并将原错误凭证加盖"作废"戳记同存根一起保存。在本案例中，从销货方取得的发票金额有错误，经办人员不得在发票上更改，应退回销货方重新开具。

第六章 会计账簿

一、案例分析

生产车间领用办公用品应该记入"制造费用"科目。该错误属于会计科目使用错误，由于已编制记账凭证并据以登记入账，应采用红字更正法进行更正。

具体更正应分两步，先编一张红字记账凭证并登账，再编一张正确的记账凭证并记账。具体步骤如下：

（一）编制一张红字冲销记账凭证并登账

1. 红字冲销记账凭证如表 6 - 1 所示。

表 6 - 1

付款凭证

总号：1

贷方科目：现金　　　　　　2010 年 09 月 01 日　　　　　　分号：现付 2

摘要	借方科目		√	金额								
	总账科目	二级或明细科目		百	十	万	千	百	十	元	角	分
冲销 2011 年 9 月 1 日现付 1 错误凭证	管理费用	办公费						7	8	0	0	0
合计							¥	7	8	0	0	0

附件 2 张

会计主管：　　　　记账：　　　　出纳：李平　　　复核：　　　　制单：汪伟

注：该凭证金额为红字，以粗体表示

2. 库存现金日记账如表 6 - 2 所示，管理费用明细账如表 6 - 3 所示。

表 6 - 2

库存现金日记账

单位：元

2011 年		凭证		摘要	对方科目	借方	贷方	余额
月	日	字	号					
9	1			期初余额				5 892.10
	1	现付	1	购买办公用品			780.00	5 112.10
	2	现付	2	冲销 2011 年 9 月 1 日现付 1 错误凭证			780.00（红字）	5 892.00

表 6 - 3　　　　　　　　　　　　管理费用明细账　　　　　　　　　　单位：元

| 2011 年 | | 凭证 | | 摘要 | 借方 | 贷方 | 方向 | 余额 |
月	日	字	号					
9	1	现付	1	购买办公用品	780.00		借	780.00
	2	现付	2	冲销 2011 年 9 月 1 日现付 1 错误凭证	780.00 （红字）			

（二）编一张正确的蓝字记账凭证并登账

1. 蓝字记账凭证如表 6 - 4 所示。

表 6 - 4　　　　　　　　　　　　　　付款凭证

总号：1

贷方科目：现金　　　　　　　　　　2010 年 09 月 02 日　　　　　　　　　　分号：现付 3

| 摘要 | 借方科目 | | √ | 金额 | | | | | | | | |
	总账科目	二级或明细科目		百	十	万	千	百	十	元	角	分
重做 2011 年 9 月 1 日现付 1 错误凭证	制造费用	办公费					7	8	0	0	0
合计						¥	7	8	0	0	0

附件 2 张

会计主管：　　　　记账：　　　　出纳：李平　　　复核：　　　　制单：汪伟

2. 根据更正后的记账凭证登记有关账簿。库存现金日记账如表 6 - 5 所示，制造费用明细账如表 6 - 6 所示。

表 6 - 5　　　　　　　　　　　　库存现金日记账　　　　　　　　　　单位：元

| 2011 年 | | 凭证 | | 摘要 | 对方科目 | 借方 | 贷方 | 余额 |
月	日	字	号					
9	1			期初余额				5 892.10
	1	现付	1	购买办公用品			780.00	5 112.10
	2	现付	2	冲销 2011 年 9 月 1 日现付 1 错误凭证			780.00 （红字）	5 892.00

表6-5(续)

2011 年		凭证		摘要	对方科目	借方	贷方	余额
月	日	字	号					
		现付	3	重做 2011 年 9 月 1 日现付 1 错误凭证			780.00	5 112.00

表6-6　　　　　　　　　　　　　制造费用明细账　　　　　　　　　　单位：元

2011 年		凭证		摘要	借方	贷方	方向	余额
月	日	字	号					
9	1	现付	3	重做 2011 年 9 月 1 日现付 1 错误凭证	780.00		借	780.00

二、作业与思考题参考答案

(一) 单项选择题

1. A	2. A	3. D	4. A	5. C
6. C	7. D	8. C	9. B	10. C
11. B	12. A	13. C	14. A	15. B
16. B	17. B	18. C	19. D	20. B
21. B	22. A	23. A		

(二) 多项选择题

1. AB	2. BE	3. AB	4. BD	5. BCD
6. ACD	7. BCD	8. BC	9. AB	10. ABC
11. CDE	12. ACDE	13. BC	14. ACD	15. ABD
16. BCD				

(三) 判断题

1. ×	2. √	3. ×	4. ×	5. √
6. √	7. √	8. √	9. √	10. √
11 ×	12. √	13. ×	14. √	15. √
16. √	17. ×	18. √	19. √	20. ×

21. ×　　　　　22. √

（四）名词解释（略）

（五）填空题

1. 序时账簿、分类账簿、备查账簿
2. 订本式账簿、活页式账簿、卡片式账簿
3. 总分类账簿、现金日记账、银行存款日记账
4. 封面、扉页、账页
5. 借方、贷方、余额
6. 金额核算、实物数量核算、原材料
7. 本年利润、管理费用
8. 蓝黑、黑色、圆珠笔、铅笔
9. 差数法、尾数法、除2法、除9法
10. 划线更正法、红字更正法、补充登记法
11. 依据相同、方向一致、金额相同
12. 固定资产明细账、固定资产卡片
13. 多栏式
14. 合计数、余额、过次页、承前页

（六）业务题

1. 记账凭证会计分录参考答案：

（1）借：应交税费　　　　　　　　　　　　10 000
　　　贷：银行存款　　　　　　　　　　　　　　　10 000
（2）借：银行存款　　　　　　　　　　　　30 000
　　　贷：应收账款　　　　　　　　　　　　　　　30 000
（3）借：管理费用　　　　　　　　　　　　　250
　　　贷：库存现金　　　　　　　　　　　　　　　　250
（4）借：银行存款　　　　　　　　　　　　58 500
　　　贷：主营业务收入　　　　　　　　　　　　　50 000
　　　　　应交税费　　　　　　　　　　　　　　　8 500
（5）借：库存现金　　　　　　　　　　　　1 000
　　　贷：银行存款　　　　　　　　　　　　　　　1 000
（6）借：银行存款　　　　　　　　　　　　600 000
　　　贷：实收资本　　　　　　　　　　　　　　　600 000
（7）借：制造费用　　　　　　　　　　　　　300
　　　贷：库存现金　　　　　　　　　　　　　　　　300
（8）借：应付账款　　　　　　　　　　　　42 000
　　　贷：银行存款　　　　　　　　　　　　　　　42 000

（9）借：销售费用　　　　　　　　　　　　　　　　　　　15 000

　　　　贷：银行存款　　　　　　　　　　　　　　　　　　　　　　15 000

（10）借：财务费用　　　　　　　　　　　　　　　　　　　　350

　　　　贷：银行存款　　　　　　　　　　　　　　　　　　　　　　　350

2. 参考答案：

编制会计分录如下：

（1）借：材料采购——甲　　　　　　　　　　　　　　　200 000

　　　　　　　　——乙　　　　　　　　　　　　　　　180 000

　　　　贷：银行存款　　　　　　　　　　　　　　　　　　　　200 000

　　　　　　应付账款——中越公司　　　　　　　　　　　　　180 000

（2）借：材料采购——甲　　　　　　　　　　　　　　　　2 500

　　　　　　　　——乙　　　　　　　　　　　　　　　　3 000

　　　　贷：银行存款　　　　　　　　　　　　　　　　　　　　　5 500

甲、乙材料运输、装卸费用分配率 $= \dfrac{5\ 500}{250 + 300} = 10$ 元/吨

甲材料应分摊的运输、装卸费 $= 250 \times 10 = 2\ 500$ 元

乙材料应分摊的运输、装卸费 $= 300 \times 10 = 3\ 000$ 元

（3）借：材料采购——丙　　　　　　　　　　　　　　　　50 000

　　　　贷：预付账款——正兴　　　　　　　　　　　　　　　　50 000

（4）借：材料采购——丙　　　　　　　　　　　　　　　　4 000

　　　　贷：银行存款　　　　　　　　　　　　　　　　　　　　　4 000

（5）借：应付账款——中越公司　　　　　　　　　　　　180 000

　　　　贷：银行存款　　　　　　　　　　　　　　　　　　　　180 000

（6）借：原材料——甲　　　　　　　　　　　　　　　　202 500

　　　　　　　——乙　　　　　　　　　　　　　　　　183 000

　　　　　　　——丙　　　　　　　　　　　　　　　　54 000

　　　　贷：材料采购——甲　　　　　　　　　　　　　　　　202 500

　　　　　　　　　——乙　　　　　　　　　　　　　　　183 000

　　　　　　　　　——丙　　　　　　　　　　　　　　　54 000

登记账户如下：材料采购总账如图 6 - 1 所示，材料材料明细账如图 6 - 2、图 6 - 3、图 6 - 4 所示。

材料采购（总账）			
(2)	380 000	(8)	439 500
(3)	5 500		
(4)	50 000		
(5)	4 000		
本期发生额	439 500	本期发生额	439 500

图 6-1　材料采购总账

材料采购——甲			
(2)	200 000	(8)	202 500
(3)	2 500		
本期发生额	202 500	本期发生额	202 500

图 6-2　材料采购——甲明细账

材料采购——乙			
(2)	180 000	(8)	183 000
(3)	3 000		
本期发生额	183 000	本期发生额	183 000

图6-3　材料采购——乙明细账

材料采购——丙			
(4)	50 000	(8)	54 000
(5)	4 000		
本期发生额	54 000	本期发生额	54 000

图6-4　材料采购——丙明细账

3. 会计分录：

（1）借：原材料——甲　　　　　　　　　　　　　　　200 000

　　　　原材料——乙　　　　　　　　　　　　　　　 10 000

　　　贷：应付账款　　　　　　　　　　　　　　　　　　　210 000

（2）借：原材料——丙　　　　　　　　　　　　　　　 40 000

　　　贷：应付票据　　　　　　　　　　　　　　　　　　　 40 000

（3）借：生产成本　　　　　　　　　　　　　　　　　320 000

　　　贷：原材料——甲　　　　　　　　　　　　　　　　　250 000

　　　　　原材料——乙　　　　　　　　　　　　　　　　　 50 000

　　　　　原材料——丙　　　　　　　　　　　　　　　　　 20 000

原材料总账登记如表6-7所示，原材料明细分类账如表6-8、表6-9、表6-10所示。

表6-7　　　　　　　　　　　　　总分类账

账户名称：原材料　　　　　　　　　　　　　　　　　　　　单位：元

2011年		凭证		摘要	借方	贷方	借或贷	余额
月	日	种类	号数					
2	1			期初余额			借	600 000
2	5	转账	（略）	外购材料	21 000		借	810 000
2	10	转账		外购材料	40 000		借	850 000
2	12	转账		领用材料		320 000	借	530 000
2	28			本期发生额和余额	250 000	320 000	借	530 000

表 6 - 8　　　　　　　　　　　　原材料明细分类账

账户名称：甲材料　　　　　　　　　　　　　　　　　　　　　　　单位：元

| 2011 年 | | 凭证 | | 摘要 | 收入 | | | 发出 | | | 结存 | | |
月	日	种类	号数		数量	单价	金额	数量	单价	金额	数量	单价	金额
2	1			期初结存							5 000	100	500 000
2	5	转账	略	外购材料	2 000	100	200 000				7 000	100	700 000
2	12	转账		领用材料				2 500	100	250 000	4 500	100	450 000
2	28			本期发生额和余额	2 000	100	200 000	2 500	100	250 000	4 500	100	450 000

表 6 - 9　　　　　　　　　　　　原材料明细分类账

账户名称：乙材料　　　　　　　　　　　　　　　　　　　　　　　单位：元

| 2011 年 | | 凭证 | | 摘要 | 收入 | | | 发出 | | | 结存 | | |
月	日	种类	号数		数量	单价	金额	数量	单价	金额	数量	单价	金额
2	1			期初余额							2 000	50	100 000
2	5	转账	略	外购材料	200	50	10 000				2 200	50	110 000
2	12	转账		领用材料				1 000	50	50 000	1 200	50	60 000
2	28			本期发生额和余额	200	50	10 000	1 000	50	50 000	1 200	50	60 000

表 6 - 10　　　　　　　　　　　　原材料明细分类账

账户名称：丙材料　　　　　　　　　　　　　　　　　　　　　　　单位：元

| 2011 年 | | 凭证 | | 摘要 | 收入 | | | 发出 | | | 结存 | | |
月	日	种类	号数		数量	单价	金额	数量	单价	金额	数量	单价	金额
2	1			期初余额									
2	10	转账	略	外购材料	400	100	40 000				400	100	40 000
2	12	转账		领用材料				200	100	20 000	200	100	20 000
2	28			本期发生额和余额	400	100	40 000	200	100	20 000	200	100	20 000

4. 第一题更正错账如下：

（1）用划线更正法

（2）用红字更正法

借：固定资产　　　　　　　　　　　　　　　　　　　　45 000

　　贷：银行存款　　　　　　　　　　　　　　　　　　　45 000

（3）用红字更正法

借：库存商品　　　　　　　　　　　　　　　　　　　　4 000

  贷：应收账款 $\boxed{4\ 000}$

借：库存商品   4 000

  贷：应付账款   4 000

（4）用补充登记法

借：应付账款   2 700

  贷：银行存款   2 700

第二题分析：第1笔影响

第三题：结转本年利润时管理费用多记900元，因此，更正错误凭证、更正管理费用明细账每笔金额余额后，应并作补充分录，然后登记入账。

借：本年利润 $\boxed{900}$

  贷：管理费用 $\boxed{900}$

第四题：德兴公司更正错账后的试算平衡表如表6-11所示。

表6-11   德兴公司更正错账后的试算平衡表

账户名称	借方余额	账户名称	贷方余额
库存现金	1 200	短期借款	40 000
银行存款	77 300	应付账款	12 300
应收账款	19 000	实收资本	300 000
库存商品	46 000	累计折旧	10 000
固定资产	255 000	本年利润	36 200
合计	398 500		398 500

5. 更正错账如下：

（1）用红字更正法：

①借：其他应付款 $\boxed{1\ 200}$

  贷：库存现金 $\boxed{1\ 200}$

②借：其他应收款   2 000

  贷：库存现金   2 000

③根据上列记账凭证的会计分录登记入账更正错误。

（2）用红字更正法：

①借：库存商品 $\boxed{9\ 000}$

  贷：生产成本 $\boxed{9\ 000}$

②根据上列记账凭证的会计分录登记入账更正错误。

（3）用红字更正法：

①借：原材料 $\boxed{11\ 700}$

  贷：银行存款 $\boxed{11\ 700}$

②借：原材料 10 000

　　应交税费——应交增值税 1 700

　贷：银行存款 11 700

③根据上列记账凭证的会计分录登记入账，并更正账簿登记错误。

（4）划线更正法。

记账凭证正确，在登账时发现账簿登记错误，采用划线更正法更正。在"原材料"账户的金额 100 000 元上划一条红线，在上方空白处填写正确数字，然后签章。

（5）用补充登记法：

①借：生产成本 12 600

　　管理费用 3 060

　贷：应付职工薪酬 15 660

②根据上列记账凭证的会计分录登记入账，并更正账簿登记错误。

（七）案例分析题

1.（1）环球制板厂 2006 年 2 月以来的现金日记账和银行存款日记账用圆珠笔书写不符合规定。根据《会计基础工作规范》的规定，登记账簿要用蓝黑墨水或者碳素墨水书写，不得用圆珠笔或者铅笔书写。

（2）环球制板厂 2006 年有些账簿未按页次顺序连续登记，有跳行、隔页现象不符合规定。根据《会计基础工作规范》的规定，各种账簿要按页次顺序连续登记，不得跳行、隔页。

2. 总账的本期借方发生额之和为 62 386 元，各明细账的借方发生额之和为61 486元，两者相差 900 元。

（1）首先检查借、贷方是否有一方漏记。

（2）如果没有漏记借、贷某一方的情况，再将 900 除以 2，看是否有金额为 450 元的账项，判断是否将金额记错方向

（3）如果没有 450 元的记账错误，由于 900 可以被 9 整除，在排除了上述两种错账的可能性后，应检查账簿登记中是否有数码首尾颠倒的现象。

可以得出可能出现的错误：明细账记账时，将发生额 18 900 元误登记为19 800元。

第七章　成本计算

一、教学案例分析

企业所得税的计算，首先应该确定应纳税所得额，在没有纳税调整项时，即为利润总额。利润总额是由营业利润、投资净收益和营业外收支净额组成的。利润总额公式中最重要的项目就是营业利润，而营业利润计算的准确与否，取决于销售成本的结转是否正确。销售成本期初结存的产成品＋本期完工的产成品－期末的在产品。题中期初的在产品和期末的在产品成本资料都已给定，所以只需要对本期发生的生产费用

予以正确的归集，而本期的生产费用包括直接材料、直接人工和制造费用，这些项目需要根据题中的资料进行正确的计算。由以上的分析可以看出，本题的关键在于本期完工产品制造成本、本期销售产品成本的计算和结转是否正确。

根据案例分析思路，结合题意，可进行如下处理：

首先，应计算本月完工产品成本。

本月完工产品成本＝期初在产品成本＋本期发生的生产费用－期末在产品成本

上述公式中期初期末在产品成本题中已给定，只要把本月发生的生产费用计算出来即可。而本月发生的生产费用包括直接材料费、直接人工费和制造费用，分别计算如下：

本期耗用的材料＝期初库存的材料成本＋本期购入的材料成本－期末库存材料成本＝156 200＋386 600－136 800＝406 000（元）

本期消耗的材料包括生产产品消耗和车间一般性消耗的材料两部分，题中已知车间一般性消耗的材料为16 700元，因此：

生产产品消耗的直接材料＝406 000－16 700＝389 300（元）

直接人工费为81 300元；根据题中所给的各个费用项目可知：

本月发生的制造费用＝36 500＋16 700＋26 000＋16 000＝95 200（元），因此可知：

本期为生产产品而发生的生产费用总额＝406 000＋81 300－95 200＝392 100（元）

由此可以计算出：

本月完工产品成本＝7 600＋392 100－8 500＝391 200（元）

其次，计算本期销售产品成本。

本期销售产品成本＝期初库存产成品成本＋本月完工入库产品成本－期末库存产品成本＝86 150＋391 200－97 650＝379 700（元）

根据题中所给项目，本月实现的销售收入为617 000元，本月发生的销售费用为7 500元，销售税费为31 200元，则：

产品销售利润＝617 000－379 700－31 200＝206 100（元）

本月发生的管理费用＝15 200＋8 000＋500＋200＋700＝24 600（元）

财务费用为4 000元，销售费用为7 500元，该企业没有投资收益，所以可以计算出：

营业利润＝206 100－24 600－4 000－7 500＝170 000（元）

由于该企业没有营业外收支项目，所以营业利润即为利润总额，也就是应税所得额，计算出的所得税应为：

所得税费用＝170 000×25%＝42 500（元）

而该企业会计马娜计算的所得税额为38 700元，显然是错误的。我们可以采取倒推的方法来寻找其错误：按照马娜计算的所得税额38 700元，可得出应纳税所得额为154 800元（38 700÷25%）。与正常的利润总额相差15 200元，而这个数字恰好是该企业行政管理人员的工资，也就是说会计马娜在计算利润总额时，重减了行政管理人员的工资费用，导致利润总额虚减 15 200 元。正是由于所计算的利润总额虚减了 15 200 元，才导致会计马娜计算出的所得税额少了 3 800 元（42 500 - 38 700）。

二、作业与思考题参考答案

（一）单项选择题

1. C	2. B	3. A	4. D	5. B
6. D	7. C	8. A	9. B	10. A
11. D	12. D	13. B	14. A	15. C
16. B	17. C	18. D	19. B	20. B
21. D	22. B	23. B	24. D	25. A

（二）多项选择题

1. AB	2. BE	3. ABD	4. ABCDE	5. BDE
6. ABCE	7. ACD	8. ABC	9. AD	10. ABD
11. ABD	12. ACE	13. ABCDE	14. ABCD	15. ABCE
16. ABDE	17. AC	18. ABCD	19. BC	20. AB
21. ABCD	22. ABCDE			

（二）判断题

1. √	2. ×	3. √	4. √	5. ×
6. √	7. ×	8. √	9. √	10. ×
11. ×	12. √	13. ×	14. ×	15. √
16. √	17. √	18. ×	19. ×	20. √
21. √	22. ×	23. √	24. ×	

（四）名词解释

1. 产品成本：是指生产过程中发生的各种具体到一定对象和数量产品上的耗费，包括直接材料、直接人工和制造费用。

2. 制造费用：是指企业各生产单位为组织和管理生产活动所发生的各项间接费用。主要包括车间管理人员薪酬、车间设备折旧费、车间办公经费等。

3. 耗费资产成本：是指耗费资产成本计量资产以各种形式转化为费用的金额。

4. 资产取得成本：是指选择被计算对象的计量属性，确定应予记录的各项资产金额的会计处理过程。

5. 成本计算：是指对应记入一定对象的全部费用进行归集、计算，并确定各该对象的总成本和单位成本的会计方法。

6. 成本计算：是指对应记入一定对象的全部费用进行归集、计算，并确定各该对象的总成本和单位成本的会计方法。通过成本计算可以正确地对会计核算对象进行计价，可以考核经济活动过程中各项劳动耗费，为正确地核算损益提供资料。

7. 负债成本：是指取得债务，而发生的各项费用、一般包换利息和筹资费用。利息是使用资金而付出的代价；筹资费用是为筹集资金而发生的费用。

8. 所有者权益成本：是指为使用所有者投资而付出的代价。所有者对企业投资的目的是获得一军的报酬，而企业使用所有者的资金也必须付出一定的代价，这种代价构成所有者权益成本。

9. 永续盘存制：又称永续盘存法，是根据账簿记录，计算期末存货账面结存数量的方法。在这种方法下，存货的增加、减少，平时都要根据会计凭证在明细账中连续登记，并根据账簿记录，随时结出账面结存数量。在永续盘存法下，可以通过存货明细账的记录，及时了解和掌握存货的增减动态及其结存情况，有利于加强财产的管理。进行财产清查的目的在于检查账实是否相符。

10. 先进先出法：是指以先收到的存货先发出为前提，按这种存货流转顺序对发出存货和期末存货进行计价。采用这种方法，使得期末存货的价值接近于近期现实成本。

11. 实地盘存制：又称实地盘存法，是根据财清查结果，确定期末存货账面结存数量的方法。在这种方法下，存货的增加，要根据会计凭证在明细账中逐笔登记，但存货因正常业务的减少不作记录，平时不能结算账面结存数量，只有根据期末实地盘点的结果确定存货账面结存数量，按一定方法计算期末存货价值后，倒挤计算本期销售或耗用存货的数量、价值。在料在盘存法下，账务处理手续简便，但平时在账面上无法随时反映存货发出和结存情况；将损耗、差错、短缺等全部挤入成本中，不利于存货的管理。

12. 加权平均法：又称全月一次加权平均法，是根据本会计期间（本月）可供正常发出的存货总价值，以本期可供正常发出的存货数量和期末结存存货数量确定发出存货的单位成本，然后根据实际正常发出存货数量和期末结存存货数量确定发出存货价值和期末存货价值。加权平均法考虑了不同进货批次的数量及其单位成本，计算的结果比较均衡，是一种被广泛采用的存货成本计算法。但是，这种方法同现实成本比较还有一定差距，即物价上升时加权平均单位成本小于现实成本，物价下降时加权平均单位成本会超过现成本。

13. 移动平均法：是指每次收入存货以后，立即根据现有存货总价值和现有存货总数量，计算平均单位成本，每发出一次存货，都要根据发出存货的数量和现有平均单位成本，确定发出存货的价值和结存存货的价值。

（五）填空题

1. 在产品；

2. 生产成本、库存商品；

3. 买价、附带成本；

4. 历史成本计价、划分资本性支出与收益性支出、重要性；

5. 永续盘存制、实地盘存制；

6. 利息、取得负债发生的费用；

7. 本金、利息；

8. 直接材料、直接人工、制造费用；

9. 制造费用、生产成本；

10. 买价、运输费、装卸费、包装费、保险费。

（六）业务题

1. 借：生产成本——甲产品   26 000
     贷：原材料——A 材料   20 000
        ——B 材料   6 000

2. 借：制造费用   300
     贷：库存现金   300

3. 借：生产成本——甲产品   17 000
         制造费用   4 500
         管理费用   3 000
     贷：原材料——C 材料   24 500

4. 借：制造费用   2 000
     贷：银行存款   2 000

5. 借：财务费用   300
     贷：应付利息   300

6. 借：制造费用   200
         管理费用   300
     贷：预付账款   500

7. 借：应付利息   900
     贷：银行存款   900

8. 借：制造费用   12 000
         管理费用   8 000
     贷：银行存款   20 000

9. 借：生产成本——甲产品   28 500
         制造费用   6 840
         管理费用   10 260
     贷：应付职工薪酬——工资   45 600

10. 借：制造费用   2 660
         管理费用   1 340
     贷：累计折旧   4 000

本月共发生制造费用 = 300 + 4 500 + 2 000 + 200 + 12 000 + 6 840 + 2 660 = 28 500（元）

11. 借：生产成本   28 500
     贷：制造费用   28 500

本月甲产品完工成本 = 26 000 + 17 000 + 28 500 + 28 500 = 100 000（元）

12. 借：库存商品——甲产品   100 000

　　贷：生产成本——甲产品　　　　　　　　　　　　　　　　100 000

　　由上述业务可得，甲产品的 200 件的完工产品总成本为 100 000 元，则甲产品的单位产品成本为：500 元/件（100 000/200）。

（七）计算题

本题具体计算过程如下：

本月生产产品耗用的材料 = 376 000 + 412 000 - 632 000 - 87 000 = 69 000（元）

本月发生的制造费用 = 120 000 + 87 000 + 28 000 + 14 000 = 249 000（元）

本月完工产品成本 = 165 000 +（69 000 + 460 000 + 249 000）- 192 000 = 751 000（元）

本月产品的销售成本 = 635 000 + 751 000 - 968 000 = 418 000（元）

本月利润总额 = 1 250 000 - 418 000 - 75 000 -（80 000 + 10 000 + 12 000）- 2 000 - 30 000 = 623 000（元）

应纳所得税税额 = 623 000 × 25% = 155 750（元）

本月净利润 = 623 000 - 155 750 = 467 250（元）

（八）案例分析题

原材料采购成本的确认与计量，是存货核算的一项重要内容。在计量与确认原材料采购成本时我们应把握好两项原则：一是凡为采购材料而发生的一切必要的合理支出按历史成本原则都应记入原材料的采购成本；二是按重要性原则，对一些费用金额较少，应由很多种原材料来共同承担，记入还是不记入原材料的采购成本对原材料采购成本的升降影响不大的，如小额的运杂费、采购人员的工资及差旅费、专设的采购机构经费等，为了不增加没有必要的核算工作量，这些费用就作为期间费用，记入管理费用；另外，在购入原材料时支付的增值税能否记入原材料成本，要符合税法的规定，凡是在存货出售后可以抵扣的进项税额，应记入存货的采购成本。

对于业务 1，由于按税法规定，这种原材料加工成产品后国家不再征收消费税，因此在销售时不会再产生应税责任，则放在应交税金借方的消费税得不到抵扣，但不代表企业拥有可以少交税的权力。赵欣对业务 1 的处理是不当的，应做如下更正：

借：原材料　　　　　　　　　　　　　　　　　　　　　215 000
　　贷：银行存款　　　　　　　　　　　　　　　　　　　　215 000

对于业务 2，外地运杂费 20 000 元是一笔较大的采购费用，应按一定的标准在乙、丙两种材料之间分配，赵欣的处理是不当的，应用红字更改法先冲销原分录，再确定这 20 000 元运杂费的分配标准。首先计算费用分配率，然后在乙、丙两种材料之间进行分配。

对于业务 3，材料购入途中的自然损耗，并不降低材料的总采购成本，它会提高材料的单位采购成本。赵欣把材料购入途中发生的自然损耗，作为材料的总采购成本的抵减是不对的，应更正如如下：

借：原材料　　　　　　　　　　　　　　　　　　　　　　5 000

　　　贷：材料采购　　　　　　　　　　　　　　　　　　　　　　　　5 000

　　对于业务4，由于甲原材料50 000元用于非增值税产品生产，因而在该产品出售时不会产生增值税的销项税额，其耗用的原材料在购进时产生的增值税进项税额无法抵扣，应将其耗用的原材料在购进时产生的增值税进项税额转入产品生产成本，纠正如下：

　　　借：生产成本　　　　　　　　　　　　　　　　　　　　　　　　8 500
　　　　贷：应交税费——应交增值税——进项税额转出　　　　　　　　8 500

　　对于业务5，利息每月月末付一次，可以不预提利息，上述业务的处理不影响会计信息的可靠性，可不做更正，但以后类似业务的处理方法应如下所示：

　　　借：财务费用　　　　　　　　　　　　　　　　　　　　　　　　2 500
　　　　贷：银行存款　　　　　　　　　　　　　　　　　　　　　　　2 500

第八章　编制报表前的准备工作

一、教学案例分析

　　1. 该企业的会计处理是不妥当的。部分做管理费用处理，部分做营业外支出处理的做法更有问题。应该查实由三位责任人负责赔偿。

　　2. 该企业随意更改原材料的计价方法，调节产品成本，这种做法违反了一致性原则。企业如果要更改存货的计价方法，必须根据《会计准则——会计政策变更》的规定，进行适当的调整，并进行适当的披露。

　　3. 这样做的结果使利润虚增，影响信息使用者的正确决策。应在100万元的基础上，扣除保险公司赔偿的40万元以及材料的残值等项目，再记入"营业外支出"科目处理。

（一）单项选择题

1. C	2. D	3. B	4. D	5. C
6. C	7. D	8. B	9. A	10. A
11. B	12. C	13. A	14. B	15. B
16. C	17. A	18. B	19. C	20. C

（二）多项选择题

1. ABD	2. AB	3. ABCD	4. AB	5. AD
6. ACDE	7. ABCDE	8. AD	9. ABCD	10. ABDE
11. ABCD	12. ABDE	13. ABC	14. CD	15. ABC
16. CD	17. BC	18. AE	19. ABC	20. ACD

（三）判断题

1. √	2. ×	3. ×	4. √	5. ×

6. × 　　　7. × 　　　8. × 　　　9. × 　　　10. ×

11. × 　　　12. √ 　　　13. × 　　　14. × 　　　15. ×

16. √ 　　　17. × 　　　18. √

（四）名词解释（略）

（五）填空题

1. 全面清查、局部清查

2. 待处理财产损溢

3. 银行对账单

4. 银行存款余额调节表

5. 现金、存货、固定资产

6. 账证核对、账账核对、账实核对

7. 双红线

8. 年终

9. 账面余额、实存数额

10. 技术推算法

11. 实地盘点法、出纳员

12. 实地盘点法、技术推算法、协商议价法、查询核实法

（六）业务题

1. 银行存款余额调节表如表8－1所示。

表8－1　　　　　　　　　　　　银行存款余额调节表

年　月　日　　　　　　　　　　　　　　　单位：元

项目	金额	项目	金额
企业银行存款日记账余额	42 594	银行对账单余额	24 218
加：银行已收，企业未收款		加：企业已收，银行未收款	
（1）存款利息	488	（1）存入转账支票	28 000
（2）代收江西贷款	11 880		
减：银行已付，企业未付款		减：企业已付，银行未付款	
（1）代付电费	3 120	（1）开出支票	376
调节后的存款余额	51 842	调节后的存款余额	51 842

2. 会计分录

（1）

借：待处理财产损溢——待处理固定资产损溢　　　　　　　14 000

　　累计折旧　　　　　　　　　　　　　　　　　　　　　　6 000

　　贷：固定资产　　　　　　　　　　　　　　　　　　　　　　20 000

借：营业外支出　　　　　　　　　　　　　　　　　　　　4 000

其他应收款－保险公司　　　　　　　　　　　　　　10 000

　　　贷：待处理财产损溢——待处理固定资产损溢　　　14 000

（2）

借：待处理财产损溢——待处理流动资产损溢　　　　　100

　　　贷：库存现金　　　　　　　　　　　　　　　　　　100

借：其他应收款——小王　　　　　　　　　　　　　　100

　　　贷：待处理财产损溢——待处理流动资产损溢　　　100

（3）

借：待处理财产损溢——待处理流动资产损溢　　　　　200

　　贷：原材料——甲材料　　　　　　　　　　　　　　200

借：管理费用　　　　　　　　　　　　　　　　　　　160

　　其他应收款——保管员　　　　　　　　　　　　　　40

　　　贷：待处理财产损溢——待处理流动资产损溢　　　200

（4）

借：待处理财产损溢——待处理流动资产损溢　　　　　200

　　　贷：原材料——A 产品　　　　　　　　　　　　　200

借：其他应收款——保管员　　　　　　　　　　　　　200

　　　贷：待处理财产损溢——待处理流动资产损溢　　　200

（5）

借：原材料——乙材料　　　　　　　　　　　　　　　900

　　　贷：待处理财产损溢——待处理流动资产损溢　　　900

借：待处理财产损溢——待处理流动资产损溢　　　　　900

　　　贷：其他应付款/应付账款　　　　　　　　　　　750

　　　　　管理费用　　　　　　　　　　　　　　　　　150

3. 实存账存对比表如表 8 - 2 所示。

表 8 - 2　　　　　　　　　　　　　**实存账存对比表**

单位名称：　　　　　　　　　2011 年 10 月 31 日　　　　　　　　　　类别

编号	名称规格	计量单位	单价	实存		账存		对比结果				备注
								盘盈		盘亏		
				数量	金额	数量	金额	数量	金额	数量	金额	
1	甲	千克	5	1 300	6 500	1 450	7 250			150	750	
2	乙	千克	8	700	5 600	500	4 000	200	1 600			
3	丙	千克	12	550	6 600	650	7 800			100	1 200	

复核人：　　　　　　　　　　　　　编制人：

（七）案例分析题

1. 参考答案：

（1）不符合规定。他的处理方法的直接后果可能会掩盖公司在现金管理与核算中存在的诸多问题，有时可能会是重大的经济问题。

凡是出现账实不符的情况时，必须按照有关的会计规定进行处理。对于现金清查中发现的现金短缺情况，首先应通过"待处理财产损溢——待处理流动资产损溢"科目进行核算。现金清查中发现短缺的现金，应按短缺的金额，借记"待处理财产损溢——待处理流动资产损溢"科目，贷记"库存现金"科目；待查明原因后按如下要求进行处理：属于应由责任人赔偿的部分，借记"其他应收款——应收现金短缺款"或"库存现金"等科目，贷记"待处理财产损溢——待处理流动资产损溢"科目；属于应由保险公司赔偿的部分，借记"其他应收款——应收保险赔款"科目，贷记"待处理财产损溢——待处理流动资产损溢"科目；属于无法查明的其他原因，根据管理权限，经批准后处理，借记"管理费用——现金短缺"科目，贷记"待处理财产损溢——待处理流动资产损溢"科目。

（2）不符合规定。在现金清查中发现溢余的现金，应按溢余的金额，借记"库存现金"科目，贷记"待处理财产损溢——待处理流动资产损溢"科目，待查明原因后按要求进行处理。属于应支付给有关人员或单位的，应借记"待处理财产损溢——待处理流动资产损溢"科目，贷记"其他应付款——应付现金溢余"科目；属于无法查明原因的现金溢余，经批准后，借记"待处理财产损溢——待处理流动资产损溢"科目，贷记"营业外收入——现金溢余"科目。

（3）不正确。银行存款实有数与企业银行存款日记账余额或银行对账单余额不一致，原因一般有两个方面，第一存在未达账项，第二企业或银行双方可能存在记账错误。出纳小王在确定企业银行存款实有数时，只考虑了第一个方面的因素，而忽略了第二个方面的因素。小王应该根据双方的未达账项，编制完整正确的银行对账单，从而确定正确的实有数。

出纳小王以对账单为依据将企业未入账的未达账项记入账内也是错误的。这是因为银行的对账单并不能作为记账的原始凭证，企业收款或付款必须取得收款或付款的原始凭证才能记账。

2. 提示：

甲公司对盘亏的固定资产的处理是不合适的。清查人员应向当事人索赔。如果当事人不能按期偿还时，车间主任刘某应承担赔偿责任。

第九章　财务会计报告

一、教学案例分析

1. 一般而言，利用会计报表进行舞弊共有五种方式：（1）虚构利润；（2）虚报资产价值；（3）利用时间性差异；（4）隐瞒负债和费用；（5）披露不实。

在上述案例中，安达先生在犯案过程中无所不用其极，使用了上述会计报表舞弊的所有手法，因而成为美国最典型、最具名昭著的舞弊案例，在会计报表舞弊案的历史上不啻为经典的反面教材。

2. 鉴于其舞弊手法的典型性和多样性，注册会计师可以从中全面地吸取反舞弊的基本审计策略：

（1）深入了解客户。客户的人品、行为、处事方式以及偏好往往决定了一个公司整体的经营模式。对其深入了解，有助于注册会计师作出有效地判断，决定是否承接业务，从而规避不必要的审计风险。若在上述案例中，审计人员肯花一点时间去调查艾迪先生的背景，恐怕不难发现他是一个非常危险且不择手段的人物，那么也许一开始就会拒绝接受该项审计业务，从而避免最终的诉讼厄运。

（2）合理分派人员。在审计过程中，会计师事务所往往习惯于派那些缺乏审计经验的助理人员执行外勤工作，这在低风险的审计环境中也许可行，但在高风险的审计环境，尤其是可能发生舞弊的审计环境中，就显得很危险。因为，对舞弊的敏感度和发现舞弊的能力往往需要多年的经验积累和职业判断，而这恰恰是助理审计人员最缺乏的。在上述案例中，据山姆回忆说，派到公司执行外勤工作的审计人员都是一些年轻的、没有经验的审计人员。而他作为一个老资格的注册会计师，要欺瞒他们岂不是轻而易举的事？因此，选派合格的审计人员，或请反舞弊专家参与可能存在舞弊的外勤审计是必要的。

（3）重视存货的监盘。不论在何种商业企业，存货通常都是价值最大、品种最多的一类资产，因而往往也是实施会计舞弊的首选目标。所以，在存货盘点时，审计人员必须到场，亲自监督盘点人员的盘点和计数，必要时应该亲自抽盘部分存货。在上述案例中，审计人员在存货监盘时，由公司职员爬到堆积如山的箱子上去清点存货，而自己则在下面根据他们所报的数量进行记录。这样心怀叵测的雇员就主动要求帮助审计人员盘点，明明只有 10 台电视机，他们却告诉审计人员说有 25 台，审计人员当时没有仔细观察他们是如何盘点的，事后又没有进行抽盘。于是，存货监盘上的疏忽使得审计人员错过了发现舞弊的机会。

（4）做好审计工作底稿与计算机资料的安全防护措施。虽然没有审计人员愿意相信自己的客户是个卑鄙小人，但客户乘你不注意时，有点小动作的事情却常常发生，因此审计人员在审计过程中必须保持职业怀疑态度，尤其是要照管好自己的审计工作底稿和计算机，防止未经授权的人员擅自接触。在上述案例中，虽然审计人员在审计时有独立的办公室，办公桌也上了锁，但艾迪和他的亲信们还是趁审计人员离开之时，篡改了计算机中的存货盘点记录。如果审计人员将审计工作底稿妥善保管，对计算机进入程序设置密码，那么艾迪的诡计也就不能得逞了。

二、作业与思考题

（一）单项选择题

1. C　　　　　2. B　　　　　3. B　　　　　4. C　　　　　5. A

6. A	7. D	8. B	9. C	10. D
11. D	12. B	13. B	14. B	15. D
16. C	17. D	18. C	19. D	20. C
21. C	22. D			

（二）多项选择题

1. ABCDE	2. ACDE	3. BCE	4. CDE	5. CD
6. ACDE	7. AD	8. ABDE	9. ABCD	10. AC
11. BCD	12. ABCD	13. CDE	14. ABD	15. BCD

（三）判断题

1. √	2. ×	3. ×	4. ×	5. √
6. ×	7. √	8. √	9. ×	10. √
11. ×	12. √	13. √	14. ×	15. ×

（四）名词解释（略）

（五）填空题

1. 内部管理

2. 资产负债表；利润表；现金流量表；所有者权益变动表

3. 动

4. 数字真实、内容完整、计算准确、编制及时、指标可比

5. 资产 = 负债 + 所有者权益；静

6. 账户式，报告式；多步式、单步式

7. 8 000

8. 反映经营成果、月、单位报表、动态

9. 单位报表、汇总报表

10. 会计报表、报表附注、会计报表

（六）业务题

1. 营业利润1 750；利润总额1 800；净利润：1 350

2. 该月月末资产负债表中"应收账款"、"预付款项"、"应付账款"和"预收款项"项目金额的计算如表9 - 1所示。

表9 - 1　　　　　　　　　　资产负债表各项目计算情况表

	应收账款	预付款项	应付账款	预收款项
应收 A 企业借方	3 300			
应收 B 企业借方	4 000			
应收 C 企业贷方				1 300

表9－1（续）

	应收账款	预付款项	应付账款	预收款项
应付甲公司贷方			3 200	
应付乙公司公司贷方			2 300	
应付丙公司借方		600		
应付丁公司借方		500		
合计	7 300	1 100	5 500	1 300

3.

（1）营业收入＝（500 000＋4 500）＋（35 250＋950）＝540 700

（2）营业成本＝（300 000＋3 250）＋（25 250＋750）＝329 250

（3）营业利润＝540 700－329 250－（2 900＋100）－（1 000＋200）－（3 000＋110）－（5 000＋440）＋（1 500＋200）＝200 400

（4）利润总额＝200 400＋（500＋300）－（1 100＋200）＝199 900；

（5）所得税费用＝199 900 * 25％＝49 975

（6）净利润＝199 900－49 975＝149 925

4. 资产负债表（简表）如表9－2所示。

表9－2　　　　　　　　　　　　　　　资产负债表

编制单位：德兴公司　　　　　　　2011 年 7 月 31 日　　　　　　　　单位：元

资产	期初数	期末数	负债所有者权益	期初数	期末数
流动资产：	（略）		流动负债：	（略）	
货币资金		169 040	应付账款		98 000
应收账款		93 500	预收账款		24 540
预付账款		5 000	一年内到期的非流动负债		100 000
存货		166 500	流动负债合计		222 540
一年内到期的非流动资产		8 000	非流动负债：		
流动资产合计		442 040	长期借款		150 000
非流动资产：			非流动负债合计		150 000
持有至到期投资		6 500			
固定资产		459 950	负债合计		372 540
非流动资产合计		466 450	所有者权益		
实收资本		500 000			
盈余公积		4 500			

表9-2(续)

资产	期初数	期末数	负债所有者权益	期初数	期末数
			未分配利润		31 450
			所有者权益合计		535 950
资产合计		908 490	负债及所有者权益总计		908 490

5. (1)利润表如表9-3所示。

表9-3　　　　　　　　　　　　　　利润表

会企02表

编制单位：美达公司　　　　　　　　2011年9月　　　　　　　　　　　　单位：元

项目	行次	本月数	本年累计数
一、营业收入	1	85 000	
减：营业成本	2	49 000	
营业税费及附加	3	3 000	
销售费用	4	2 400	
管理费用	5	4 000	
财务费用	6	1 500	
资产减值损失	7		
加：公允价值变动净收益（损失以"-"号填列）	8		
投资净收益（损失以"-"号填列）	9	5 000	
二、营业利润（亏损以"-"号填列）	10	30 100	
加：营业外收入	11	900	
减：营业外支出	12	3 000	
其中：非流动资产处置净损失（收益以"-"号填列）	13		
三、利润总额（亏损总额以"-"号填列）	14	28 000	
减：所得税	15	7 000	
四、净利润（净亏损以"-"号填列）	16	21 000	
五、每股收益	17		
（一）基本每股收益	18		
（二）稀释每股收益	19		

（2）资产负债表如表9-4所示。

表9-4 资产负债表

编制单位：美达公司　　　　　　　　　　　2011年9月　　　　　　　　　　　　单位：元

资产	期末数	负债及所有者权益	期末数
流动资产：		流动负债：	
货币资金	40 020	短期借款	10 000
应收账款	25 000	应付账款	28 000
预付账款	19 200	其他应付款	4 096
存货	113 664.50	预收账款	15 000
流动资产合计	197 884.50	应付职工薪酬	8 200
固定资产		应交税费	17 360.61
固定资产原值	230 000	应付股利	7 300
减：累计折旧	41 080	流动负债合计	99 956.61
固定资产净值	188 920	所有者权益：	
固定资产合计	188 920	实收资本	200 000
资本公积	30 000		
盈余公积	50 077.18		
未分配利润	16 770.71		
		所有者权益合计	296 847.87
资产总计	386 804.50	负债及所有者权益总计	386 804.50

（七）案例分析题

1. 裕达公司董事会作出关于对外报送财务会计报告的决定不符合会计法律制度规定。

根据《会计法》的规定，企业对外报出的财务会计报告应当由企业负责人和主管会计工作的负责人、会计机构负责人签名并盖章。设置总会计师的企业，还应当由总会计师签名并盖章。在本案例中，董事会决定对外报送的财务会计报告仅由会计科吴科长签字、盖章后即报出，很明显不符合《会计法》的规定。

2. 分析：

（1）德宇公司董事长李某指使会计科在会计报表上做一些"技术处理"、致使公司由亏损变为盈利的行为属于授意、指使、强令会计机构、会计人员及其他人员伪造、变造会计凭证、会计账簿、编制虚假财务会计报告的行为。

（2）根据《会计法》的规定，授意、指使、强令会计机构、会计人员及其他人员伪造、变造会计凭证、会计账簿、编制虚假财务会计报告，应承担的法律责任有：构成犯罪的，依法追究刑事责任；尚不构成犯罪的，可以处五千元以上五万元以下的罚款；属于国家工作人员的，还应当由其所在单位或者有关单位依法给予降级、撤职、开除的行政处分。在本案例中，董事长李某是国家工作人员，根据违反法律法规的严重程度，可能追究其刑事责任；也可能处五千元以上五万元以下的罚款；同时还应当由其所在单位或者有关单位依法给予降级、撤职、开除的行政处分。

第十章　会计核算组织程序

一、教学案例分析

（一）账簿的设置，应遵循以下几条原则：

1. 账簿的设置要能保证全面系统的核算、监督各项经济业务，为管理提供完整系统的会计核算资料。

2. 账簿的设置要在充分满足实际需要的前提下，考虑人力、财力、物力的节约，避免重复和遗漏，有关账簿之间要相互衔接。

3. 账簿的格式要力求简明实用，应遵循会计制度的要求，在每一个会计要素下按照会计科目的排列顺序排列账页。能为经济管理提供所需的各项指标。

（二）李林应该为德州市新兴制造厂企业设置的基本会计科目有：

1. 资产类总账：库存现金、银行存款、其他货币资金、应收票据、应收账款、其他应收款、坏账准备、原材料、库存商品、固定资产、累计折旧等；

2. 负债类总账：短期借款、应付票据、应付账款、应付职工薪酬、应交税费、应付利息等；

3. 所有者权益类总账：实收资本、资本公积、盈余公积、本年利润、利润分配；

4. 成本类总账：生产成本、制造费用；

5. 损益类总账：主营业务收入、其他业务收入、营业外收入、主营业务成本、营业税金及附加、其他业务支出、销售费用、管理费用、财务费用、营业外支出、所得税费用。

（三）应设置的账簿有：

1. 总账：包括所有的总账科目；

2. 序时账：现金日记账、银行存款日记账；

3. 明细账：

原材料—甲、原材料——乙

生产成本——001、生产成本——002

库存商品—001、库存商品—002

应收账款—A公司、应收账款—B公司

应付账款—C公司、应付账款—D公司

应交税费—应交增值税、应交税费—应交所得税

二、作业与思考题

（一）单项选择题

1. D	2. B	3. C	4. B	5. A
6. C	7. C	8. A	9. A	10. D

（二）多项选择题

1. CD	2. AB	3. BCD	4. ABC	5. ACD
6. ACD	7. ABCDE	8. ABDE	9. ACD	10. ABCDE
11. BCD	12. ACE			

（三）判断题

1. ×	2. √	3. ×	4. √	5. √
6. √	7. ×	8. √	9. ×	10. ×
11. ×	12. √	13. ×	14. ×	15. ×
16. ×				

（四）名词解释 略

（五）填空题

1. 小、简单

2. 现金、银行存款

3. 经济业务量；1 天，3 天，5 天；10 天

4. 记账凭证核算组织程序、汇总记账凭证核算组织程序、科目汇总表核算组织程序、日记总账核算组织程序

5. 经济活动的特点；规模的大小；业务的繁简

6. 计算机操作

7. 记账凭证、科目汇总表、科目汇总表

8. 规模较大、业务量较多

（六）业务题

1. 参考答案：

（1）会计分录

①借：材料采购　　　　　　　　　　　　　　　　　　　　　1 800

　　贷：应付账款　　　　　　　　　　　　　　　　　　　　　　　1 800

②借：材料采购　　　　　　　　　　　　　　　　　　　　　1 900

　　贷：银行存款　　　　　　　　　　　　　　　　　　　　　　　1 900

③借：材料采购　　　　　　　　　　　　　　　　　　　　　2 600

　　贷：银行存款　　　　　　　　　　　　　　　　　　　　　　　2 600

④借：原材料　　　　　　　　　　　　　　　　　　　1 800
　　贷：材料采购　　　　　　　　　　　　　　　　　　　　1 800
⑤借：原材料　　　　　　　　　　　　　　　　　　　1 900
　　贷：材料采购　　　　　　　　　　　　　　　　　　　　1 900
⑥借：应付账款　　　　　　　　　　　　　　　　　　1 800
　　贷：银行存款　　　　　　　　　　　　　　　　　　　　1 800
⑦借：库存现金　　　　　　　　　　　　　　　　　　2 000
　　贷：银行存款　　　　　　　　　　　　　　　　　　　　2 000
⑧借：银行存款　　　　　　　　　　　　　　　　　　20 000
　　贷：主营业务收入　　　　　　　　　　　　　　　　　　20 000
⑨借：管理费用　　　　　　　　　　　　　　　　　　300
　　贷：银行存款　　　　　　　　　　　　　　　　　　　　300
⑩借：银行存款　　　　　　　　　　　　　　　　　　8 000
　　贷：主营业务收入　　　　　　　　　　　　　　　　　　8 000
⑪借：应收账款　　　　　　　　　　　　　　　　　　9 000
　　贷：主营业务收入　　　　　　　　　　　　　　　　　　9 000
⑫借：管理费用　　　　　　　　　　　　　　　　　　260
　　贷：库存现金　　　　　　　　　　　　　　　　　　　　260
⑬借：生产成本　　　　　　　　　　　　　　　　　　1 400
　　贷：原材料　　　　　　　　　　　　　　　　　　　　　1 400
⑭借：管理费用　　　　　　　　　　　　　　　　　　300
　　贷：原材料　　　　　　　　　　　　　　　　　　　　　300
⑮借：管理费用　　　　　　　　　　　　　　　　　　180
　　贷：库存现金　　　　　　　　　　　　　　　　　　　　180

（2）根据记账凭证编制汇总付款凭证和汇总转账凭证，汇总付款凭证如表10-1所示，汇总转账凭证如表10-2所示。

表10-1　　　　　　　　　　　汇总付款凭证

贷方科目：银行存款

借方科目	金额				总账页数	
	1-10日	11-20日	21-30日	合计	借方	贷方
材料采购	4 500					
应付账款	1 800					
库存现金	2 000					
管理费用	300					
合计	8 600					

表 10 - 2　　　　　　　　　　　　汇总转账凭证

贷方科目：原材料

借方科目	金额				总账页数	
	1 - 10 日	11 - 20 日	21 - 30 日	合计	借方	贷方
生产成本	1 400					
管理费用	300					
合计	1 700					

（3）科目汇总表如表 10 - 3 所示。

表 10 - 3　　　　　　　　　　　　科目汇总表

2011 年 11 月 10 日

会计科目	借方金额	贷方金额	总账页数	
			借方	贷方
材料采购	6 300	3 700		
应付账款	1 800	1 800		
银行存款	28 000	8 600		
原材料	3 700	1 700		
主营业务收入	0	37 000		
管理费用	1 040	0		
应收账款	9 000	0		
库存现金	2 000	440		
生产成本	1 400	0		
合计	53 240	53 240		

2.（1）记账凭证如表 10 - 4 至表 10 - 14 所示。

表 10 - 4　　　　　　　　　　　　收款凭证

借方科目：银行存款　　　　　　　　　　　　　　　　　　　　收字第 1 号

2011 年		摘要	应贷科目		金额
月	日		一级科目	二级和明细科目	
12	1	销售产品款项	主营业务收入	A 产品	30 000
		存入银行	应交税金	应交增值税	5 100
		合计			35 100

表 10 - 5 付款凭证

贷方科目：银行存款 付字第 1 号

2011 年		摘要	应借科目		金额
月	日		一级科目	二级和明细科目	
12	2	支付本月财产保险费	管理费用	财产保险费	700
合计					700

表 10 - 6 付款凭证

贷方科目：银行存款 付字第 2 号

2011 年		摘要	应借科目		金额
月	日		一级科目	二级和明细科目	
12	5	提现备用	库存现金		500
合计					500

表 10 - 7 付款凭证

贷方科目：银行存款 付字第 3 号

2011 年		摘要	应借科目		金额
月	日		一级科目	二级和明细科目	
12	31	支付销售运费	销售费用		100
合计					100

表 10 - 8 转账凭证

转字第 1 号

2011 年		摘要	一级科目	明细科目	借方金额	贷方金额
月	日					
12	6	生产领用材料	生产成本	A 产品	2 100	
			原材料	甲材料		2 100
合计					2 100	2 100

表 10 - 9 转账凭证

转字第 2 号

2011 年		摘要	一级科目	明细科目	借方金额	贷方金额
月	日					
12	10	领用原材料	管理费用	维修费	600	
			原材料			600
合计					600	600

表 10 - 10 　　　　　　　　　　　转账凭证

转字第 3 号

2011 年		摘要	一级科目	明细科目	借方金额	贷方金额
月	日					
12	31	结转销售成本	主营业务成本		18 000	
			库存商品			18 000
		合 计			18 000	18 000

表 10 - 11 　　　　　　　　　　　转账凭证

转字第 4 号

2011 年		摘要	一级科目	明细科目	借方金额	贷方金额
月	日					
12	31	预提借款利息	财务费用	利息费	1 500	
			应付利息			1 500
		合 计			1 500	1 500

表 10 - 12 　　　　　　　　　　　转账凭证

转字第 5 号

2011 年		摘要	一级科目	明细科目	借方金额	贷方金额
月	日					
12	31	冲销无法收回的应收账款	坏账准备		920	
			应收账款			920
		合 计			920	920

表 10 - 13 　　　　　　　　　　　转账凭证

转字第 6 号

2011 年		摘要	一级科目	明细科目	借方金额	贷方金额
月	日					
12	31	结转本期费用	本年利润		21 120	
			管理费用			1 300
			销售费用			100
			财务费用			1 500
			主营业务成本			18 000
		合 计			21 120	21 120

表 10 - 14   转账凭证

2011 年		摘要	一级科目	明细科目	借方金额	贷方金额
月	日					
12	31	结转主营业务收入	主营业务收入		30 000	
			本年利润			30 000
合计					30 000	30 000

（2）现金日记账如图 10 - 15 所示，银行存款日记账如表 10 - 16 所示。

表 10 - 15   现金日记账

单位：元

2011 年		凭证号数	摘要	借方	贷方	借或贷	余额
月	日						
12	5	银付 2	提现备用	500		借	500
			本月合计	500		借	500

表 10 - 16   银行存款日记账

单位：元

2011 年		凭证号数	摘要	借方	贷方	借或贷	余额
月	日						
12	1	银收 1	销售产品款项存入银行	35 100		借	35 100
	2	银付 1	支付本月财产保险费		700	贷	34 400
	5	银付 2	提现备用		500	贷	33 900
	31	银付 3	支付销售运费		100	借	33 800
			本月合计	35 100	7 800	借	33 800

（3）原材料明细账如表 10 - 17 所示，管理费用明细账如表 10 - 18 所示。

表 10 - 17   原材料明细账

单位：元

2011 年		凭证号数	摘要	借方	贷方	借或贷	余额
月	日						
12	6	转 1	生产领用材料		2 100	贷	2 100
	10	转 2	领用原材料用于维修		600	贷	2 700
			本月合计		2 100	贷	2 100

表 10-18　　　　　　　　　　　　**管理费用明细账**

单位：元

2011 年		凭证号数	摘要	借方	贷方	借或贷	余额
月	日						
12	10	转 2	支付财产保险费	700		借	700
	31	转 5	维修用材料	600		借	1 300
	31	转 6	结转管理费用		1 300	平	0
			本月合计	1 300	1 300	平	0

（4）总账。略

3. 参考答案：日记总账如表 10-19 所示。

（1）转 1

借：原材料——A　　　　　　　　　　　　　　　80 000

　　贷：材料采购——A　　　　　　　　　　　　　　　80 000

（2）付 1

借：材料采购——B　　　　　　　　　　　　　　60 000

　　材料采购——C　　　　　　　　　　　　　　75 000

　　贷：银行存款　　　　　　　　　　　　　　　　135 000

（3）付 2

借：材料采购——B　　　　　　　　　　　　　　1 200

　　材料采购——C　　　　　　　　　　　　　　1 800

　　贷：银行存　　　　　　　　　　　　　　　　3 000

（4）转 2

借：原材料——B　　　　　　　　　　　　　　　61 200

　　原材料——C　　　　　　　　　　　　　　　76 800

　　贷：材料采购——B　　　　　　　　　　　　　　61 200

　　　　材料采购——C　　　　　　　　　　　　　　76 800

（5）付 3

借：材料采购　　　　　　　　　　　　　　　　25 000

　　贷：银行存款　　　　　　　　　　　　　　　　25 000

（6）付 4

借：材料采购　　　　　　　　　　　　　　　　16 000

　　贷：银行存款　　　　　　　　　　　　　　　　16 000

表 10 - 19 日记总账

2011 年		凭证		摘要	发生额	材料采购		银行存款		原材料	
月	日	字	号			借方	贷方	借方	贷方	借方	贷方
10	1			月初余额	80 000	80 000		52 000		30 000	
	5	转	1	A 材料入库	80 000		80 000			80 000	
	10	付	1	采购 B 材料、C 材料	135 000	135 000			135 000		
	15	付	2	B 材料、C 材料运费	3 000	3 000			3 000		
	19	转	2	B、C 材料入库	138 000		138 000			138 000	
	25	付	3	采购乙材料	25 000	25 000			25 000		
	31	付	4	采购甲材料	16 000	16 000			16 000		
	31			本月发生额合计		179 000	218 000		179 000	218 000	
	31			本月结余		41 000		73 000		248 000	

4. 正确的科目汇总表如表 10 - 20 所示。

表 10 - 20 科目汇总表 单位：元

会计科目	借方	贷方
现金	2 840	2 372
银行存款	4 600	4 500
应收账款	700	
原材料	12 000	
固定资产	50 000	
管理费用	3 400	
应付账款		2 000
实收资本		60 000
预收账款		2 068
应付工资		2 600
合 计	73 540	73 540

5. 略。

（七）案例分析题

由于蓝天公司的初始投资额只有 500 000 元，规模较小，从其一个月的业务情况看，开业之初业务量也不太大，在企业可选用的账务处理程序中，记账凭证账务处理程序适用于规模小、业务量少的单位；另外，由于记账凭证账务处理程序登记总账的依据是记账凭证，因此，总分类账上能够很清楚地反映公司每笔经济业务的来龙去脉，这对于不懂会计的老李来说可以通过账户了解公司的业务情况，把握公司经营状况。因此，蓝天公司选用记账凭证账务处理程序最合适。

蓝天公司应设置的记账凭证可以有收款凭证、付款凭证、转账凭证，但因其业务简单，凭证数量少，推荐仅设置一种通用记账凭证；设置的账簿应有现金日记账、银行存款日记账、总分类账、库存商品明细分类账、应交税费明细账、管理费用明细账等。因其规模较小，公司期间费用一般可全部记入管理费用。

蓝天公司一个月的经济业务可作如下会计处理：凭证编号按照"记"字顺序编号。

1. 借：银行存款　　　　　　　　　　　　　　　　　　　500 000
　　　贷：实收资本　　　　　　　　　　　　　　　　　　　　500 000
2. 借：管理费用　　　　　　　　　　　　　　　　　　　　　300
　　　贷：库存现金　　　　　　　　　　　　　　　　　　　　　300
3. 借：固定资产　　　　　　　　　　　　　　　　　　　20 000
　　　贷：银行存款　　　　　　　　　　　　　　　　　　　　20 000
4. 借：库存商品　　　　　　　　　　　　　　　　　　　50 000
　　　　应交税金——应交增值税（进项税额）　　　　　　8 500
　　　贷：银行存款　　　　　　　　　　　　　　　　　　　　43 500
　　　　　应付账款　　　　　　　　　　　　　　　　　　　　15 000
5. 借：银行存款　　　　　　　　　　　　　　　　　　　50 200
　　　　应收账款　　　　　　　　　　　　　　　　　　　20 000
　　　贷：主营业务收入　　　　　　　　　　　　　　　　　　60 000
　　　　　应交税金——应交增值税（销项税额）　　　　　　10 200
6. 借：库存现金　　　　　　　　　　　　　　　　　　　10 000
　　　贷：银行存款　　　　　　　　　　　　　　　　　　　　10 000
7. 借：应付职工薪酬　　　　　　　　　　　　　　　　　5 000
　　　贷：库存现金　　　　　　　　　　　　　　　　　　　　5 000
　　借：管理费用　　　　　　　　　　　　　　　　　　　5 000
　　　贷：应付职工薪酬　　　　　　　　　　　　　　　　　　5 000
8. 借：管理费用　　　　　　　　　　　　　　　　　　　　800
　　　贷：现金　　　　　　　　　　　　　　　　　　　　　　800
9. 借：主营业务成本　　　　　　　　　　　　　　　　　48 500
　　　贷：库存商品　　　　　　　　　　　　　　　　　　　　48 500
10. 借：管理费用　　　　　　　　　　　　　　　　　　2 000
　　　贷：银行存款　　　　　　　　　　　　　　　　　　　　2 000
11. 结转本月利润
　　借：主营业务收入　　　　　　　　　　　　　　　　　60 000
　　　贷：本年利润　　　　　　　　　　　　　　　　　　　　60 000
　　借：本年利润　　　　　　　　　　　　　　　　　　　56 600

贷：主营业务成本   48 500

  管理费用   8 100

根据对蓝天公司本月生产经营情况进行分析，2011 年 6 月共实现了利润 3 400 元。

第十一章　会计工作组织

一、教学案例分析

1. 本企业新厂长贾明达上任后，在未报主管单位同意的情况下决定将原会计科科长赵凯调到计划科任科长，提拔会计董卓任会计科长的行为不符合规定。因为，根据《会计法》规定，对国有企业会计机构负责人、会计主管人员的任免，应当经过主管单位的同意。

本企业新厂长贾明达上任后，将其战友的女儿李然调入该厂会计科任出纳，兼管会计档案保管工作的行为不符合规定。因为，第一，《会计基础工作规范》规定，未取得会计证的人员，不得从事会计工作；第二，《会计法》规定，出纳人员不得监管稽核、会计档案保管等工作。

2. 本企业会计林欣申请调离该厂，厂人事部门在林欣没有办清会计工作交接手续即办理调动手续的行为不符合规定。因为根据《会计基础工作规范》的规定，会计人员工作调动或者因故离职，必须办理会计工作交接手续，没有办清交接手续，不得调动或者离职。

3. 会计人员的行为属于贪污行为。应向主管领导报告，经批准后作销账处理，所作会计分录为：

借：应付账款   10 000

 贷：营业外收入   10 000

二、作业与思考题

（一）单项选择题

1. C	2. C	3. A	4. C	5. C
6. B	7. A	8. D		

（二）多项选择题

1. AB	2. ABCD	3. ABDE	4. ABCD	5. BCDE
6. ABCD	7. ABD	8. ABCD	9. ABCD	10. BCD

（三）判断题

1. ×	2. ×	3. √	4. √	5. √
6. √	7. ×	8. √	9. √	10 ×

（四）名词解释 略

（五）填空题

1. 进行会计核算、实行会计监督、拟定本单位办理会计实务的具体办法、办理其他会计事务

2. 会计员及助理会计师、会计师、高级会计师

3. 4、会计师

4. 行政职务、专业技术职务

5. 会计师、3

6. 会计主管

7. 集中核算、非集中核算

8. 稽核、会计档案保管、收入、费用、债权债务

9. 注册会计师、财政部门

10. 《中华人民共和国会计法》

11. 永久、10、15、25

12. （国务院财政部设置的）会计司

（六）案例分析题

1. 案例分析：

（1）会计科长李平与其丈夫厂长杨新应当回避。根据规定，单位负责人的直系亲属不得担任本单位的会计机构负责人。

（2）杨方担任出纳工作不符合法律规定。根据规定，会计机构负责人的直系亲属不得在本单位会计机构中担任出纳工作。

（3）①未请单位负责人杨新在会计档案销毁清册上签字；②未将监销情况报告杨新。

（4）不符合规定。根据规定，出纳人员不得兼管会计档案保管工作。

（5）不符合规定。根据规定，一般会计人员办理交接手续，由单位的会计机构负责人负责监交。

（6）杨方应当办理调转手续。根据规定，持证人员在同一会计从业资格管理机构管辖范围内调转工作单位，且继续从事会计工作的，应当自离开工作单位之日起 90 日内，办理调转登记。（或：会计人员调转工作单位，必须办理调转手续。）

（7）李平的观点不符合规定。根据规定，移交人员对所移交的会计资料的合法性、真实性承担法律责任。

2. 案例分析：

（1）小丁需要了解该公司的经营范围和业务活动，根据《企业会计准则》中颁布的新会计科目表，设置一级会计科目，并根据该公司管理的需要，考虑开设二级科目和明细科目。根据案例的资料，该企业可参考设置以下会计科目，如表 11-1 所示。

表 11 - 1 　　　　　　　　　　会级科目及余额表 　　　　　　　　　　单位：元

会计科目	期初借方余额	会计科目	期初贷方余额
一、资产类		二、负债类	
库存现金	5 000	短期借款	50 000
银行存款	90 000	应付票据	
应收票据		应付账款	10 000
应收账款		应付职工薪酬	
其他应收款	10 000	应交税费	
坏账准备		其他应付款	
原材料	150 000	长期借款	
包装物	10 000	三、所有者权益类	
低值易耗品		实收资本	500 000
库存商品		资本公积	
固定资产	205 000	盈余公积	
累计折旧		本年利润	
无形资产	80 000	利润分配	
		四、成本类	
		生产成本	
		制造费用	
		五、损益类	
		主营业务收入	
		其他业务收入	
		营业外收入	
		主营业务成本	
		营业税金及附加	
		其他业务成本	
		销售费用	
		管理费用	
		财务费用	
		营业外支出	
		所得税费用	

（2）建账过程：

第一步，设置所需的会计科目。

第二步，根据公司经营管理对明细资料需要，开设明细科目。

例如，"原材料"、"库存商品"可以按照原材料、库存商品的品种、类别设置明细账户；"应收账款"、"应收票据"可以根据债务人设置明细账户；"实收资本"可以按照投资人设置明细账户；"待摊费用"可以按照项目设置明细账户；"管理费用"按照费用 项目设置明细账户。

第三步，填写总账、明细账、日记账账簿启用登记表。

第四步，根据会计科目表在总账中开设账户，并登记各账户期初余额。

第五步，开设现金日记账和银行存款日记账，并登记现金和银行存款的期初余额。

第六步，根据明细科目在明细账中开设明细账户，并登记各明细账户的期初余额。

第七步，选择适合企业的各种会计处理方法和会计政策，以备进行日常业务处理。如选择存货发出成本计价方法、原材料、库存商品盘存制度等。

（3）期初余额如表 11 - 2 所示。

这种情况下，开业期间所发生的所有业务均作为当月的日常业务，根据所取得的原始凭证编制记账凭证，并登记各种账簿。

表 11 - 2　　　　　　　　　　账户期初余额表

会计科目	期初借方余额	会计科目	期初贷方余额
一、资产类		三、所有者权益类	
库存现金	22 000	实收资本	500 000
银行存款	478 000		

（4）期初余额如表 11 - 3 所示。

这种情况下，要考虑到开业当月发生的费用金额、借款存入银行的款项等，以确定库存现金和银行存款的金额。

表 11 - 3　　　　　　　　　　账户期初余额表

会计科目	期初借方余额	会计科目	期初贷方余额
一、资产类		二、负债类	
库存现金	12 000	短期借款	50 000
银行存款	93 000	应付账款	10 000
其他应收款	10 000	三、所有者权益类	
原材料	150 000	实收资本	500 000
包装物	10 000		
固定资产	205 000		
无形资产	80 000		

3. 参考答案：可指导学生查阅相关文献，以获取学术前沿观点。

我国上市公司财务舞弊成因分析：

（1）外部压力迫使高层管理人员参与舞弊，以实现个人与公司的"双赢"。

（2）证券市场内外监管约束机制不完善、不到位和不健全让财务舞弊有机可乘。

（3）我国部分会计从业人员专业水平偏低，职业道德和法律意识淡薄。

（4）造假成本与造假收益的不对称助长了会计造假。

财务舞弊的治理措施：

（1）建立合理的激励机制。

（2）加强内部约束力。

（3）加强证券市场的监管力度。

（4）提高会计从业人员的职业道德水平。

第二部分 实训参考答案

第一章实训参考答案

资产负债表如表1-1、表1-2、表1-3、表1-4所示。

表1-1

资产负债表

2011 年 3 月 2 日 单位：元

资产	金额	负债及所有者权益	金额
库存现金	2 000	短期借款	32 000
银行存款	19 000	应付账款	58 000
应收账款	26 000	实收资本	190 000
原材料	68 000		
固定资产	165 000		
合计	280 000	合计	280 000

该笔经济业务属于资产内部项目的此增彼减，不影响资产与权益总额的变动。

资产负债表

表1-2 2011 年 3 月 3 日 单位：元

资产	金额	负债及所有者权益	金额
库存现金	2 000	短期借款	12 000
银行存款	19 000	应付账款	58 000
应收账款	26 000	实收资本	210 000
原材料	68 000		
固定资产	165 000		
合计	280 000	合计	280 000

该笔经济业务属于权益内部项目的此增彼减，不影响资产与权益总额的变动。

表1-3　　　　　　　　　　　　资产负债表

2011年3月4日　　　　　　　　　　　　　　单位：元

资产	金额	负债及所有者权益	金额
库存现金	2 000	短期借款	32 000
银行存款	19 000	应付账款	58 000
应收账款	26 000	实收资本	270 000
原材料	68 000		
固定资产	245 000		
合计	360 000	合计	360 000

该笔经济业务属于资产与权益同时等额增加业务，从而使资产与权益总额的都增加。

表1-4　　　　　　　　　　　　资产负债表

2011年3月5日　　　　　　　　　　　　　　单位：元

资产	金额	负债及所有者权益	金额
库存现金	2 000	短期借款	32 000
银行存款	8 000	应付账款	47 000
应收账款	26 000	实收资本	270 000
原材料	68 000		
固定资产	245 000		
合计	349 000	合计	349 000

该笔经济业务属于资产与权益同时等额减少业务，从而使资产与权益总额的都减少。

第三章实训参考答案

（1）会计分录如下：

借：应付账款——亚太公司　　　　　　　　　　　　40 000

　　　　　　——晶峰公司　　　　　　　　　　　　30 000

　　贷：银行存款　　　　　　　　　　　　　　　　　　　　70 000

借：原材料——甲材料　　　　　　　　　　　　　168 000

　　　　　——乙材料　　　　　　　　　　　　　　72 000

　　贷：银行存款　　　　　　　　　　　　　　　　　　　　240 000

借：应付账款——恒源公司　　　　　　　　　　　　20 000

		贷：银行存款		20 000
	借：原材料——甲材料		112 000	
		贷：应付账款——亚太公司		112 000
	借：原材料——甲材料		225 000	
		贷：应付账款——恒源公司		225 000
	借：生产成本		560 000	
		贷：原材料——甲材料		224 000
		——乙材料		96 000
		——丙材料		240 000

（2）总分类账。原材料总账如表3-3所示，应付账款总账如表3-4所示。

表3-3　　　　　　　　　　　　　　**总分类账**

账户名称：原材料　　　　　　　　　　　　　　　　　　　　　　单位：元

2010 年		凭证号数	摘要	借方	贷方	借或贷	余额
月	日						
12	1		月初余额			借	179 000
	7		购入材料	240 000		借	419 000
	22		购入材料	112 000		借	531 000
	25		购入材料	225 000		借	756 000
	31		发出材料		560 000	借	196 000
	31		月末合计	577 000	560 000	借	196 000

表3-4　　　　　　　　　　　　　　**总分类账**

账户名称：应付账款　　　　　　　　　　　　　　　　　　　　　　单位：元

2010 年		凭证号数	摘要	借方	贷方	借或贷	余额
月	日						
12	1		月初余额			贷	90 000
	2		偿还欠款	70 000		贷	20 000
	15		偿还欠款	20 000		平	0
	22		购入材料		112 000	贷	112 000
	25		购入材料		225 000	贷	337 000
	31		月末余额	90 000	337 000	贷	337 000

（3）明细分类账。原材料明细账如表3-5、表3-6、表3-7所示；应付账款明细账如表3-8、表3-9、表3-10所示。

表 3 - 5   原材料明细分类账

账户名称：甲材料   数量单位：千克

2010 年		凭证号数	摘要	收入			发出			结 余		
月	日			数量	单价	金额	数量	单价	金额	数量	单价	金额
12	1		月初余额							10 000	5.60	56 000
	7		购入材料	30 000	5.60	168 000				40 000	5.60	224 000
	22		购入材料	20 000	5.60	112 000				60 000	5.60	336 000
	31		发出材料				40 000	5.60	224 000	20 000	5.60	112 000
	31		月末合计	50 000	5.60	280 000	40 000	5.60	224 000	20 000	5.60	112 000

表 3 - 6   原材料明细分类账

账户名称：乙材料   数量单位：吨

2010 年		凭证号数	摘要	收入			发出			结 余		
月	日			数量	单价	金额	数量	单价	金额	数量	单价	金额
12	1		月初余额							20	2 400	48 000
	7		购入材料	30	2 400	72 000				50	2 400	120 000
	31		发出材料				40	2 400	96 000	10	2 400	24 000
	31		月末合计	30	2 400	72 000	40	2 400	96 000	10	2 400	24 000

表 3 - 7   原材料明细分类账

账户名称：丙材料   数量单位：件

2010 年		凭证号数	摘要	收入			发出			结 余		
月	日			数量	单价	金额	数量	单价	金额	数量	单价	金额
12	1		月初余额							2 500	30	75 000
	25		购入材料	7 500	30	225 000				10 000	30	300 000
	31		发出材料				8 000	30	240 000	2 000	30	60 000
	31		月末合计	7 500	30	225 000	8 000	30	240 000	2 000	30	60 000

表 3 - 8   应付账款明细分类账

账户名称：亚太公司   单位：元

2010 年		凭证号数	摘要	借方	贷方	借或贷	余额
月	日						
12	1		月初余额			贷	40 000
	2		偿还欠款	40 000		平	0
	22		未付货款		112 000	贷	112 000
	31		月末合计	40 000	112 000	贷	112 000

表 3 - 9 应付账款明细分类账

账户名称：晶峰公司 单位：元

2010 年		凭证号数	摘要	借方	贷方	借或贷	余额
月	日						
12	1		月初余额			贷	30 000
	2		偿还欠款	30 000		平	0
	31		月末合计	30 000		平	0

表 3 - 10 应付账款明细分类账

账户名称：恒源公司 单位：元

2012 年		凭证号数	摘要	借方	贷方	借或贷	余额
月	日						
10	1		月初余额			贷	20 000
	15		偿还欠款	20 000		平	0
	25		未付货款		225 000	贷	225 000
	31		月末合计	20 000	225 000	贷	225 000

（4）原材料和应付账款本期发生额及余额明细表。原材料本期发生额及余额明细表如表 3 - 11 所示，应付账款本期发生额及余额明细表如表 3 - 12 所示。

表 3 - 11 原材料本期发生额计余额明细表

明细账户	计量单位	单价	期初余额		发出				期末余额	
			数量	金额	收入（借方）		发出（贷方）		数量	金额
					数量	金额	数量	金额		
甲材料	千克	5.60	10 000	56 000	50 000	280 000	40 000	224 000	2 000	112 000
乙材料	吨	2 400	20	48 000	30	72 000	40	96 000	10	24 000
丙材料	件	30	2 500	75 000	7 500	225 000	8 000	240 000	2 000	60 000
合计				179 000		577 000		560 000		196 000

表 3 - 12 应付账款本期发生额及余额明细表

明细账户	期初余额	本期发生额		期末余额
		借方	贷方	
亚太公司	40 000	40 000	112 000	112 000
晶峰公司	30 000	30 000		0
恒源公司	20 000	20 000	225 000	225 000
合计	90 000	90 000	337 000	337 000

第四章实训参考答案

（1）本月编制的会计分录如下：

借：银行存款		150 000
贷：短期借款		150 000
借：原材料		170 000
贷：应付账款		170 000
借：应付账款		60 000
贷：银行存款		60 000
借：应交税费		30 000
贷：银行存款		30 000
借：银行存款		3 000
贷：库存现金		3 000
借：原材料		100 000
贷：应付账款		100 000
借：长期借款		525 000
贷：银行存款		525 000
借：其他应收款		1 000
贷：库存现金		1 000
借：生产成本		70 000
贷：原材料		70 000
借：银行存款		1 000 000
固定资产		600 000
贷：实收资本		1 600 000
借：库存现金		150
管理费用		850
贷：其他应收款		1 000
借：银行存款		50 000
贷：应收账款		50 000
借：固定资产		250 000
贷：银行存款		250 000
借：短期借款		72 000
贷：银行存款		72 000
借：应付账款		170 000
贷：银行存款		170 000

（2）各会计科目的"T"形账户登记如表 4-1 至表 4-15 所示。

表 4-1

库存现金

期初余额	5 000		
发生额	150	发生额	3 000
			1 000
借方发生额合计	150	贷方发生额合计	4 000
期末余额	1 150		

表 4-2

银行存款

期初余额	320 000		
发生额	150 000	发生额	60 000
	3 000		30 000
	1 000 000		525 000
	50 000		250 000
			72 000
			170 000
借方发生额合计	1 203 000	贷方发生额合计	1 107 000
期末余额	416 000		

表 4-3

应收账款

期初余额	80 000		
发生额	0	发生额	50 000
借方发生额合计	0	贷方发生额合计	50 000
期末余额	30 000		

表 4-4

其他应收账款

期初余额	2 000		
发生额	1 000	发生额	1 000
借方发生额合计	1 000	借方发生额合计	1 000
期末余额	2 000		

表 4 - 5

原材料

期初余额	430 000		
发生额	170 000	发生额	70 000
	100 000		
借方发生额合计	270 000	贷方发生额合计	70 000
期末余额	630 000		

表 4 - 6

库存商品

期初余额	660 000		
发生额	0	发生额	0
期末余额	660 000		

表 4 - 7

固定资产

期初余额	3 725 000		
发生额	600 000	发生额	0
	250 000		
借方发生额合计	850 000	贷方发生额合计	0
期末余额	4 575 000		

表 4 - 8

生产成本

期初余额	90 000		
发生额	70 000	发生额	0
借方发生额合计	70 000	贷方发生额合计	0
期末余额	160 000		

表 4 - 9

累计折旧

		期初余额	300 000
发生额	0	发生额	0
		期末余额	300 000

表 4 - 10

应付账款

		期初余额	185 000
发生额	60 000	发生额	170 000
	170 000		100 000
借方发生额合计	230 000	贷方发生额合计	270 000
		期末余额	225 000

表 4 - 11

应交税费

		期初余额	60 000
发生额	30 000	发生额	0
借方发生额合计	30 000	贷方发生额合计	0
		期末余额	30 000

表 4 - 12

长期借款

		期初余额	525 000
发生额	525 000	发生额	0
借方发生额合计	525 000	贷方发生额合计	0
		期末余额	0

表 4 - 13

实收资本

		期初余额	3 900 000
发生额	0	发生额	1 600 000
借方发生额合计	0	贷方发生额合计	1 600 000
		期末余额	5 500 000

表 4 - 14

<table>
<tr><td colspan="3" align="center">资本公积</td></tr>
<tr><td></td><td>期初余额</td><td>270 000</td></tr>
<tr><td>发生额　　　　0</td><td>发生额</td><td>0</td></tr>
<tr><td></td><td>期末余额</td><td>270 000</td></tr>
</table>

表 4 - 15

<table>
<tr><td colspan="3" align="center">管理费用</td></tr>
<tr><td>期初余额</td><td colspan="2">0</td></tr>
<tr><td>发生额</td><td>850</td><td>发生额</td><td>0</td></tr>
<tr><td>借方发生额合计</td><td>850</td><td>贷方发生额合计</td><td>0</td></tr>
<tr><td>期初余额</td><td>850</td><td></td><td></td></tr>
</table>

（2）本期发生额及余额试算平衡表如表 4 - 16 所示。

表 4 - 16　　　　　　　　　　**本期发生额及余额试算平衡表**

账户名称	期初余额		本期发生额		期末余额	
	借方	贷方	借方	贷方	借方	贷方
库存现金	5 000		150	4 000	1 150	
银行存款	320 000		1 203 000	1 107 000	416 000	
应收账款	80 000		0	50 000	30 000	
其他应收款	2 000		1 000	1 000	2 000	
原材料	430 000		270 000	70 000	630 000	
库存商品	660 000		0	0	660 000	
固定资产	3 725 000		850 000	0	4 575 000	
生产成本	90 000		70 000	0	160 000	
管理费用			850	0	850	
累计折旧		300 000	0	0		300 000
短期借款		72 000	72 000	150 000		150 000
应付账款		185 000	230 000	270 000		225 000
应交税费		60 000	30 000	0		30 000
长期借款		525 000	525 000	0		0
实收资本		3 900 000	0	1 600 000		5 500 000
资本公积		270 000	0	0		270 000
合计	5 312 000	5 312 000	3 252 000	3 252 000	6 475 000	6 475 000

第五章实训参考答案

1. 原始凭证填制略，记账凭证分录：

（1）收 1

借：银行存款	11 700
贷：主营业务收入	10 000
应交税费——应交增值税—销项税额	1 700

（2）付 1

| 借：其他应收款 | 2 000 |
| 贷：库存现金 | 2 000 |

（3）付 2

借：原材料	50 000
应交税费	8 500
贷：银行存款	58 500

（4）付 3

| 借：银行存款 | 15 000 |
| 贷：库存现金 | 15 000 |

（5）转 1

| 借：销售费用 | 1 800 |
| 贷：其他应收款 | 1 800 |

收 2

| 借：库存现金 | 200 |
| 贷：其他应收款 | 200 |

（6）转 2

借：库存商品——家用电脑	150 000
——商用电脑	260 000
贷：生产成本——家用电脑	150 000
——商用电脑	260 000

（7）付 4

| 借：库存现金 | 50 000 |
| 贷：银行存款 | 50 000 |

第六章实训参考答案

【实训一】参考答案：现金日记账如表 6 - 1 所示，银行存款日记账如表 6 - 2

所示。

表 6-1   现金日记账   单位：元

2011年		凭证		摘要	对应科目	借方	贷方	余额
月	日	字	号					
10	1			期初余额				7 000.00
	1	银付	1	提现	银行存款	2 340.00		9 340.00
	3	现付	1	付李新预借差旅费	其他应收款		3 000.00	6 340.00
	8	现付	2	购买办公用品	管理费用		200.00	6 140.00
	9	现付	3	支付刘林困难补助	应付职工薪酬		1 000.00	5 140.00
	14	现付	4	支付展览费	销售费用		2 000.00	3 140.00
	15	银付	6	提现	银行存款	1 170.00		4 310.00
10	30			本月发生额合计及月末余额		3 510.00	6 200.00	4 310.00

表 6-2   银行存款日记账   单位：元

2011年		凭证		摘要	对应科目	借方	贷方	余额
月	日	字	号					
10	1			月初余额				80 000.00
	1	银付	1	提现	库存现金		2 340.00	77 660.00
	1	银收	1	收回欠款	应收账款	58 500.00		136 160.00
	2	银付	2	支付车间电话费	制造费用		600.00	135 560.00
	3	银收	2	从银行借款	应收账款	80 000.00		215 560.00
	7	银付	3	购入电脑一台	固定资产		5 000.00	210 560.00
	8	银付	4	支付办公楼维修费	管理费用		3 000.00	207 560.00
	10	银付	5	偿还欠款	应付账款		10 000.00	197 560.00
	11	银收	3	销售甲产品	主营业务收入	100 000.00		297 560.00
					应交税费	17 000.00		314 560.00
	11	银收	4	销售乙产品	主营业务收入	20 000.00		334 560.00
					应交税费	3 400.00		337 960.00
	13	银收	5	收回前欠账款	应收账款	10 000.00		347 960.00
	15	银付	6	提现	库存现金		5 000.00	342 960.00
	15	银付	7	支付借款利息	财务费用		600.00	342 360.00
	16	银收	6	销售乙产品	主营业务收入	50 000.00		392 360.00
					应交税费	8 500.00		400 860.00

表6-2(续)

2011 年		凭证		摘要	对应科目	借方	贷方	余额
月	日	字	号					
	17	银付	8	支付办公费用	制造费用		1 000.00	399 860.00
	17	银付	9	偿还前欠账款	应付账款		8 000.00	391 860.00
	18	银收	7	销售甲产品	主营业务收入	30 000.00		421 860.00
					应交税费	5 100.00		426 960.00
	21	银付	10	支付电费	生产成本		6 000.00	420 960.00
					制造费用		500.00	420 460.00
					管理费用		1 000.00	419 460.00
	23	银付	11	支付押金	其他应收款		2 000.00	417 460.00
10	31			本月发生额合计及期末余额		382 500.00	45 040.00	417 460.00

【实训二】参考答案：管理费用明细账如表 6-3 所示，管理费用总分类账如表 6-4 所示。

表6-3　　　　　　　　　　　管理费用多栏式明细分类账

单位：元

2012 年		凭证号数	摘要	借方金额	贷方金额	方向	余额	借方金额分析					
月	日							办公费	薪酬	招待费	差旅费	盘亏	折旧
3	1	付1	办公费	900		借	900	900					
	4	付2	薪酬	450		借	1 350		450				
	7	付3	招待费	800		借	2 150			800			
	15	付4	办公费	150		借	2 300	150					
	19	转1	差旅费	3 000		借	5 300				3 000		
	31	转2	盘亏	600		借	5 900					600	
	31	转3	折旧	320		借	6 220						320
	31	转4	结转		6 220	平	0						
3	31		合计	6 220	6 220	平	0	1 050	450	800	3 000	600	320

表 6－4　　　　　　　　　　　　总分类账

账户名称：管理费用　　　　　　　　　　　　　　　　　　　　　单位：元

2012 年		凭证		摘要	借方	贷方	借或贷	余额
月	日							
3	1	付	1	办公费	900		借	900
	4	付	2	薪酬	450		借	1 350
	7	付	3	招待费	800		借	2 150
	15	付	4	办公费	150		借	2 300
	19	转	5	差旅费	3 000		借	5 300
	31	转	6	盘亏	600		借	5 900
	31	转	7	折旧	320		借	6 220
	31	转	8	结转		6 220	平	0
3	31			本月合计	6 220	6 220	平	0

第七章实训参考答案

2010 年 7 月该公司发生经济业务会计分录如下：

（1）借：材料采购——A 材料　　30 000
　　　　材料采购——B 材料　　8 000
　　　　应交税费——应交增值税（进项税额）　　6 290
　　　贷：银行存款　　44 290

（2）借：原材料——A 材料　　30 000
　　　　原材料——B 材料　　8 000
　　　贷：材料采购——A 材料　　30 000
　　　　　材料采购——B 材料　　8 000

（3）借：原材料——A 材料　　50 000
　　　　原材料——B 材料　　30 000
　　　　应交税费——应交增值税（进项税额）　　12 784
　　　贷：银行存款　　92 784

（4）借：制造费用　　320
　　　贷：库存现金　　320

（5）借：生产成本——甲产品　　40 000
　　　　生产成本——乙产品　　6 000
　　　　管理费用　　1 000
　　　贷：原材料——A 材料　　40 000

原材料——B 材料   7 000

（6）借：管理费用   120

    贷：库存现金   120

（7）借：库存现金   50 000

    贷：银行存款   50 000

借：应付职工薪酬——工资   50 000

  贷：库存现金   50 000

（8）借：制造费用   160

    管理费用   300

    贷：库存现金   460

（9）借：生产成本——甲产品   17 500

    制造费用   2 500

    贷：原材料——A 材料   10 000

      原材料——C 材料   10 000

（10）借：其他应收款——张晓   600

    贷：库存现金   600

（11）借：管理费用   500

    库存现金   100

    贷：其他应收款——张晓   600

（12）借：制造费用   4 000

    管理费用   2 000

    贷：库存现金   6 000

（13）借：生产成本——乙产品   7 000

    制造费用   1 500

    管理费用   900

    贷：原材料——B 材料   4 000

      原材料——D 材料   5 400

（14）借：制造费用   10 000

    管理费用   5 000

    贷：银行存款   15 000

（15）借：制造费用   1 300

    贷：银行存款   1 300

（16）借：生产成本——甲产品   20 000

    生产成本——乙产品   15 000

    制造费用   6 000

    管理费用   9 000

    贷：应付职工薪酬——工资   50 000

（17）借：生产成本——甲产品   2 800

```
        生产成本——乙产品                                    2 100
          制造费用                                          840
          管理费用                                        1 260
        贷：应付职工薪酬——工资                              7 000
    (18) 借：制造费用                                       2 300
          管理费用                                        1 500
          贷：累计折旧                                      3 800
    (19) 本月发生制造费用
     = 320 + 160 + 2 500 + 4 000 + 1 500 + 10 000 + 1 300 + 6 000 + 840 + 2 300 = 28 920
(元)
```

制造费用分配率 = 8 920/（20 000 + 15 000）≈ 0.826 3

甲产品分配的制造费用 = 0.826 3 × 20 000 ≈ 16 526（元）

乙产品分配的制造费用 = 0.826 3 × 15 000 ≈ 12 394（元）

```
    借：生产成本——甲产品                                  16 526
        生产成本——乙产品                                  12 394
      贷：累计折旧                                        28 920
```

(20) 本月完工产品计算如下：

甲产品完工产品总成本 = 期初在产品成本 + 本月生产成本 − 期末在产品定额成本

= （15 000 + 7 200 + 8 000）+（57 500 + 22 800 + 16 526）−（35 + 20 + 25）× 300 = 103 026（元）

甲产品完工产品单位成本 = 103 026/500 ≈ 206.05（元）

乙产品完工产品总成本 = 13 000 + 17 100 + 12 394 = 42 494（元）

乙产品完工产品单位成本 = 42 494/400 ≈ 106.24（元）

```
    借：库存商品——甲产品                                 103 026
        库存商品——乙产品                                  42 494
      贷：生产成本——甲产品                               103 026
        生产成本——乙产品                                  42 494
```

第八章实训参考答案

1. 甲材料明细账（永续盘存制）如表 8 - 1 所示。

表 8－1　　　　　　　　甲材料明细账（永续盘存制）

年		凭证号数	摘要	收入			发出			结存		
月	日			数量	单价	金额	数量	单价	金额	数量	单价	金额
4	1	略	月初结存							1 000	10	10 000
	8		购进	200		2 000				1 200		12 000
	10		生产领用				300		3 000	900		9 000
	15		生产领用				420		4 200	480		4 800
	17		购进	250		3 500				730		8 300
	20		生产领用				550		5 800	180		2 500
	30		月末结存							180		2 500

2. 甲材料明细账（实地盘存制）如表 8－2 所示。

表 8－2　　　　　　　　甲材料明细账（实地盘存制）

年		凭证号数	摘要	收入			发出			结存		
月	日			数量	单价	金额	数量	单价	金额	数量	单价	金额
4	1	略	月初结存							1 000	10	10 000
8			购进	200		2 000				1 200		12 000
17			购进	250		3 500				1 450		15 500
30			本月发出				1 240	10.9	13 255			
30			月末结存							210	10.69	2 245

第九章实训参考答案

1. 会计分录：

（1）付 1

借：库存现金　　　　　　　　　　　　　　　　　　3 000

　　贷：银行存款　　　　　　　　　　　　　　　　　　　　3 000

（2）付 2

借：材料采购　　　　　　　　　　　　　　　　　　60 000

　　应交税费　　　　　　　　　　　　　　　　　　10 200

　　贷：银行存款　　　　　　　　　　　　　　　　　　　70 200

（3）付 3

借：材料采购　　　　　　　　　　　　　　　　　　558

    应交税费   42

   贷：库存现金   600

（4）转1

  借：原材料   60 558

   贷：材料采购   60 558

（5）付4

  借：固定资产   5 000

    应交税费   850

   贷：银行存款   5 800

（6）付5

  借：管理费用   300

   贷：库存现金   300

（7）收1

  借：银行存款   46 800

   贷：主营业务收入   40 000

    应交税费   6 800

（8）付6

  借：管理费用   220

   贷：库存现金   220

（9）付7

  借：销售费用   600

   贷：库存现金   600

（10）转2

  借：主营业务成本   30 279

   贷：库存商品   30 279

（11）转3、转4

  借：主营业务收入   40 000

   贷：本年利润   40 000

  借：本年利润   31 399

   贷：管理费用   520

    销售费用   600

    主营业务成本   30 279

2. 利润表如表 9 – 1 所示。

表9-1　　　　　　　　　　　利润表

会企02表

编制单位：德州同达公司　　　　　　2011年11月　　　　　　　　　　单位：元

项目	行次	本月数	本年累计数
一、营业收入	1	40 000	
减：营业成本	2	30 279	
营业税费及附加	3		
销售费用	4	600	
管理费用	5	520	
财务费用	6		
资产减值损失	7		
加：公允价值变动净收益（损失以"－"号填列）	8		
投资净收益（损失以"－"号填列）	9		
二、营业利润（亏损以"－"号填列）	10	8 601	
加：营业外收入	11		
减：营业外支出	12		
其中：非流动资产处置净损失（收益以"－"号填列）	13		
三、利润总额（亏损总额以"－"号填列）	14	8 601	
减：所得税	15	2 150.25	
四、净利润（净亏损以"－"号填列）	16	6 450.75	
五、每股收益	17		
（一）基本每股收益	18		
（二）稀释每股收益	19		

第十章实训参考答案

参考分录：

1. 借：应收账款——德百　　　　　　　　　　　　　　　　63 180
　　　贷：主营业务收入（A产品300件）　　　　　　　　　　　54 000
　　　　　应交税费　　　　　　　　　　　　　　　　　　　　 9 180
2. 借：固定资产清理　　　　　　　　　　　　　　　　　　30 000
　　　累计折旧　　　　　　　　　　　　　　　　　　　　 20 000
　　　贷：固定资产　　　　　　　　　　　　　　　　　　　　50 000

借：银行存款		28 000
贷：固定资产清理		28 000
借：营业外支出		2 000
贷：固定资产清理		2 000
3. 借：银行存款		21 240
贷：主营业务收入（A产品100件）		18 000
应交税费		3 240
4. 借：银行存款		20 000
贷：应收账款—德百		20 000
5. 借：生产成本——A产品		25 000
贷：原材料——甲		5 000
——乙		20 000
6. 借：材料采购——乙		40 000
应交税费		6 800
贷：银行存款		46 800
7. 借：材料采购——甲		930
应交税费		70
贷：库存现金		1 000
8. 借：原材料——甲（乙材料1 000吨）		40 930
贷：材料采购——甲		40 930
9. 借：其他应收款		4 000
贷：库存现金		4 000
10. 借：应付账款——Z公司		37 000
贷：银行存款		37 000
11. 借：库存现金		5 000
贷：银行存款		5 000
12. 借：管理费用——办公费		200
贷：库存现金		200
13. 借：库存现金		250
贷：其他应收款		250
借：管理费用		3 750
贷：其他应收款		3 750
14. 借：固定资产		4 000
应交税费		680
贷：银行存款		4 680
15. 借：库存现金		5 850
贷：其他业务收入（乙材料100吨）		5 000
应交税费		850

16. 借：银行存款　　　　　　　　　　　　　　　　　　5 850
　　　贷：库存现金　　　　　　　　　　　　　　　　　　　　5 850
17. 借：应收账款——贵和商场　　　　　　　　　　　　14 040
　　　贷：主营业务收入　　　　　　　　12 000（B产品200件）
　　　　　应交税费　　　　　　　　　　　　　　　　　　　2 040
18. 借：生产成本——B产品　　　　　　　　　　　　　　6 000
　　　贷：原材料——甲　　　　　6 000　（600吨，单价10元）
19. 借：生产成本——B产品　　　　　　　　　　　　　　2 000
　　　贷：原材料——乙　　　　　2 000　（50吨，单价40元）
20. 借：销售费用　　　　　　　　　　　　　　　　　　　4 000
　　　贷：银行存款　　　　　　　　　　　　　　　　　　　4 000
21. 借：销售费用　　　　　　　　　　　　　　　　　　　1 000
　　　贷：银行存款　　　　　　　　　　　　　　　　　　　1 000
22. 借：应交税费——应交增值税　　　　　　　　　　　　2 100
　　　贷：银行存款　　　　　　　　　　　　　　　　　　　2 100
23. 借：银行存款　　　　　　　　　　　　　　　　　　14 010
　　　贷：应收账款——贵和商场　　　　　　　　　　　　14 010
24. 借：库存现金　　　　　　　　　　　　　　　　　　16 000
　　　贷：银行存款　　　　　　　　　　　　　　　　　　16 000
25. 借：管理费用　　　　　　　　　　　　　　　　　　　350
　　　贷：银行存款　　　　　　　　　　　　　　　　　　　350
26. 借：应付职工薪酬　　　　　　　　　　　　　　　　16 000
　　　贷：库存现金　　　　　　　　　　　　　　　　　　16 000
27. 借：管理费用——招待费　　　　　　　　　　　　　　900
　　　贷：库存现金　　　　　　　　　　　　　　　　　　　900
28. 借：生产成本——甲　　　　　　　　　　　　　　　　7 000
　　　　　　　　——乙　　　　　　　　　　　　　　　　3 000
　　　制造费用　　　　　　　　　　　　　　　　　　　1 000
　　　管理费用　　　　　　　　　　　　　　　　　　　3 000
　　　销售费用　　　　　　　　　　　　　　　　　　　2 000
　　　贷：应付职工薪酬　　　　　　　　　　　　　　　16 000
29. 借：营业外支出　　　　　　　　　　　　　　　　　　5 000
　　　贷：银行存款　　　　　　　　　　　　　　　　　　　5 000
30. 借：制造费用　　　　　　　　　　　　　　　　　　　1 000
　　　管理费用　　　　　　　　　　　　　　　　　　　500
　　　销售费用　　　　　　　　　　　　　　　　　　　500
　　　贷：累计折旧　　　　　　　　　　　　　　　　　　2 000
31. 借：财务费用　　　　　　　　　　　　　　　　　　　250

贷：应付利息   250

32. 借：银行存款   100 000

     贷：实收资本   100 000

33. 借：生产成本——甲   1 400

          ——乙   600

     贷：制造费用   2 000

自制原始凭证"制造费用分配表"如表 10 - 1 所示。

表 10 - 1   制造费用分配表

2011 年 12 月 31 日   单位：元

分配对象	分配标准 （生产工人工资）	分配率 （%）	分配金额
纺纱车间	7 000		1 400
织布车间	3 000		600
合计	10 000	0.2	2 000

主管：   审核：   制表：

34. 借：库存商品——A   42 000

          ——B   11 600

     贷：生产成本——A   42 000

               ——B   11 600

自制原始凭证"完工产品成本计算表"如表 10 - 2、表 10 - 3 所示，"产成品入库单"如表 10 - 4 所示。

表 10 - 2   完工产品成本计算表

产品名称：A 产品   2011 年 12 月 31 日   单位：元

成本项目	直接材料	直接人工	制造费用	合计
月初在产品	8 000.00	2 000.00	1 000.00	11 000.00
本月发生额	25 000.00	7 000.00	1 400.00	33 400.00
本月合计	33 000.00	9 000.00	2 400.00	44 400.00
本月完工产品	31 255.00	8 565.00	2 180.00	42 000.00
月末在产品	1 745.00	435.00	220.00	2 400.00

主管：   审核：   制表：

表 10 - 3　　　　　　　　　　　　完工产品成本计算表
产品名称：B 产品　　　　　　　　2011 年 12 月 31 日　　　　　　　　单位：元

成本项目	直接材料	直接人工	制造费用	合计
月初在产品				
本月发生额	8 000.00	3 000.00	600.00	11 600.00
本月合计	8 000.00	3 000.00	600.00	11 600.00
本月完工产品	8 000.00	3 000.00	600.00	11 600.00
月末在产品				

主管：　　　　　　　　审核：　　　　　　　　　　　　制表：

表 10 - 4　　　　　　　　　　　　产成品入库单
　　　　　　　　　　　2011 年 12 月 31 日　　　　　　　　编号：A01

产品名称	计量单位	入库数量	单位成本	金额（元）
A 产品	件	350	120.00	42 000.00
B 产品	件	290	40.00	11 600.00
合计				53 600.00

第二联　记账联

记账：　　　　　　　经手人：　　　　　　　保管人：

35. 借：主营业务成本　　　　　　　　　　　56 000.00
　　　贷：库存商品——A　　　　　　　　　　　　48 000.00
　　　　　　　——B　　　　　　　　　　　　　　 8 000.00

自制原始凭证"已销产品成本计算表"如表 10 - 5 所示，产品出库单如表 10 - 6 所示。

表 10 - 5　　　　　　　　　　　　已销产品成本计算表
　　　　　　　　　　　2011 年 12 月 31 日　　　　　　　　单位：元

产品名称	计量单位	月初结存		本月入库		本月销售	
		数量	总成本	数量	总成本	数量	总成本
甲产品	件	750	90 000.00	350	42 000.00	400	48 000.00
乙产品	件	600	24 000.00	290	11 600.00	200	8 000.00
合计				—		—	56 000.00

主管：　　　　　　　　审核：　　　　　　　　　　　　制表：

表 10-6

产品出库单

2011 年 12 月 31 日

编号：K01

产品名称及规格	计量单位	数量		单价	金额	用途
		要数	实发			
甲产品	件	400	400	120.00	48 000.00	销售
乙产品	件	200	200	40.00	8 000.00	销售
备注：	合计	56 000.00				

第二联　记账联

36. 借：其他业务成本　　　　　　　　　　　　　　　4 000

　　　贷：原材料——乙　　　　　　　　　　　　　　　　4 000

自制原始凭证"材料出库单"如表 10-7 所示。

表 10-7

材料出库单

2011 年 12 月 31 日

编号：G01

产品名称及规格	计量单位	数量		单价	金额	用途
		要数	实发			
乙材料	吨	100	100	40	4 000	销售
备注：	合计	400.00				

第二联　记账联

记账：　　　　　审批人：　　　　　领料人：　　　　　发料人：

37. 借：营业税金及附加　　　　　　　　　　　　　776.00

　　　贷：应交税费——城市维护建设税　　　　　　543.20

　　　　　　　　　——教育费附加　　　　　　　　232.80

38. 借：主营业务收入　　　　　　　　　　　　　84 000

　　　其他业务收入　　　　　　　　　　　　　　5 000

　　　贷：本年利润　　　　　　　　　　　　　　　89 000

借：本年利润　　　　　　　　　　　　　　　84 226

　　贷：主营业务成本　　　　　　　　　　　　　56 000

　　　其他业务成本　　　　　　　　　　　　　4 000

　　　营业税金及附加　　　　　　　　　　　　776

　　　管理费用　　　　　　　　　　　　　　8 700

　　　销售费用　　　　　　　　　　　　　　7 500

财务费用　　　　　　　　　　　　　　　　　　　　250

营业外支出　　　　　　　　　　　　　　　　　7 000

自制原始凭证"损益类账户发生额汇总表"如表 10 - 8 所示。

表 10 - 8　　　　　　　　　损益类账户发生额汇总表

2012 年 12 月

收入类账户	本月发生额	支出类账户	本月发生额
主营业务收入	84 000	主营业务成本	56 000
其他业务收入	5 000	其他业务成本	4 000
		管理费用	8 700
		销售费用	7 500
		营业外支出	7 000
		财务费用	250
		营业税金及附加	776
合计	89 000		84 226

39. 借：所得税费用　　　　　　　　　　　　　　1 193.50

　　　贷：应交税费—应交所得税　　　　　　　　　　1 193.50

利润总额 = 89 000 - 84 226 = 4 774 元

自制原始凭证"所得税费用计算结转表"如表 10 - 9 所示。

表 10 - 9　　　　　　　　　所得税费用计算结转表

2012 年 12 月 31 日　　　　　　　　　　单位：元

税前会计利润总额	4 774.00
所得税率	25%
本期应计提所得税费用	1 193.50

制表：　　　　　　　审批：

40. 借：本年利润　　　　　　　　　　　　　　　1 193.50

　　　贷：所得税费用　　　　　　　　　　　　　　　1 193.50

41. 借：本年利润　　　　　　　　　　　　　　　3 580.50

　　　贷：利润分配——未分配利润　　　　　　　　　3 580.50

自制原始凭证"净利润计算结转表"如表 10 - 10 所示。

表 10 - 10　　　　　　　　　净利润计算结转表

2012 年 12 月 31 日　　　　　　　　　　单位：元

税前会计利润总额	4 774.00
所得税费用	1 193.50
税后净利润	3 580.50

制表：　　　　　　　　　审批：

42. 借：利润分配　　　　　　　　　　　　　　　　358.05

　　　贷：盈余公积　　　　　　　　　　　　　　　　　　358.05

自制原始凭证"提取盈余公积计算表"如表 10 - 11 所示。

表 10 - 11　　　　　　　　　提取盈余公积计算表

2012 年 12 月 31 日　　　　　　　　　　单位：元

| 项目 | 计提依据 | 提取率 | 应提金额 | 备注 |
	税后利润金额			
法定盈余公积	3 580.50	10%	358.05	
合计	3 580.50		358.05	

会计主管：　　　　　　　　　审核：　　　　　　　　　制单：

图书在版编目(CIP)数据

初级会计学案例与实训教程/张玉红,孙志胜主编.—成都:西南财经
大学出版社,2012.6

ISBN 978 - 7 - 5504 - 0659 - 9

Ⅰ.①初…　Ⅱ.①张…②孙…　Ⅲ.①会计学—高等学校—教材
Ⅳ.①F230

中国版本图书馆 CIP 数据核字(2012)第 115120 号

初级会计学案例与实训教程

主　编:张玉红　孙志胜

责任编辑:孙　婧

助理编辑:杨金攀

封面设计:墨创文化

责任印制:封俊川

出版发行	西南财经大学出版社(四川省成都市光华村街 55 号)
网　址	http://www.bookcj.com
电子邮件	bookcj@ foxmail.com
邮政编码	610074
电　话	028 - 87353785　87352368
照　排	四川胜翔数码印务设计有限公司
印　刷	四川森林印务有限责任公司
成品尺寸	185mm × 260mm
印　张	20.5
字　数	465 千字
版　次	2012 年 6 月第 1 版
印　次	2012 年 6 月第 1 次印刷
印　数	1— 4000 册
书　号	ISBN 978 - 7 - 5504 - 0659 - 9
定　价	36.80 元